Anglais

lonely planet

guide de conversation

Guide de conversation ***Anglais 10***

12 avenue d'Italie, 75627 Paris cedex 13
☎ 01 44 16 05 00
lonelyplanet@placedesediteurs.com
www.lonelyplanet.fr

Dépôt légal
Février 2017
ISBN 978-2-81616-337-7

Illustration de couverture
Éric Giriat

Imprimé par
Chirat, Saint Just la Pendue, France

FSC www.fsc.org MIXTE Issu de sources responsables FSC® C003309

En Voyage Éditions | un département place des éditeurs

Direction éditoriale : Didier Férat
Coordination éditoriale : Cécile Bertolissio
Responsable prépresse : Jean-Noël Doan
Adaptation et traduction : Géraldine Masson
Adaptation graphique : Alexandre Marchand
Illustrations : Éric Giriat

Un grand merci à Gayle Welburn pour ses conseils avisés sur la langue anglaise, son travail sur l'accentuation et sur l'index. Merci à Jean-Victor Rebuffet pour sa contribution au texte et à Marjorie Bensaada pour sa relecture perspicace du français.

Mille mercis à Dominique Spaety qui a apporté une aide précieuse à toutes les étapes de la réalisation de ce livre.

La maquette de la collection a été créée par Yukiyoshi Kamimura.

La couverture de l'édition française a été adaptée par Laure Wilmot.

La carte des langues, créée par EDT (Italie), a été adaptée en français par Nicolas Chauveau.

Sachez tirer parti de votre guide ...

Nous pouvons tous parler une langue étrangère ! Tout est question de confiance en soi. Peu importe si vous n'avez rien gardé de vos cours de langue à l'école. Si vous assimilez aujourd'hui ne serait-ce que les expressions de base reproduites sur la couverture de ce guide, votre voyage en sera métamorphosé. N'hésitez pas, profitez de cette porte ouverte sur le monde anglo-saxon, lancez-vous dans l'aventure de la communication !

comment se repérer

Ce guide est divisé en sections, matérialisées par des couleurs différentes. Le chapitre **basiques** expose les bases de l'anglais. Il sera votre référence permanente. La partie **pratique** présente les situations de la vie quotidienne. Celle intitulée **en société** vous offre les clés des rapports sociaux : comment engager une conversation, tester son pouvoir de séduction ou exprimer une opinion. Une section entière, **à table**, est consacrée à l'alimentation, avec des rubriques gastronomie, plats végétariens et spécialités locales. La partie **urgences** aborde les problèmes de sécurité en voyage et de santé. Un index détaillé, situé en fin d'ouvrage, répertorie les différentes questions abordées. Il est précédé d'un dictionnaire bilingue.

pour vous exprimer

Chaque phrase et expression de ce guide est présentée en anglais, accompagnée de sa transcription phonétique (matérialisée par des phrases de couleur dans la partie droite de chaque page) et de sa traduction en français. Notre système de transcription est expliqué en détail dans le chapitre **prononciation** de la partie **basiques**. Il ne requiert pas d'apprentissage spécifique.

les petits plus

Les encadrés *expressions courantes* vous offrent un aperçu de l'anglais tel qu'il est parlé dans la rue. N'hésitez pas à vous en inspirer. Ceux intitulés *parler local* réunissent des phrases qui reviennent souvent dans une situation spécifique. Pour faciliter votre compréhension, la phonétique est alors employée avant l'anglais.

anglais

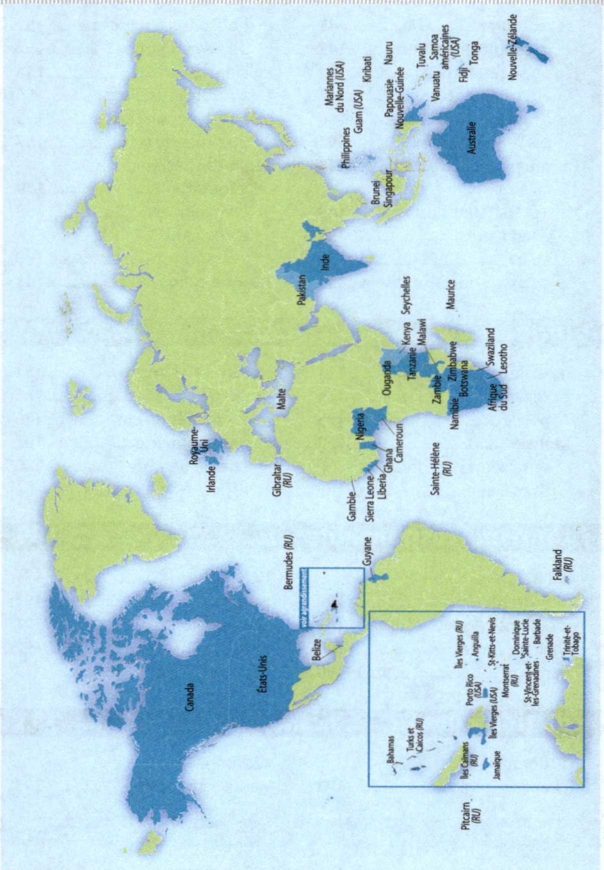

langue officielle **langue largement comprise**

Pour plus de détails, reportez-vous à l'**introduction.**

Parlé aujourd'hui par quelque 400 millions de personnes dans le monde, l'anglais est la langue officielle ou semi-officielle de plus de 60 pays répartis sur les cinq continents. Mondialisation oblige, il s'est notamment imposé dans la finance et les échanges commerciaux, les sciences, l'informatique, ou encore l'aviation et de nombreux sports. Nul doute par conséquent que vous en connaissiez déjà quelques mots ou expressions, ne serait-ce que pour les avoir entendus dans une chanson ou un film.

Fort logiquement, l'évolution de la langue anglaise est liée à l'histoire de son pays d'origine, l'Angleterre. Les îles britanniques adoptèrent l'alphabet romain à la fin du VIe siècle, avec l'arrivée des Angles et des Saxons. Le vieil anglais, composé essentiellement de mots germaniques, apparut ainsi avec eux. Il s'enrichit de mots latins, sous l'influence de la religion chrétienne. Au XIe siècle, les Normands fondèrent leur royaume. L'anglais devint alors la langue du peuple, tandis que le français s'imposait comme celle des érudits et de la cour. L'anglais actuel compte encore de nombreux mots de notre langue, plus ou moins déformés. C'est à partir du XVIe siècle que, parlé par un nombre croissant de locuteurs, il se standardisa. Sa diffusion dans le monde s'effectua par le biais de la colonisation et du Commonwealth, à partir du XVIIIe siècle. D'une grande richesse et en constante évolution, il compte près de 500 000 mots et foisonne de suffixes ou de prépositions qui permettent d'exprimer d'infinies nuances. Rassurez-vous,

en bref...

langue : anglais

nom anglais : *english* *inn*·glich

famille linguistique : langues germaniques

pays : Royaume-Uni, États-Unis, Australie, Nouvelle-Zélande notamment

nombre approximatif de locuteurs : 400 millions

langue proche : allemand

emprunts à l'anglais : bar, camping, flipper, OK, parking, pull, rock, rocking-chair, rodéo, sandwich, surf, tennis, ticket, etc.

vous parviendrez parfaitement à vous faire comprendre au quotidien sans maîtriser toutes ces subtilités, d'autant que la structure grammaticale de l'anglais est, d'une manière générale, assez proche de celle du français.

Nous avons opté dans cet ouvrage pour un vocabulaire standard, en indiquant au besoin les variantes britanniques et américaines des termes les plus courants. Ainsi, un Américain risque-t-il de ne pas vous comprendre si vous lui parlez de *lift* au lieu d'*elevator* (ascenseur) ! Sachez que l'anglais américain comptent de nombreuses particularités, tant lexicales qu'orthographiques. Nation de colons, les États-Unis ont emprunté de nombreux termes aux langues de leurs premiers immigrants : Français, Allemands, Hollandais, Espagnols et Africains. Le yiddish a apporté une multitude d'expressions culinaires. Enfin, bien que leur culture tende largement à disparaître, les Amérindiens ont transmis quelques mots de leur langue à l'anglais américain, comme *moccasin* et *toboggan*, par exemple.

L'anglais est aussi la langue officielle de l'Inde, avec le hindi et 18 autres langues, selon les États. L'anglais britannique s'est vu influencé par les différentes structures de ces langues, tout en conservant parfois certaines formes remontant à l'époque de la colonisation et totalement archaïques aujourd'hui. De quoi dérouter fortement les apprentis anglicistes !

Enfin, terminons par l'anglais australien et néo-zélandais, qui se distingue surtout par une prononciation unique, un phrasé très rapide et "avalé" et quelques déformations grammaticales pour pimenter le tout !

Que ces remarques ne vous découragent pas. Ouvrez grands vos oreilles : vous vous familiariserez bien vite avec ces nouveaux accents et perdrez rapidement votre timidité !

> abréviations utilisées dans cet ouvrage

fam	familier	**pol**	politesse	**sg**	singulier
f	féminin	**m**	masculin	**pl**	pluriel

La prononciation anglaise peut dérouter un francophone, en particulier du fait que certains sons n'existent pas en français. Autre écueil : dans la conversation, les formes verbales sont abrégées et certaines syllabes "avalées", ce qui ne facilite pas la compréhension ! À cela s'ajoute la multiplicité des accents, régionaux, voire nationaux : il vous faudra un léger temps d'adaptation pour comprendre un Dublinois pure souche si vous n'avez croisé jusqu'alors que des Américains !

D'une façon générale, toutes les lettres se prononcent séparément. Dans certains cas toutefois, les sons *an* et *on* sont proches des nasales *an* et *on* françaises (comme dans "banc" et "front"). Quoi qu'il en soit, oubliez vos complexes sans crainte ! L'accent d'un francophone parlant anglais a autant de charme que celui d'un anglophone s'essayant à notre langue, alors lancez-vous !

lire et écrire

Les mots anglais s'écrivent rarement comme ils se prononcent et leur orthographe est parfois déroutante ! Vous aurez sans doute quelques surprises, mais avec un peu de pratique, vous acquerrez des automatismes.

voyelles

Les voyelles anglaises peuvent être courtes ou longues. Pour marquer l'allongement de ces dernières, nous les avons doublées.

Vous constaterez également qu'une même voyelle peut se prononcer de différentes façons. Nous avons recensé les principales dans le tableau ci-dessous.

lettre	symbole	équivalent français	exemple anglais
a	a	ch**a**t	***a**pple*
	â	**â**me – plus long et plus grave qu'un simple **a**	*c**a**lm*
	éï	os**ei**lle	*n**a**me*
	eu	**le**	***a** (article)*
e	è	l**ai**t	*l**e**ss*
	èè	**è** long	*th**e**re*
	eu	l**e**	*sev**e**n*
ee	iieu	**i** long, suivi d'un léger **e**	*b**ee**r*
	ii	**i** long	*s**ee***
i	i	l**i**vre	*p**i**ty*
	aï	**aïe**	*p**i**lot*
o	ao	L**ao**s	*n**o**w*
	o	d**o**nne	***o**n*
	wa	**wa**sabi	***o**ne*
	eo	prononcer un léger **e** (ouvert) avant le o	*n**o***
	oo	un **o** plus long et sourd qu'un simple **o**, à prononcer au fond de la gorge	*c**o**rn*
oo	ouou	**houou** – **ou** long	*s**oo**n*
u	œ	**œu**fs	*b**u**rn*
	ou	f**ou**	*f**u**ll*
	you	**you**pi	***u**niversity/men**u***
y	y	**y**aourt	***y**es*
	i	v**i**te	*pit**y***

combinaisons voyelles/consonnes

Autre particularité propre à l'anglais qui donne souvent du fil à retordre : les associations de voyelles et/ou de consonnes, notamment les diphtongues, des voyelles complexes dont le son se modifie en court d'émission. Voici les plus courantes :

ay	èï	**è** suivi d'un léger **i**	*d**ay***
oa	ôw	**o** ouvert suivi d'un son doux proche du **w**	*c**oa**t*
oi	oï	cow-b**oy**	*v**oi**ce*
ou	aou	**aou**ta	***ou**t*
ough	ew	**eu** suivi d'un son doux proche du **w**	*pl**ough** man*
ought	ôwt	**o** fermé de "côté" suivi d'un son doux proche du **w** et d'un **t**	*th**ought***
uy	aï	**aï**e	*b**uy***

consonnes

Certaines consonnes (b, d, f, k, l, m, p, t, v et z) se prononcent comme en français. Mais le *h*, le *r* et le fameux *th* vous poseront certainement quelques problèmes. Le *h* est presque toujours aspiré : soufflez comme si vous vouliez nettoyer des lunettes ! D'une manière générale, imaginez avoir une pomme de terre chaude dans la bouche pour prononcer l'anglais. Suivez doublement ce conseil pour le "r", qui équivaut à un son doux proche du *w*. Notez qu'en fin de mot, le "r" est quasi inaudible.

Vous aurez certainement déjà entendu parler du *th* anglais, d'autant plus difficile à prononcer pour les francophones qu'il correspond à deux sons différents selon les mots ! Dans les deux cas, placez la pointe de la langue sur les dents du haut en prononçant *z* pour le *th* dur et *s* pour le *th* doux, un peu comme si vous aviez un cheveu sur la langue.

Dans les phonèmes -ng -nng, et -nk -nnk, toutes les lettres se prononcent distinctement, comme dans *ping-pong* et *pink*.

lettre	symbole	équivalent français	exemple anglais
c	s	**c**erise	*ri**c**e*
	k	**c**anard	***c**oat*
ch	tch	**tch**in-**tch**in	***ch**eap*
g	g	**g**orille	***g**overnment/**g**iven*
h	h	**h** aspiré	***h**appy*
j	dj	**j**azz	***j**ust*
n	nn	raci**n**e	*i**n***
r	r	la langue est recourbée au fond du palais pour un son doux proche du **w**	***r**ed*
s	s	**s**irène	***s**orry*
	j	**j**aune	*mea**s**ure*
	ch	**ch**oc	***s**ugar*
sh	ch	**ch**emise	***sh**ampoo*
th	S	dites **s** avec la pointe de la langue sur les dents du haut	***th**ink*
	Z	dites **z** avec la pointe de la langue sur les dents du haut	***th**is*
w	w	**w**hisky	***w**e*

accentuation

Très présent en anglais, l'accent tonique répond à des règles complexes (assorties de nombreuses exceptions) que nous ne tenterons pas d'expliquer ici ! À écouter vos interlocuteurs, vous remarquerez vite que l'intonation joue un rôle majeur. Dans ce guide, les syllabes accentuées figurent en italique. N'hésitez pas à les marquer particulièrement, même si vous avez l'impression d'exagérer un peu au début.

Ce chapitre, destiné aux débutants, présente la grammaire de base de l'anglais. Il vous aidera à former vos propres phrases et vous encouragera à dépasser le territoire restreint des expressions de ce guide, pour tenter l'aventure de la communication et des échanges interculturels. La grammaire anglaise est relativement simple, vous n'aurez donc pas d'excuses…

adjectifs

articles • noms

Les adjectifs qualificatifs sont invariables en genre et en nombre. Les épithètes se placent devant le nom.

un petit garçon	*a little boy*	eu li-*teul* boï
des petits garçons	*little boys*	li-*teul* boïz

articles

adjectifs • noms

Les articles sont invariables en genre et en nombre. L'article défini (le, la) est *the*, au singulier comme au pluriel.

la maison	*the house*	Zeu haous
les yeux	*the eyes*	Zi aïz
les fenêtres	*the windows*	Zeu *winn*-doz

Il existe cependant deux articles indéfinis (un, une) : *a* et *an*, invariables en genre. Il est *a* devant les noms commençant par une consonne ou commençant par les sons w et you.

un livre	*a book*	eu bouk
une université	*a university*	eu you-ni-*vœ*-si-ty
une rue à sens unique	*a one-way street*	eu *wann*-wéï strit
une aile	*a wing*	eu winng

On utilise *an* devant les noms commençant, réellement ou phonétiquement, par une voyelle.

un parapluie	*an umbrella*	eunn eum·*brè*·la
un député	*an MP (Member of Parliament)*	eunn èmm·*pi*, *mèm*·bœ of *pâ*·leu·mènnt

Au pluriel, l'article indéfini disparaît purement et simplement.

des bananes	*bananas*	ba·*na*·nas

auxiliaire

négation • questions • verbes

Il faut distinguer les auxiliaires de mode des auxiliaires servant à composer la négation, l'interrogation ou certains temps.

Pour exprimer la forme progressive, le passé et le futur, on utilise les auxiliaires *will* wil (futur), ainsi que les verbes *to be* tou bi (être), *to do* tou dou (faire) et *to have* tou hav (avoir), qui perdent leur sens habituel lorsqu'ils sont employés comme auxiliaires.

Nous prendrons le train.
We will take the train. wi wil téïk Zeu tréïn

Ils n'ont pas dormi depuis trois jours.
They haven't slept for 3 days. Zéï *ha*·veunnt slèpt for Srii déïz

Veux-tu aller au zoo ?
Do you want to go to the zoo? dou you want tou go tou Zeu *zouou*

Les auxiliaires de mode les plus fréquemment employés sont *can* et *must*. Ils sont suivis d'un verbe à l'infinitif sans *to*. Ils ne prennent pas de *-s* à la 3e personne du singulier du présent et se conjuguent sans *do* à la forme interrogative et négative.

Can (*could* au conditionnel et au passé) indique la possibilité, la vraisemblance, ainsi que la capacité et la permission.

Tout peut arriver.
Anything can happen. è·ni·Sinng kan ha·peunn

Peux-tu me prêter 10 livres ?
Can you lend me 10 pounds? kan you lènd mi tèn *pa*·ondz

Vous ne pouvez pas fumer ici. (Il est interdit de fumer ici.)
You cannot/can't smoke here. you ka·*not*/kant *smok* hiir

Must exprime une très forte probabilité et une obligation.

Tu dois avoir faim !
You must be hungry! you meust bi *heu*·nngri

Je dois lire ce livre.
I must read this book. aï *meust* riid Zis bouk

avoir

auxiliaire • possession • verbes

Le verbe "avoir" se dit *to have*. C'est un verbe irrégulier qui, tout comme en français, sert à exprimer la possession et tient aussi lieu d'auxiliaire (voir la rubrique **auxiliaire**).

Les tableaux suivants présentent les conjugaisons du verbe *to have* au présent et au passé :

j'	ai	un billet	*I*	*have*	*a ticket*
tu	as	l'addition	*you*	*have*	*the bill*
il/elle	a	de l'eau	*he/she/it* m/f/n	*has*	*water*
nous	avons	la clé	*we*	*have*	*the key*
vous	avez	une lettre	*you* pl/pol	*have*	*a letter*
ils/elles	ont	le menu	*they*	*have*	*the menu*

j'	avais	un billet	*I*	*had*	*a ticket*
tu	avais	l'addition	*you*	*had*	*the bill*
il/elle	avait	de l'eau	*he/she/it* m/f/n	*had*	*water*
nous	avions	la clé	*we*	*had*	*the key*
vous	aviez	une lettre	*you* pl/pol	*had*	*a letter*
ils/elles	avaient	le menu	*they*	*had*	*the menu*

Nous avons une autre chambre.
We have another room. wi hav eu·*no*·Zeur roum

Ils avaient un chat.
They had a cat. Zéï had eu kat

comparaison

adjectifs

Le comparatif et le superlatif de supériorité se forment de deux manières différentes :

– si l'adjectif est court (jusqu'à 2 syllabes) : on ajoute les suffixes *-er* (comparatif) ou *-est* (superlatif)

– si l'adjectif est long : on place, devant l'adjectif, *more* (comparatif) ou *most* (superlatif)

adjectif	comparatif	superlatif
grand *tall* tool	**plus grand** *taller* *too*·leur	**le plus grand** *the tallest* Zeu *too*·lèst
joli *pretty* *prè*·ti	**plus joli** *prettier* *prè*·ti·eur	**le plus joli** *the prettiest* Zeu *prè*·ti·èst
intelligent *intelligent* inn·*tè*·li·djènnt	**plus intelligent** *more intelligent* moor inn·*tè*·li·djènnt	**le plus intelligent** *the most intelligent* Zeu most inn·*tè*·li·djènnt

Le comparatif et le superlatif d'infériorité se forment toujours de la même façon : avec *less* lès (moins…) et *the least* Zeu list (le moins…).

L'auberge de jeunesse est moins chère.
The youth hostel is less expensive. Zeu youS *hos*·tèl iz lès èx·*pènn*·siv

C'était la chambre la moins confortable.
It was the least comfortable room. it waz Zeu list *kom*·fteubl room

Pour comparer deux éléments, on utilise *than* (supériorité et infériorité) ou *as… as…* (égalité) :

Je suis moins fatigué que toi.
I am less tired than you. aï am *lès* taï·rèd Zann you

C'est plus rapide de prendre le métro que d'y aller en voiture.
It is quicker to take the underground than to go by car. it iz *kwi*·keur to téïk Zeu *eunn*·deur·graounnd Zann to go baï kâr

Ma valise est aussi lourde que la tienne.
My suitcase is as heavy as yours. maï *sout*·kéïz iz az *hè*·vi az yourz

Exceptions !

adjectif	comparatif	superlatif
bon/bien *good/well* goud/wèl	**meilleur** *better* bè·teur	**mieux/le meilleur** *best* bèst
mauvais/malade *bad/ill* bad/il	**plus mauvais** *worse* woors	**le pire** *worst* woorst

démonstratifs

articles • noms

Pour désigner une personne ou un objet, on emploie les pronoms et adjectifs démonstratifs *this* Zis (proximité) et *that* Zat (éloignement) au singulier, et *these* Ziiz et *those* Zououz au pluriel.

singulier		pluriel	
this	that	these	those
ce, cette, ceci, celui-ci, celle-ci	*ce, cette, cela, celui-là, celle-là*	*ces, ceux-ci, celles-ci*	*ces, ceux-là, celles-là*

Je veux ce livre.
I want this book. aï want Zis bouk

Je préfèrerais ceux-là.
I'd prefer those. aï'd prè·*fœ Zououz*

L'expression *This is.../These are...* **sg/pl**, qui signifie littéralement "Ceci est.../Ceux-là sont...", permet de désigner quelque chose.

C'est mon sac.
This is my bag. Zis iz maï bag

Voici mes enfants.
These are my children. Ziiz âr maï *tchil*·drènn

être

auxiliaire • forme progressive • négation • verbes

Le verbe "être" se dit *to be* tou bi. C'est un verbe irrégulier qui, tout comme le verbe être en français, tient également lieu d'auxiliaire (voir la rubrique **auxiliaire**).

Les tableaux suivants présentent les conjugaisons du verbe *to be* au présent et au passé. Il existe une forme abrégée au présent (voir la 5e colonne du tableau), couramment employée à l'oral.

je	suis	français	*I*	*am ('m)*	*french*
tu	es	en retard	*you*	*are ('re)*	*late*
il/elle	est	perdu(e)	*he/she/it* **m/f/n**	*is ('s)*	*lost*
nous	sommes	étudiants	*we*	*are ('re)*	*students*
vous	êtes	fou(s)	*you* **pl/pol**	*are ('re)*	*crazy*
ils/elles	sont	occupé(e)s	*they*	*are ('re)*	*busy*

j'	étais	en retard	*I*	*was*	*late*
tu	étais	malade	*you*	*were*	*sick*
il/elle	était	peintre	*he/she/it* **m/f/n**	*was*	*a painter*
nous	étions	étudiants	*we*	*were*	*students*
vous	étiez	malade(s)	*you* **pl/pol**	*were*	*sick*
ils/elles	étaient	occupé(e)s	*they*	*were*	*busy*

forme progressive

auxiliaire • être • verbes

La forme progressive existe à tous les temps. Elle indique que l'action est en train de se dérouler au moment où l'on parle. Elle est fréquemment utilisée dans la conversation.

Elle se forme avec le verbe *to be* tou bi (être), conjugué au temps souhaité et suivi du verbe à l'infinitif sans *to* auquel on a ajouté le suffixe *-ing*.

Il pleut. *It is raining.* it iz *réï*·ninng

Nous étions en train de regarder la télévision.
We were watching television. wi weur wa·tchinng *tè*·li·vi·jeun

futur

verbes

Le futur se forme avec l'auxiliaire *will* wil (abrégé en *'ll* 'l) et le verbe à l'infinitif sans *to*. Le tableau ci-dessous présente la conjugaison du verbe *to come* tou kom (venir) au futur.

to come (venir)					
je	viendrai	*I*	*will ('ll)*	*come*	aï wil kom
tu	viendras	*you*	*will ('ll)*	*come*	you wil kom
il/elle	viendra	*he/she/it* m/f/n	*will ('ll)*	*come*	hi/chi/it wil kom
nous	viendrons	*we*	*will ('ll)*	*come*	wi wil kom
vous	viendrez	*you* pl/pol	*will ('ll)*	*come*	you wil kom
ils/elles	viendront	*they*	*will ('ll)*	*come*	Zéï wil kom

Pour exprimer le futur proche (lorsque le français utilise le présent), l'anglais emploie généralement le présent progressif :

Que fais-tu demain ?
What are you doing tomorrow? wat âr you *dou*·inng tou·*mo*·ro

il y a

avoir • être • verbes

L'anglais utilise *there* Zèèr suivi du verbe *to be* tou bi (être) conjugué au temps voulu et à la 3e personne du singulier ou du pluriel, selon s'il introduit un nom singulier ou pluriel.

Il y a un petit jardin devant l'hôtel.
There is a little garden in front of the hotel. Zèèr iz eu *li*·teul *gâr*·dènn i-nn front of Zi ho·*tèl*

Il y avait des bijoux dans mon sac.
There were jewels in my bag. Zèèr weur *djou·weuls* inn maï bag

BASIQUES

négation

auxiliaire • verbes

L'anglais emploie *not* not (ne... pas...) pour exprimer la négation. Lorsque la phrase comporte un verbe au présent ou au prétérit, *not* est intercalé entre l'auxiliaire *do* dou – *does* daz à la 3e personne du singulier – au présent ou *did* did au passé, et le verbe non conjugué. Vous rencontrerez également les formes abrégées *doesn't* *da*·zeunnt pour *does not* daz not et *didn't* *di*·deunnt pour *did not* did not.

Nous sommes allés à Covent Garden.
We went to Covent Garden. — wi wènnt tou *co*·vènnt *gâr*·dènn

Nous ne sommes pas allés à Covent Garden.
We did not/didn't go to Covent Garden. — wi did not/*di*·deunnt go tou *co*·vènnt *gâr*·dènn

Il se lève de bonne heure.
He gets up early. — hi gèts eup *eur*·li

Il ne se lève pas de bonne heure.
He does not/doesn't get up early. — hi daz not/*da*·zeunnt get eup *eur*·li

Lorsque la phrase comporte un verbe conjugué avec un auxiliaire (*will, be, have, can, must*), *not* est simplement ajouté à celui-ci. Consultez également la rubrique **auxiliaire**.

Ils viennent avec nous.
They are coming with us. — Zéï âr *co*·minng wiZ eus

Ils ne viennent pas avec nous.
They are not (aren't) coming with us. — Zéï âr not/âreunnt *co*·minng wiZ eus

Je sais nager.
I can swim. — aï kann *swim*
(litt : je peux nager).

Je ne sais pas nager.
I cannot (can't) swim. — aï *kanot/kant* swim

Il l'a vue.
He has seen her. — hi haz siinn *heur*
(litt : il a vu elle)

Il ne l'a pas vue.
He has not (hasn't) seen her. — hi haz *not/hazeunnt* siinn heur

ordre des mots

En anglais, l'ordre des mots est le même qu'en français : sujet-verbe-complément.

Nous allons aux États-Unis.
We are going to the United-States. — wi âr *go*·inng tou Zeu you·*naï*·tid stéïts

passé

avoir • être • verbes

Pour exprimer le passé, l'anglais utilise le prétérit, qui correspond, selon le contexte, à notre imparfait, passé composé ou passé simple, et le *present perfect*, équivalent à notre passé composé.

prétérit

Le prétérit s'emploie essentiellement pour parler d'actions totalement terminées. Il se forme en ajoutant *-ed* à la forme infinitive du verbe sans *to*.

Notez qu'il existe des verbes irréguliers, dont le radical change au prétérit et qui ne prennent généralement pas ce suffixe. Par exemple, le prétérit du verbe manger *to eat* tou iit est *ate* èt (voir la liste à la fin du chapitre). Dans tous les cas, la forme verbale du prétérit est la même à toutes les personnes.

J'ai appelé Marie hier.
I called Mary yesterday. — aï kold *mè*·ri *yès*·teur·dèï

Ils ont mangé avec nous hier soir
They ate with us last night. — Zéï èt wiZ eus *last* naït

present perfect

Le *present perfect* indique généralement que l'action a commencé dans le passé et se poursuit dans le présent. Il se compose toujours du verbe *to have* tout hav (avoir) conjugué au présent, suivi du verbe terminé en *-ed* ou, pour les verbes irréguliers, du participe passé (voir la liste à la fin du chapitre). Dans l'exemple suivant, *gone* est le participe passé de *to go*, verbe irrégulier.

Il est parti à New York.
He has gone to New York. — hi haz go-nn tou *nou* yoork

Nous avons joué au tennis.
We have played tennis. — wi hav pléïd *tèn*·nis

Pour exprimer la durée, l'anglais utilise toujours le present perfect et les conjonctions *for* ou *since*, qui signifient toutes deux "depuis", avec une légère différence toutefois :
– *for* désigne une période commencée dans le passé
– *since* indique le moment précis du passé où l'action a commencé

Il pleut depuis trois jours.
It has rained for three days. — it haz réïnd for *srii* déïz

Elle attend sa lettre depuis Noël.
She has waited for his letter since Christmas. — chi haz *wéï*·tèd for hiz lè·teur sinns *kris*·meus

pluriel

adjectifs • articles • noms

En général, le pluriel se forme en ajoutant un s à la forme du singulier. Retenez tout de même quelques exceptions utiles :

un mouton des moutons	*a sheep* *sheep*	eu chiip chiip
un poisson des poissons	*a fish* *fish*	eu fich fich
un enfant des enfants	*a child* *children*	eu tchaïld *tchil*·drènn
un homme des hommes	*a man* *men*	eu mann mènn
une femme des femmes	*a woman* *women*	eu *wou*·mann *wou*·mènn

possession

avoir • possessifs

En anglais, on exprime la possession, soit en ajoutant *'s* au nom du possesseur, si celui-ci est une personne – ou une simple apostrophe s'il se termine déjà par un s. L'ordre des mots est : possesseur*'s*-possédé.

le mari de ma sœur

my sister's husband — maï sis·*teur'*z *heus*·bannd

(litt : ma sœur's mari)

la maison de nos amis

our friends' house — aour frènnd'z haous

(litt : nos amis's maison)

S'il se rapporte à un objet, on emploie *of* of entre le possesseur et le possédé :

les fenêtres de ma chambre

the windows of my bedroom — Zeu *winn*·doz of maï *bèd*·room

possessifs

possession

Comme en français, les adjectifs possessifs (mon, ton, son, etc.) se conjuguent à toutes les personnes et se placent devant le nom. Les pronoms possessifs (le mien, le tien, etc.) s'emploient comme en français.

adjectifs possessifs		
mon/ma	*my*	maï
ton/ta	*your*	your
son/sa	*his/her/its* m/f/n	hiz/heur/its
notre/nos	*our*	aour
votre/vos	*your*	your
leur(s)	*their*	Zèr

pronoms possessifs		
le mien/la mienne/ les mien(ne)s	*mine*	*maï*-nn
le tien/la tienne/ les tien(ne)s	*yours*	yourz
le sien/la sienne/ les sien(ne)s	*his/ hers*	hiz/heurz
le nôtre/la nôtre/ les nôtres	*ours*	aourz
le vôtre/la vôtre/ les vôtres	*yours*	yourz
le leur/la leur/les leurs	*theirs*	Zèrz

À la 3e personne du singulier, l'adjectif et le pronom possessif s'accordent en genre avec le possesseur (et non avec l'objet possédé comme en français). Par exemple, on emploie *his* hiz si le possesseur est un homme, que l'élément possédé soit masculin ou féminin, singulier ou pluriel :

John a perdu sa montre.
John has lost his watch. djo-nn haz lost hiz watch

Marie est venue avec ses enfants.
Mary came with her children. *mè*·ri kéïm wiZ heur *tchil*·drènn

Cette maison est la sienne.
The house is hers. (à une femme) Zeu hous iz *heurs*
The house is his. (à un homme) Zeu hous iz *hiz*

présent

auxiliaires • avoir • être • verbes

Le présent se forme avec l'infinitif du verbe sans *to* à toutes les personnes, sauf à la 3e personne du singulier, où on ajoute un s au radical.

vouloir		to want
je veux	*I want*	aï wont
tu veux	*you want*	you wont
il/elle veut	*he/she/it wants* **m/f/n**	hi/chi/it wonts
nous voulons	*we want*	wi wont
vous voulez	*you want* **pol/pl**	you wont
ils veulent	*they want*	Zéï wont

pronoms personnels

tutoiement et vouvoiement

Les pronoms personnels en anglais se déclinent à toutes les personnes, comme en français. De plus, la forme du neutre *it* it s'emploie pour les objets et les animaux, ainsi que dans les phrases sans sujet réel (par exemple : *It is 5 o'clock,* it iz faïv oklok, "Il est 5h").

singulier			pluriel		
je	*I*	aï	nous	*we*	wi
tu	*you*	you	vous	*you*	you
il/ elle	*he/she/it* m/f/n	he/chi/it	ils/ elles	*they* m/f	Zéï

Notez que *I* aï (je) s'écrit toujours en majuscule et que l'anglais emploie la même forme *you* pour le tu et le vous de politesse.

questions

auxiliaires

Dans le cas d'un verbe au présent ou au prétérit, on place, en tête de phrase, l'auxiliaire *do* dou – *does* daz à la 3e personne du singulier –, si l'action se déroule au présent, et *did* did, si l'action est passée, suivi du sujet et du verbe à l'infinitif sans *to*.

Veut-elle partir maintenant ?
Does she want to leave now? daz chi wont tou liiv *nao*

Est-ce que vous vous êtes bien amusés ?
Did you have a nice time? did you hav eu naïs *taïm*

Dans le cas d'un verbe conjugué avec un auxiliaire (*will, be, have, can, must*), c'est celui-ci qui est placé en tête de phrase pour marquer l'interrogation :

Est-ce qu'ils peuvent aller au cinéma avec toi ?
Can they go to the movie with you? kan Zéï go tou Zeu *mou*·vi *wiZ* you

Est-ce que vous restez avec nous ce soir ?
Are you staying with us tonight? âr you sté·ïinng wiZ *eus tou*·naït

La phrase interrogative peut également se construire avec un pronom ou un adverbe interrogatif. Il se place en tête de phrase et introduit les mêmes formes verbales que celles indiquées ci-dessus.

mots interrogatifs		
comment ?	*how?*	hao
Comment allez-vous ?	*How are you?*	*hao* âr you
combien ? (+ sing)	*how much?*	*hao* meutch
Combien ça coûte ?	*How much is it?*	*hao* meutch iz it
combien (+ plur)	*How many?*	*hao* mèni
Combien de cartes as-tu acheté ?	*How many postcards did you buy?*	*hao* mèni *post*·cârdz did you baï
combien de temps ?	*how long?*	*hao* long
Combien de temps dure la traversée ?	*How long is the crossing?*	*hao* long iz Zeu *kro*·sinng
à quelle distance ?	*how far?*	*hao* fâr
À quelle distance se trouve la gare ?	*How far is the station?*	*hao* fâr iz Zeu *stéï*·cheunn
où ?	*where?*	wèèr
Où habitez-vous ?	*Where do you live?*	wèèr dou you *liv*
quand ?	*when?*	wè-nn
Quand arrivent-ils ?	*When do they arrive?*	wè-nn dou Zéï eu·*raïv*
qui ?	*who?*	hou
Qui attendez-vous ?	*Who are you waiting for?*	hou âr you *wéï*·tinng for
que/quoi/quel ?	*what?*	wat
Que voulez-vous ?	*What do you want?*	*wat* dou you wont
pourquoi ?	*why?*	waï
Pourquoi nous arrêtons-nous ici ?	*Why are we stopping here?*	waï âr wi sto·pinng *hiir*

tutoiement et vouvoiement

pronoms personnels

L'anglais ne fait pas de différence entre vous et tu et emploie le pronom personnel *you* dans les deux cas.

verbes

auxiliaires • avoir • être • passé • présent

À l'infinitif, le verbe comporte la particule *to* tou (par exemple : *to go* tou go, aller).

Il existe des verbes réguliers et des verbes irréguliers, qui présentent une forme particulière uniquement au prétérit et au participe passé. Voici la liste des plus courants :

infinitif	prétérit	participe passé	français
to beat tou biit	**beat** biit	**beaten** *bii* teunn	**battre**
to become tou bi·*kom*	**became** bi·*kéïm*	**become** bi·*kom*	**devenir**
to begin tou bi·*ginn*	**began** bi·*gann*	**begun** bi·*geunn*	**commencer**
to bet tou bèt	**bet** bèt	**bet** bèt	**parier**
to bite tou baït	**bit** bit	**bitten** *bi*·teunn	**mordre**
to bleed tou bliid	**bled** blèd	**bled** blèd	**saigner**
to bring tou brinng	**brought** broot	**brought** broot	**apporter**
to build tou bild	**built** bilt	**built** bilt	**construire**
to burn tou bœrn	**burnt** bœrnt	**burnt** bœrnt	**brûler**
to burst tou bœrst	**burst** bœrst	**burst** bœrst	**éclater**
to buy tou baï	**bought** boot	**bought** boot	**acheter**
to catch tou katch	**caught** koot	**caught** koot	**attraper**
to choose tou tchouz	**chose** tchoz	**chosen** *tcho*·zeunn	**choisir**
to come tou kom	**came** kéïm	**come** kom	**venir**
to cost tou kost	**cost** kost	**cost** kost	**coûter**
to cut tou keut	**cut** keut	**cut** keut	**couper**
to deal tou diil	**dealt** dèlt	**dealt** dèlt	**distribuer**
to do tou dou	**did** did	**done** donn	**faire**
to dream tou driim	**dreamt** drèmt	**dreamt** drèmt	**rêver**
to drink tou drink	**drank** drank	**drunk** dreun	**boire**
to drive tou draïv	**drove** drov	**driven** *dri*·veunn	**conduire**
to eat tou iit	**ate** èt	**eaten** *ii*·teunn	**manger**
to fall tou fool	**fell** fèl	**fallen** *foo*·leunn	**tomber**
to feed tou fiid	**fed** fèd	**fed** fèd	**nourrir**
to feel tou fiil	**felt** fèlt	**felt** fèlt	**ressentir**
to fight tou faït	**fought** foot	**fought** foot	**combattre**
to find tou faïnnd	**found** faond	**found** faond	**trouver**
to fly tou flaï	**flew** flouou	**flown** flonn	**voler**
to forbid tou for·bid	**forbade** for·béïd	**forbidden** for·*bi*·deunn	**interdire**
to forget tou for·gèt	**forgot** for·got	**forgotten** for·*go*·teunn	**oublier**
to forgive tou for·giv	**forgave** for·géïv	**forgiven** for·*gi*·veunn	**pardonner**
to freeze tou friiz	**froze** froz	**frozen** *fro*·zeunn	**geler**
to get tou gèt	**got** got	**got** got	**obtenir**
to give tou giv	**gave** géïv	**given** *gi*·veunn	**donner**
to go tou go	**went** wènnt	**gone** gonn	**aller**
to grow tou groo	**grew** grouou	**grown** gronn	**grandir**
to hear tou hiir	**heard** hœrd	**heard** hœrd	**entendre**

to hide tou haïd	**hid** hid	**hidden** *hi*·deunn	**cacher**
to hit tou hit	**hit** hit	**hit** hit	**frapper**
to hold tou hold	**held** hèld	**held** hèld	**tenir**
to hurt tou heurt	**hurt** heurt	**hurt** heurt	**blesser**
to keep tou kiip	**kept** kèpt	**kept** kèpt	**garder**
to know tou noo	**knew** nyou	**known** nonn	**savoir**
to learn tou lœrn	**learnt** lœrnt	**learnt** lœrnt	**apprendre**
to leave tou liiv	**left** lèft	**left** lèft	**partir**
to lend tou lènnd	**lent** lènnt	**lent** lènnt	**prêter**
to let tou lèt	**let** lèt	**let** lèt	**laisser**
to lose tou lououz	**lost** lost	**lost** lost	**perdre**
to make tou méïk	**made** méïd	**made** méïd	**faire**
to mean tou miin	**meant** mènnt	**meant** mènnt	**signifier**
to meet tou miit	**met** mèt	**met** mèt	**rencontrer**
to pay tou péï	**paid** péïd	**paid** péïd	**payer**
to put tou pout	**put** pout	**put** pout	**mettre**
to read tou riid	**read** rèd	**read** rèd	**lire**
to ring tou rinng	**rang** ranng	**rung** reunng	**sonner**
to rise tou raïz	**rose** roz	**risen** *ri*·seunn	**se lever**
to run tou reunn	**ran** rann	**run** reunn	**courir**
to say tou séï	**said** sèd	**said** sèd	**dire**
to see tou sii	**saw** soo	**seen** siinn	**voir**
to seek tou siik	**sought** soot	**sought** soot	**chercher**
to sell tou sèl	**sold** sold	**sold** sold	**vendre**
to send tou sènnd	**sent** sènnt	**sent** sènnt	**envoyer**
to shake tou chéïk	**shook** chouk	**shaken** *chéï*·keunn	**secouer**
to shoot tou chouout	**shot** chot	**shot** chot	**tirer**
to shut tou sheut	**shut** sheut	**shut** sheut	**fermer**
to sing tou sinng	**sang** sanng	**sung** seunng	**chanter**
to sit tou sit	**sat** sat	**sat** sat	**s'asseoir**
to sleep tou sliip	**slept** slèpt	**slept** slèpt	**dormir**
to smell tou smèl	**smelt** smèlt	**smelt** smèlt	**sentir**
to speak tou spiik	**spoke** spok	**spoken** *spo*·keunn	**parler**
to spend tou spènnd	**spent** spènnt	**spent** spènnt	**dépenser**
to steal tou stiil	**stole** stol	**stolen** *sto*·leunn	**dérober**
to sting tou stinng	**stung** steunng	**stung** steunng	**piquer**
to swell tou swèl	**swelled** swèld	**swollen** swo·leunn	**enfler**
to swim tou swimm	**swam** swamm	**swum** sweumm	**nager**
to swing tou swinng	**swung** sweunng	**swung** sweunng	**se balancer**
to take tou téïk	**took** touk	**taken** *téï*·keunn	**prendre**
to teach tou tiitch	**taught** toot	**taught** toot	**enseigner**
to tell tou tèl	**told** told	**told** told	**dire**
to think tou Sink	**thought** Soot	**thought** Soot	**penser**
to understand tou eunn·deur·*stannd*	**understood** eunn·deur·*stoud*	**understood** eunn·deur·*stoud*	**comprendre**
to wake tou wéïk	**woke** wok	**woken** *wo*·keunn	**(se) réveiller**
to wear tou wèr	**wore** wor	**worn** worn	**porter**
to weep tou wiip	**wept** wèpt	**wept** wèpt	**pleurer**
to win tou winn	**won** wonn	**won** wonn	**gagner**
to write tou raït	**wrote** rot	**written** *ri*·teunn	**écrire**

Parlez-vous français ?
Do you speak French? — dou you spik *frènnch*

Y a-t-il quelqu'un qui parle français ?
Does anyone speak French? — daz è·ni·wann spik *frènnch*

Vous me comprenez ?/Tu me comprends ? pol/fam
Do you understand? — dou you eunn·deur·*stand*

Je (vous/te) comprends. pol/fam
I understand. — aï eunn·deur·*stand*

Je ne comprends pas.
I don't understand. — aï *dont* eunn·deur·*stand*

Je parle un peu l'anglais.
I speak a little English. — aï spik a liteul *inn*·glich

faux amis

De nombreux mots anglais, appelés "faux amis", sont voisins du français, mais ont un sens différent.

Voici quelques exemples courants :

actually *ak*·tu·ali — en réalité
et non "actuellement", qui se dit *currently* *keu*·rènn·tli

affair afèr — liaison amoureuse
et non "affaires", qui se dit *business* *biz*·nès

car kâr — voiture
et non "car" qui se dit *bus* beus

introduce inn·tro·*dyous* — présenter
et non "introduire", qui se dit *insert* inn·*sèrt*

library *laï*·breu·ri — bibliothèque
et non "librairie", qui se dit *bookshop* *bouk*·chop

miserable *miz*·reu·beul — malheureux
et non "misérable", qui se dit *poor* pouour

sensible *sènn*·si·beul — raisonnable
et non "sensible", qui se dit *sensitive* *sènn*·zi·tiv

Que veut dire "*forbidden*" ?
What does "forbidden" mean? wat daz for-*bi*-dènn miinn

Comment… ?	*How do you ...?*	*hao* dou you ...
prononce-t-on ceci	*pronounce this*	pro-*non*-se Zis
écrit-on "*Scottish*"	*write 'Scottish'*	raït *sko*-tich

Pourriez-vous…, s'il vous plaît ?	*Could you …, please?*	koud you ... pliiz
parler plus lentement	*speak more slowly*	spik moor *slao*-li
répéter	*repeat*	ri-*piit*
l'écrire	*write it down*	raït it *daonn*

parlez en abrégé !

En anglais, à l'oral, les formes verbales sont abrégées. Ainsi, direz-vous : *We're coming*, wir *ko*-minng, plutôt que *We are coming* (nous venons), ou encore *I don't understand*, aï dont eunn-deur-*stand*, plutôt que *I do not understand* (je ne comprends pas). Par contre, sachez qu'à l'écrit, la forme longue est d'usage.

nombres cardinaux

cardinal numbers

0	*zero*	*zi*·ro
1	*one*	wann
2	*two*	tou
3	*three*	Srii
4	*four*	foor
5	*five*	faïv
6	*six*	six
7	*seven*	*sè*·veunn
8	*eight*	eït
9	*nine*	naïnn
10	*ten*	tèn
11	*eleven*	*ilè*·veunn
12	*twelve*	twèlv
13	*thirteen*	*Sœr*·tiinn
14	*fourteen*	*foor*·tiinn
15	*fifteen*	*fif*·tiinn
16	*sixteen*	*six*·tiin
17	*seventeen*	*sè*·veunn·tiin
18	*eighteen*	*eït*·tiin
19	*nineteen*	*naïnn*·tiin
20	*twenty*	*twènn*·ti
21	*twenty-one*	twènn·ti·*wann*
22	*twenty-two*	twènn·ti·*tou*
30	*thirty*	*Sœr*·ti
40	*forty*	*foor*·ti
50	*fifty*	*fif*·ti
60	*sixty*	*six*·ti
70	*seventy*	*sè*·veunn·ti
80	*eighty*	*eït*·ti
90	*ninety*	*naïnn*·ti
91	*ninety-one*	naïnn·ti·*wann*
100	*hundred*	*heunn*·drèd
1 000	*thousand*	*Saou*·Zannd
1 000 000	*one million*	*wann* mil·ionn

nombres ordinaux

ordinal numbers

1er	*first*	fœrst
2e	*second*	*sè*·konnd
3e	*third*	Sœrd
4e	*fourth*	foorS
5e	*fifth*	fifS

fractions

fractions

un quart	*a quarter*	eu *kwâr*·teur
un tiers	*a third*	eu Sœrd
un demi	*a half*	eu hâf
trois quart	*three-quarters*	Srii·*kwâr*·teurz
tout	*all*	ool
rien	*none*	nonn

expression de la quantité

amounts

Combien ?	*How much/ many?* sg/pl	hao *mèni*/ meutch
Donnez-m'en..., s'il vous plaît.	*Please give me ...*	pliz giv mi ...
(100) grammes	*(100) grams*	(wann heunn·drèd) *gramz*
une (demi-) douzaine	*(half a) dozen*	(hâf eu) do·zènn
un kilo	*a kilo*	eu *ki*·lo
un paquet	*a packet*	eu *pa*·kèt
une tranche	*a slice*	eu slaïs
une boîte	*a tin*	eu tinn
moins	*less*	lès
(juste) un peu	*(just) a little*	(djeust) eu *li*·teul
beaucoup de	*a lot of*	eu *lot* of
plus	*more*	moor
quelques (pommes)	*some (apples)*	som (apeulz)

heure

telling the time

L'anglais décompte les heures de 0 à 12 et ajoute en général *am* (*ante meridiem*, "du matin") ou *pm* (*post meridiem*, "de l'après-midi") pour préciser s'il s'agit du matin ou de l'après-midi.

Quelle heure est-il ?	*What time is it?*	wat *täim* iz it
Il est 10h.	*It's 10 o'clock (am/pm).*	its (tènn) ok*lok* (èï·èm/pi·èm)
Il est 13h.	*It's 1 o'clock (pm).*	its·(wann) ok*lok* (pi·èm)
14h15	*quarter past 2 (pm)*	*kwâr*·teur past *too* (pi·èm)
9h20	*twenty past 9 (am)*	twènn·ti past *naïnn* (èï·èm)
12h30	*half past 12 (pm)*	hâf past *twèlv* (pi·èm)
1 heure moins vingt	*twenty to 1 (am/pm)*	twènn·ti tou *wann* (èï·èm/pi·èm)
1 heure moins le quart	*quarter to 1 (am/pm)*	*kwâr*·teur tou wann (èï·èm/pi·èm)
du matin	*in the morning*	inn Zeu·*mor*·ninng
de l'après-midi	*in the afternoon*	inn Zi af·teu·*noun*
du soir	*in the evening*	inn Zi *iv*·ninng

jours de la semaine

days of the week

lundi	*Monday*	*monn*·dèï
mardi	*Tuesday*	*tyous*·dèï
mercredi	*Wednesday*	*wènns*·dèï
jeudi	*Thursday*	*Sœurs*·dèï
vendredi	*Friday*	*fraï*·dèï
samedi	*Saturday*	*sa*·teu·dèï
dimanche	*Sunday*	*seunn*·dèï

calendrier

the calendar

> mois

janvier	*January*	*dja*·nu·ari
février	*February*	*fè*·bru·ari
mars	*March*	*mârtch*
avril	*April*	*èï*·pril
mai	*May*	mèï
juin	*June*	djounn
juillet	*July*	djou·*laï*
août	*August*	*ao*·goust
septembre	*September*	sep·*tèmm*·beur
octobre	*October*	ok·*to*·beur
novembre	*November*	no·*vèmm*·beur
décembre	*December*	di·*cèmm*·beur

> saisons

été	*summer*	*seu*·meur
automne	*autumn*	*oo*·tomm
hiver	*winter*	*winn*·teur
printemps	*spring*	springg

dates

dates

Quelle est la date d'aujourd'hui ?
What's the date? — whats Zeu *dèït*

Quel jour sommes-nous ?
What's the day today? — whats Ze *dèï* tou·dèï

Nous sommes le 18 octobre.
It's the 18th of October. — its Zi èï·*tiinnS* of ok·*to*·beur

quel jour sommes-nous ?

Pour donner la date en anglais, par exemple celle du lundi 18 novembre, on écrira *Monday November 18th*, mais on lira *Monday the 18th of November* (litt : lundi le 18e jour de novembre).

présent

present

maintenant	*now*	nao
tout de suite	*right now*	raït *nao*
cet après-midi	*this afternoon*	Zis af·teu·*noun*
ce mois	*this month*	Zis *monnS*
ce matin	*this morning*	Zis *mor*·ninng
cette semaine	*this week*	Zis *wiik*
cette année	*this year*	Zis *yeur*
aujourd'hui	*today*	tou·*dèï*
ce soir	*tonight*	tou·*naït*

passé

past

il y a (3) jours	*(three) days ago*	(Srii) *dèïz* eugo
il y a une demi-heure	*half an hour ago*	hâf eun *aoueur* eugo
il y a un moment	*a while ago*	eu *waïl* eugo
il y a (5) ans	*(5) years ago*	(faïv) *yeurz* eugo
le mois dernier	*last month*	last *monnS*
hier soir	*last night*	last *naït*
avant-hier	*the day before yesterday*	Ze *dèï* bi·for *yès*·teu·dèï
la semaine dernière	*last week*	last *wiik*
l'année dernière	*last year*	last *yeur*
depuis (mai)	*since (May)*	sinns (*mèï*)

hier...	*yesterday ...*	*yès*·teu·dèï ...
après-midi	*afternoon*	af·teu·*noun*
soir	*evening*	*iv*·ninng
matin	*morning*	*mor*·ninng

futur

future

après-demain	*the day after tomorrow*	Ze *dèï* afteu tou·*mo*·ro
dans…	*in …*	inn …
(6) jours	*(6) days*	*(six)* dèïz
(5) minutes	*(5) minutes*	*(faïv)* mi·nuts
le/la/l' … prochain(e)	*next …*	nèxt …
semaine	*week*	*wiik*
mois	*month*	*monnS*
année	*year*	*yeur*
demain…	*tomorrow …*	tou·*mo*·ro …
matin	*morning*	*mor*·ninng
après-midi	*afternoon*	af·teu·*noun*
soir	*evening*	*iv*·ninng
jusqu'à (lundi)	*until (Monday)*	eunn·*til* (monn·dèï)
d'ici une heure	*within an hour*	wi·Zinn eun *aoueur*

dans la journée

during the day

après-midi	*afternoon*	af·teu·*noun*
aube	*dawn*	daonn
jour	*day*	dèï
soir	*evening*	*iv*·ninng
midi	*midday*	*mid*·dèï
minuit	*midnight*	*mid*·naït
matin	*morning*	*mor*·ninng
nuit	*night*	naït
lever de soleil	*sunrise*	*seunn*·raïz
coucher de soleil	*sunset*	*seunn*·sèt

Combien cela coûte-t-il ?
How much is it? — hao *meutch* iz *it*

Pouvez-vous écrire le prix ?
Can you write down the price? — kan you raït daonn Ze *praïs*

Acceptez-vous… ?	*Do you accept ...?*	dou you aksèpt ...
les cartes de crédit	*credit cards*	krèdit *kârdz*
les chèques de voyage	*travellers cheques*	*trav*·leurz *tchèks*

Je voudrais...	*I'd like to ...*	aïd laïk tou ...
encaisser un chèque	*cash a cheque*	kach eu *tchèk*
changer des chèques de voyage	*change travellers cheques*	tchènndj *trav*·leurz tchèks
changer de l'argent	*change money*	tchènndj *mo*·nè
Où est le ... le plus proche ?	*Where's the nearest ...?*	wèrz Zeu nirèst
distributeur automatique	*automatic teller machine*	o to·*ma*·tik *tè*·leur ma·*chinn*
bureau de change	*foreign exchange office*	*fo*·rèïn èx·*tchènndj* o-*fis*

Puis-je retirer de l'argent au guichet ?
Can I get a cash advance? — kann aï gèt eu *kach* ad·vans

À combien s'élève... ?	*What's the ...?*	wats Ze ...
la commission	*charge*	tchardj
le taux de change	*exchange rate*	èx·*tchènndj* rèït
C'est...	*It's...*	its ...
gratuit	*free*	*frii*
(12) pounds	*(12) pounds*	*(twèlv)* paondz

expressions courantes

L'anglais compte nombre de mots et d'expressions populaires ou argotiques liés à l'argent. En voici quelques-uns que vous entendrez peut-être :

buck	beuk	**dollar**
quid	kwid	**livre sterling**
I'm broke.	aïm *brok*	**Je suis fauché.**
He's well-off.	hiz·wèl·*of*	**Il est riche.**
They've got plenty of dough.	Zèïv got plènn·ti of *dow*	**Ils ont beaucoup de blé.**

Notez aussi l'expression suivante, plutôt imagée :

I feel like a million dollars.	aï fiil laïk eu mil-lionn dolarz	**Je me sens en super forme.**

(litt : Je me sens comme un million de dollars.)

circuler

getting around

À quelle heure part… ?	*What time does the ... leave?*	wat *taïm* daz Zeu ... liiv
le bateau	*boat*	boot
le bus	*bus*	beus
l'avion	*plane*	pléïn
le train	*train*	tréïn
le tramway	*tram*	tram
À quelle heure passe le … bus ?	*What time's the ... bus?*	wat taïmz Zeu ... *beus*
premier	*first*	fœrst
dernier	*last*	last
prochain	*next*	nèkst

De quel quai part-il ?
Which platform does it depart from? — witch *plat*·form daz it di·*paart* from

Quel bus va à… ?
Which bus goes to ...? — witch *beus* goz tou ...

Est-ce que cette place est prise ?
Is this seat taken? — iz Zis siit *téï*·keunn

les bus à impériale mis au rancart

Ne cherchez plus les célèbres bus à impériale rouges dans les rues de Londres. Ils ont été retirés du service quotidien en 2005. Ces fameux *double-decker* rouges, symboles de la ville et orgueil des Londoniens depuis 1958, avaient fait leur temps. Il sont aujourd'hui remplacés par des bus à accordéon, accessibles aux handicapés et assurant une plus grande sécurité des voyageurs, mais qui n'ont ni l'élégance ni le syle de leurs prédécesseurs.

C'est ma place.
That's my seat. — Zats maï *siit*

Ce bateau transporte-t-il les voitures ?
Can I take my car on the boat? — kann aï téïk maï kâr onn Zeu boot

Puis-je apporter mon vélo ?
Can I take my bike? — kann aï téïk maï *baïk*

Pouvez-vous me dire quand nous arrivons à… ?
Can you tell me when we get to ...? — kann you *tèl* mi wènn wi gèt tou ...

Je veux descendre…	*I want to get off ...*	aï want tou gèt *of*
à (York)	*at (York)*	at (yoork) ...
ici	*here*	hiir

Pour en savoir plus sur la douane, voir le chapitre **passer la frontière**, p. 55.

expressions courantes

kan·sèld
cancelled — **annulé**

pa·sèn·djeurz meust tchènndj tréïnz
Passengers must change trains. — **Les voyageurs doivent changer de train.**

beus neum·beur ...
Bus number ... — **Le bus numéro…**

di·*léïd*
delayed — **en retard**

liivz from ...
leaves from ... — **part de…**

Zis wann
This one. — **Celui-ci.**

Zat wann
That one. — **Celui-là.**

billets

tickets

Où peut-on acheter un billet ?
Where can I buy a ticket? — wèr kann aï baï eu *ti*·kèt

Faut-il réserver ?
Do I need to book? — dou aï niid tou *bouk*

Je voudrais… mon billet, s'il vous plaît.	*I'd like to ... my ticket, please.*	aïd laïk tou ... maï ti·kèt pliiz
annuler	*cancel*	*kan*·sèl
changer	*change*	tchènndj
confirmer	*confirm*	kon·*fœrm*
Combien ça coûte ?	*How much is it?*	hao *meutch* iz it
C'est complet.	*It's full.*	its *foul*

Un billet … (pour Londres), s'il vous plaît.	*One ... ticket (to London), please.*	wann ... *ti*·kèt (tou *lonn*·donn) pliiz
de 1ère classe	*1st-class*	fœrst *klas*
de 2de classe	*2nd-class*	*sè*·konnd *klas*
enfant	*child's*	tchaïldz
aller simple	*one-way*	wann wéï
aller et retour	*return*	ri·*teurn*
étudiant	*student's*	*stu*·dènnts

Je voudrais une place…	*I'd like … seat.*	aïd laïk … siit
côté couloir	*aisle*	eun aïl
côté fenêtre	*window*	eu *winn*·deo
fumeur	*smoking*	eu *smo*·kinng
non-fumeur	*non-smoking*	eu nonn *smo*·kinng

Y a-t-il la climatisation ?
Is there air-conditioning? — iz Zèèr *èr*·konn·di·cho·ninng

Y a-t-il des toilettes ?
Is there a loo **(GB)**/ *bathroom* **(USA)***?* — iz Zèèr eu lou/ *ba*·Sroum

Combien de temps dure le trajet ?
How long does the trip take? — hao lonng daz Zeu *trip* téïk

Est-ce direct ?
Is it a direct route? — iz it eu daï·rèkt *rouout*

À quelle heure a lieu l'enregistrement ?
What time do I have to check in? — wat *taïm* dou aï hav tou tchèk inn

bagages

luggage

Où récupère-t-on les bagages ?
Where's the luggage claim? — wèr Zeu *leu*·géïdj kléïm

Mes bagages ont été…	*My luggage has been …*	maï *leu*·géïdj haz biin …
endommagés	*damaged*	*da*·mèdjd
perdus	*lost*	lost
volés	*stolen*	*sto*·leunn

Mes bagages ne sont pas arrivés.
My luggage hasn't arrived. maï *leu*·géïdj ha·zeunnt eu·*raïvd*

Je voudrais une consigne automatique.
I'd like a luggage locker. aïd laïk eu *leu*·géïdj lo·keur

Puis-je avoir des pièces/jetons ?
Can I have some coins/ tokens? kann aï hav som *coïnnz*/ *to*·keunnz

train

train

Quelle gare est-ce ?
What station is this? wat *stéï*·chonn iz Zis

Quelle est la prochaine gare ?
What's the next station? wats Zeu nèkst *stéï*·chonn

Ce train s'arrête-t-il à (Brighton) ?
Does this train stop at (Brighton)? daz Zis tréïn stop at (*braï*·tonn)

Dois-je prendre une correspondance ?
Do I need to change trains? dou aï niid tou tchènndg *tréinz*

Quelle voiture est-ce pour (Manchester) ?
Which carriage is for (Manchester)? witch *ka*·ridj iz for (*man*·tchès·teur)

Où est le wagon-restaurant ?
Which is the dining car? witch iz Zeu *daï*·ninng kâr

bateau

boat

Y a-t-il des gilets de sauvetage ?
Are there life jackets? — âr Zèèr laïf *dja*·kèts

Comment est la mer aujourd'hui ?
What's the sea like today? — wats Zeu *sii* laïk *tou*·déï

J'ai le mal de mer.
I feel seasick. — aï fiil *sii*·sik

taxi

taxi

Où est la station de taxis ?
Where's the taxi stand? — wèrz Zeu *tak*·si stand

Je voudrais un taxi…	*I'd like a taxi ...*	aïd laïk eu tak·si
maintenant	*now*	*nao*
pour (9h)	*at (9 o'clock)*	at (naïnn o·*klok*)
pour demain	*tomorrow*	tou·*mo*·ro

Êtes-vous libre ?
Is this taxi free? — iz Zis *tak*·si *frii*

Pourriez-vous mettre le compteur ?
Please put the meter on. — pliiz pout Zeu *mi*·teur onn

Combien est-ce pour aller à (Times Square) ?
How much is it to (Times Square)? — *hao* meutch iz it tou (taïmz *skwèr*)

Veuillez me conduire à (cette adresse).
Please take me to (this address). — pliiz téïk mi tou (Zis eu·*drès*)

Je suis très en retard.
I'm really late. — aïm *rii*·li léït

Quel est le montant total ?
How much is the final fare? — hao meutch iz Zeu faï·neu *fèr*

Pourriez-vous ralentir, s'il vous plaît ?
Please, slow down. — pliiz sloow *daonn*

Veuillez attendre ici.
Please, wait here. — pliiz wéït hiir

Arrêtez-vous…	*Stop ...*	stop ...
ici	*here*	hiir
au coin de la rue	*at the corner*	at zeu *koor*·neur

Reportez-vous également au chapitre **orientation**, p. 57.

voiture et moto

car & motorbike

> location de voiture et moto

Je voudrais louer…	*I'd like to hire*	aïd laïk tou haï·eur
un 4x4	*a jeep*	eu *djiip*
une automatique	*an automatic*	eun o·to·*ma*·tik
une (petite/grosse) voiture	*a (small/large) car*	eu (smool/lârdj) kâr
une manuelle	*a manual*	eu *ma*·nou·eul
une moto	*a motorbike*	eu *mo*·to·baïk

avec…	*with ...*	wiZ ...
la climatisation	*air conditioning*	*èr*·konn·di·cho·niing
chauffeur	*a driver*	eu *draï*·veur

Quel est le prix par… ?	*How much for ... hire?*	*hao* meutch for ... haï·eur
jour	*daily*	*déï*·ly
heure	*hourly*	*aour*·li
semaine	*weekly*	*wik*·li

Est-ce que … est inclus(e) ?	*Does that include …?*	daz Zat inn·*kloud* …
le kilométrage	*mileage*	*maï*·lidj
l'assurance	*insurance*	inn·*chour*·ranns

Puis-je la rendre dans une autre ville ?
Can I return it in another city? — kann aï ri·*teurn* it inn eu·*no*·Zeur si·ti

Panneaux indicateurs

Cédez la priorité	giv *wéï*	*Give Way*
Entrée	*ènn*·trans	*Entrance*
Péage	tol	*Toll*
Sens interdit	no *ènn*·tri	*No Entry*
Sens unique	wann wéï	*One-way*
Sortie	*ek*·zit	*Exit*
Stop	stop	*Stop*

> sur la route

Quelle est la vitesse maximale autorisée ?
What's the speed limit? — wats Zeu *spiid* li·mit

Est-ce la route pour… ?
Is this the road to …? — *iz* Zis Zeu rood tou …

(Combien de temps) Puis-je me garer ici ?
(How long) Can I park here? — (*hao* long) kann aï *pârk* hiir

Où puis-je trouver une station-service ?
Where's a petrol station? — wèrz eu *pè*·trol stéï·chonn

Le plein, s'il vous plaît.
Please fill it up. — pliiz fil it eup

Je voudrais (20) litres.
I'd like (20) litres. — aïd laïk (twènn·ti) *li*·teurz

Où dois-je payer ?
Where do I pay? — wèr dou aï *péï*

Pouvez-vous, contrôler…, s'il vous plaît.	*Please check ...*	pliiz tchèk ...
l'huile	*the oil*	Zi oïl
la pression des pneus	*the tyre pressure*	Zeu *taï*·eur *prè*·cheur
l'eau	*the water*	Zeu *wo*·teur
diesel	*diesel*	*dii*·zeul
essence	*petrol* **(GB)/***gas* **(USA)**	*pè*·trol/gas
ordinaire	*regular*	*rè*·gu·leur
au plomb	*leaded*	*lè*·did
sans plomb	*unleaded*	*eunn*·lè·did

> problèmes

J'ai besoin d'un mécanicien.
I need a mechanic. aï niid eu mè·ka·nik

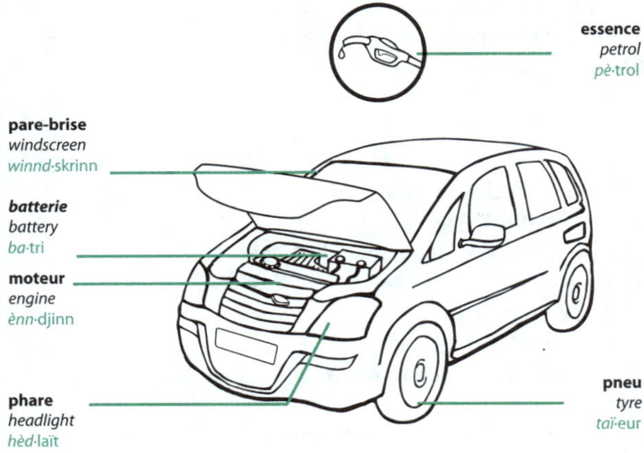

La voiture/moto est tombée en panne (à...).
The car/motorbike has broken down (at ...). — Zeu kâr/mo·to·baïk haz bro·keunn *daonn* (at ...)

J'ai eu un accident.
I had an accident. — aï had eun *ak*·si·dènnt

La voiture/moto ne démarre pas.
The car/motorbike won't start. — Zeu kâr/*mo*·to·baïk wont stârt

Avez-vous des câbles de démarrage ?
Do you have jumper cables? — dou you hav *djum*·peur *kéï*·beulz

Pouvez-vous me pousser ?
I need a push start. — aï niid eu *pouch* stârt

Mon pneu est à plat.
I have a flat tyre. — aï hav eu flat *taï*·eur

J'ai perdu les clés de ma voiture.
I've lost my car keys. — aïv lost maï *kâr* kiiz

J'ai laissé mes clés à l'intérieur de la voiture.
I've locked my keys inside. — aïv lokt maï kiiz inn·*saïd*

Je suis en panne d'essence.
I've run out of petrol. — aïv reun *aout* of *pè*·trol

Pouvez-vous réparer ma voiture aujourd'hui ?
Can you fix my car today? — kann you fix maï kâr tou·*déï*

Combien de temps cela va-t-il prendre ?
How long will it take? — *hao* long wil it téïk

expressions courantes

djeunk hiip	
junk heap	**casse**
Zat pârts vè·ri *hârd* tou gèt	
That part's very hard to get.	**Cette pièce est très difficile à trouver.**
wat mo·dèl iz it	
What model is it?	**Quelle est la marque ?**

vélo

bicycle

Où puis-je…	*Where can I ...?*	wèr kann aï ...
acheter un vélo d'occasion	*buy a second-hand bike*	baï eu *sè*·konnd hand baïk
faire réparer mon vélo	*have my bike repaired*	hav maï baïk ri·*pèrd*
louer un vélo	*hire a bicycle*	haï·eur eu *baï*·si·keul
laisser mon vélo	*leave my bike*	liiv maï baïk

Y a-t-il des pistes cyclables ?
Are there any bicycle paths? âr Zèèr è·ni *baï*·si·keul *paSs*

Y a-t-il une carte des pistes cyclables ?
Is there a map of bicycle paths? iz Zèèr eu *map* of *baï*·si·keul pass

Peut-on y aller à vélo ?
Is it within cycling distance? iz it wi·Zinn *saï*·klinng dis·tans

Faut-il porter un casque ?
Do I have to wear a helmet? dou aï hav tou wèr eu *hèl*·mèt

piste cyclable	*bike path*	baïk *paS*
VTT	*mountain bike*	*maon*·tèïn baïk
vélo de course	*racing bike*	*réï*·sinng baïk

anglais britannique ou américain ?

Dans le domaine des transports, l'anglais britannique et l'anglais américain possèdent leur propre vocabulaire :

Métro	*Underground* **(GB)**	*unn*·deur·graond
	Tube **(Londres)**	tyoub
	Subway **(USA)**	*seub*·wè

Signalons que *subway* désigne un passage piéton souterrain en anglais britannique.

Sortie	*Way out* **(GB)**	wéï *aout*
	Exit **(USA)**	*ek*·zit
Autoroute	*Motorway* **(GB)**	mo·tor·wéï
	Freeway/Highway/ Interstate **(USA)**	fri·wéï/haï·wéï/ inn·teur·stéït

contrôle des passeports

passport control

Je suis ici…	*I'm here ...*	aïm *hiir*
pour affaires	*on business*	onn *biz*·nès
en vacances	*on holiday*	onn *ho*·li·dè
pour étudier	*to study*	tou *steu*·di
Je suis ici pour (2)…	*I'm here for (two) ...*	aïm *hiir* for *(tou)* ...
jours	*days*	déïz
mois	*months*	monnS
semaines	*weeks*	wiiks

Je suis ici de passage.
I'm in transit. aïm inn *tran*·zit

Nous avons un passeport commun.
We have a joint passport. wi hav eu joïnnt *pas*·port

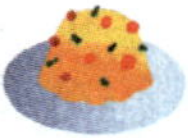

expressions courantes

your ... *pliz*	*Your ..., please.*	**Votre…, s'il vous plaît.**
pas·poort	*passport*	**passeport**
vi·za	*visa*	**visa**
âr you *trav*·linng ...	*Are you travelling ...?*	**Vous voyagez… ?**
wiZ your *fa*·mi·li	*with your family*	**en famille**
inn eu *group*	*in a group*	**en groupe**
onn your *oonn*	*on your own*	**seul(e)**

at customs

Je n'ai rien à déclarer.
I have nothing to declare. — aï hav no·Sinng tou di·*klèr*

J'ai quelque chose à déclarer.
I have something to declare. — aï hav somm·Sinng tou di·*klèr*

Je ne savais pas qu'il fallait le déclarer.
I didn't know I had to declare it. — aï di·deunnt *no* aï had tou *di*·klèr it

J'ai besoin…	*I need ...*	aï *niid ...*
d'un avocat	*a lawyer*	eu *loo*·yeur
de téléphoner	*to make a phone call*	tou méïk eu *fonn* kool

Où se trouve… ?	*Where's ...?*	wèrz...
Je cherche…	*I'm looking for a ...*	aïm *lou*·kinng for eu
une banque	*bank*	bannk
un hôtel	*hotel*	ho·*tèl*
un commissariat	*police station*	*polis* stéï·cheunn

Pouvez-vous m'indiquer (sur la carte) ?
Can you show me (on the map)? — kann you *choo* mi (onn Zeu *map*)

Quelle est l'adresse ?
What's the address? — wats Zi a·*drès*

Comment faire pour y aller ?
How do I get there? — hao dou aï *gèt* Zèèr

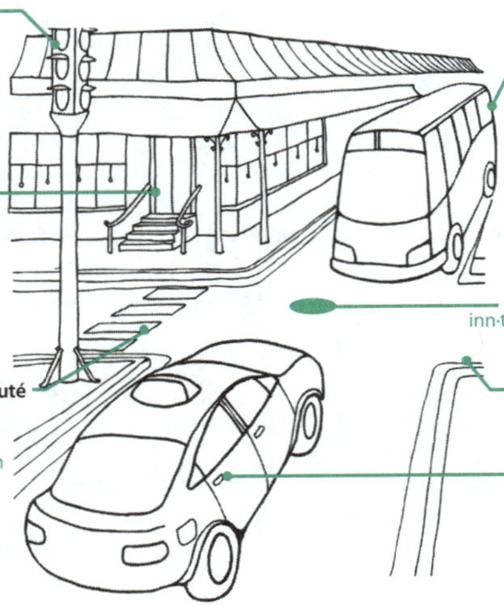

C'est loin ?	*How far is it?*	hao *fâr* iz it
en bus	*by bus*	baï beus
à pied	*on foot*	onn fout
en taxi	*by taxi*	baï *tak*·si
en train	*by train*	baï *tréïnn*
Tournez…	*Turn …*	teurn …
au coin	*at the corner*	at Zeu *koor*·neur
aux feux	*at the traffic lights*	at Zeu *tra*·fik laïts

expressions courantes

its …	*It's …*	**C'est…**
raït	*right*	**à droite**
lèft	*left*	**à gauche**
bi·*saïd* …	*beside …*	**à côté de…**
iist	*east*	**à l'est**
wèst	*west*	**à l'ouest**
bi·*haïnd* …	*behind …*	**derrière…**
inn front of …	*in front of …*	**devant…**
hiir	*here*	**ici**
Zèèr	*there*	**là**
fâr eu·*wéï*	*far away*	**loin d'ici**
onn Zeu *koor*·neur	*on the corner*	**au coin**
noors	*north*	**au nord**
saouS	*south*	**au sud**
o·po·zit…	*opposite …*	**en face de…**
niir hiir	*near here*	**près d'ici**
stréït *a*·hèd	*straight ahead*	**tout droit**
its …	*It's …*	**C'est à…**
(*tèn*) mi·nuts	*(10) minutes*	**(10) minutes**
(wann heunn·drèd) mi·teurs	*(100) meters*	**(100) mètres**

PRATIQUE

trouver un hébergement

accomodation

Où puis-je trouver…?	*Where's a ...?*	wèrz eu
une pension	*bed and breakfast*	bèd ènnd *brèk*·feust
un terrain de camping	*camping ground*	*kam*·pinng graond
une chambre d'hôtes	*guesthouse*	*gèst*·haouz
un hôtel	*hotel*	ho·*tèl*
une auberge de jeunesse	*youth hostel*	*youS* hos·tèl

Pouvez-vous me conseiller un endroit… ?	*Can you recommend somewhere ...?*	kan you rè·ko·*mènnd* so·meu·*wèèr*…
bon marché	*cheap*	tchiip
près d'ici	*nearby*	*niir*·baï
romantique	*romantic*	ro·*man*·tik

Quelle est l'adresse ?
What's the address? wats Zi ad·*rès*

Pour répondre à ces questions, voir le chapitre **orientation**, p. 57.

réservation

booking ahead

Je voudrais réserver une chambre, s'il vous plaît.
I'd like to book a room, please. aïd laïk tou bouk eu *roum* pliiz

J'ai une réservation.
I have a reservation. aï hav eu rè·zèr·*véï*·cheunn

Mon nom est…
My name is ... — *maï* néïm iz ...

Nous sommes (3).
There are (three) of us. — Zèr âr (*Srii*) of eus

Je voudrais rester (2) nuits.
I'd like to stay for (two) nights. — aïd laïk tou stéï for (*tou*) naïts

Du (2 juillet) au (6 juillet).
From (July 2) to (July 6). — from (Ze *sè*·kond of djou·*laï*) tou (Ze *siks* of djou·*laï*)

Est-ce qu'il faut payer d'avance?
Do I need to pay upfront? — dou aï niid tou péï eup·*front*

Puis-je la voir?
Can I see it? — kann aï *sii* it

Quel est le prix par… ?	*How much is it per ...?*	*hao* meutch iz it peur ...
nuit	*night*	naït
personne	*person*	*peur*·sonn
semaine	*week*	*wiik*

Acceptez-vous… ?	*Can I pay by ...?*	kann aï péï baï ...
les cartes de crédit	*credit card*	*krè*·dit kârd
les chèques de voyage	*travellers cheques*	*trav*·leurs tchèks

Avez-vous une chambre… ?	*Do you have a ... room?*	dou you hav eu ... roum
avec un lit double	*double*	*deubl*
à un lit	*single*	*sinng*·eul
avec des lits jumeaux	*twin*	*twinn*

Voir également le chapitre **achats**, p. 69, pour les autres modes de paiement, et **voyage d'affaires**, p. 89.

expressions courantes

aïm *so*·ri wir foul
I'm sorry, we're full. **Désolé, c'est complet.**

for *hao* mè·ni naïts
For how many nights? **Combien de nuits ?**

your *pas*·poort pliiz
Your passport, please. **Votre passeport, s'il vous plaît.**

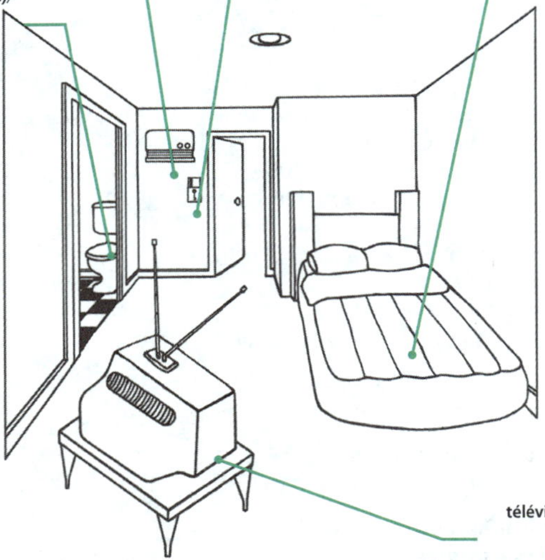

renseignements et services

requets & queries

Quand/Où le petit-déjeuner est-il servi ?
When/Where is breakfast served? — wèn/wèr iz *brèk*·feust seur·vd

Réveillez-moi à (7)h, s'il vous plaît.
Please wake me at (7). — pliiz wéïk mi at (sè·veunn)

Puis-je utiliser… ?	*Can I use the ...?*	kann aï youz Zeu
la cuisine	*kitchen*	*kit*·cheunn
la blanchisserie	*laundry*	*lonn*·dri
le téléphone	*telephone*	*tè*·lè·fonn

Y a-t-il… ?	*Do you have a/an...?*	dou *you* hav eu/eun ...
un ascenseur	*lift* **(GB)**/ *elevator* **(USA)**	lift/ è·lè·*véï*·teur
un service de blanchisserie	*laundry service*	*lonn*·dri *seur*·vis
un tableau des messages	*message board*	*mè*·sèdj boord
un coffre-fort	*safe*	séïf
une piscine	*swimming pool*	*swi*·minng poul

Changez-vous de l'argent ?
Do you change money here? — dou you tchènndj *mo*·nè hiir

Proposez-vous des excursions ?
Do you arrange tours here? — dou you eu·rènndj *touourz* hiir

Puis-je laisser un message ?
Can I leave a message for someone? — kann aï liiv eu *mè*·sèdj for somm·wann

Est-ce que j'ai un message ?
Is there a message for me? iz Zèr eu·*mè*·sèdj for mi

J'ai laissé ma clé à l'intérieur de la chambre.
I'm locked out of my room. aïm lokt aout of maï *roum*

La porte (de la salle de bains) est fermée.
The (bathroom) door is locked. Zeu (*ba*S·roum) door iz lokt

C'est trop…	*It's too ...*	its *tou...*
froid	*cold*	kold
sombre	*dark*	dârk
cher	*expensive*	eks·*pènn*·siv
bruyant	*noisy*	*noï*·zi
petit	*small*	smool

La/le(s) … ne fonctionne(nt) pas.	*The ... doesn't work.*	Zeu ... da·zeunnt woork
climatisation	*air-conditioning*	èr kon·*di*·cheunn·inng
ventilateur	*fan*	fann
toilettes	*loo* **(GB)**/ *bathroom* **(USA)**	lou/ *ba*S·roum
fenêtre	*window*	*winn*·doo

Puis-je avoir un(e) autre… ?	*Can I get another ...?*	kann *aï* gèt eu·no·Zeur...
Ce/Cette … n'est pas propre.	*This ... isn't clean.*	Zis ... iz·eunnt kliin
couverture	*blanket*	*blan*·kèt
drap	*sheet*	chiit
serviette	*towel*	*tao*·wèl

on frappe à la porte

Qui est-ce ?	*Who is it?*	*hou* iz it
Un instant.	*Just a moment.*	*djeust* eu *mo*·mennt
Entrez.	*Come in.*	komm *inn*

Revenez plus tard, s'il vous plaît.
Come back later, please. komm bak *léï*·teur pliiz

quitter un hôtel

cheking out

À quelle heure faut-il quitter la chambre ?
What time is checkout? — wat taïm iz *tchèk·aout*

Puis-je partir plus tard ?
Can I have a late checkout? — kann aï hav eu *léït* tchèk·aout

Il y a une erreur sur la note.
There's a mistake in the bill. — Zèrz eu mis·*téïk* inn zeu bil

Je pars maintenant.
I'm leaving now. — aïm li·vinng *nao*

Pouvez-vous m'appeler un taxi (pour 11h) ?
Can you call a taxi for me (for 11 o'clock)? — kann you kol eu *tak*·si for mi (for i·lè·veunn o·klok)

Puis-je laisser mes bagages jusqu'à... ?	*Can I leave my luggage here until ...?*	kann aï liiv maï *leu·gèdj* hiir eunn·*til* ...
ce soir	*tonight*	tou·*naït*
mercredi	*Wednesday*	*wènn*·sdéï
la semaine prochaine	*next week*	nèkst wiik
Pourrais-je récupérer..., s'il vous plaît ?	*Could I have my..., please?*	koud aï hav maï ... pliiz
ma caution	*deposit*	*dè*·po·zit
mon passeport	*passport*	*pas*·poort
mes objets de valeur	*valuables*	*va*·lou·éï·beulz

J'ai passé un agréable séjour, merci.
I had a great stay, thank you. aï had eu *grèt* stéï Sank you

Vous avez été formidable.
You've been terrific. youv biin *tè*·ri·fik

Je le recommanderai à mes amis.
I'll recommend it to my friends. al rè·ko·*mènnd* it tou maï frènndz

Je reviens…	*I'll be back ...*	al bi bak ...
dans (3) jours	*in (three) days*	inn (*Srii*) déïz
(mardi)	*on (Tuesday)*	onn (*tyous*·déï)

camping

camping

Où est/sont … le/les plus proche(s) ?	*Where's the nearest ...?*	wèrz Zeu nii·rèst ...
le terrain de camping	*campsite*	*camp*·saït
le magasin	*shop*	chop
les douches	*shower facility*	*chao*·weur fa·si·li·ti
les toilettes	*toilet block*	*toï*·lèt blok

Quel est le tarif pour un(e)… ?	*How much is it per ...?*	*hao* meutch *iz* it peur ...
caravane	*caravan*	*ka*·ra·vann
personne	*person*	*peur*·sonn
tente	*tent*	tennt
véhicule	*vehicle*	*vè*·hi·keul

Avez-vous… ?	*Do you have ...?*	dou you hav ...
l'électricité	*electricity*	è·lèk·*tri*·si·ti
des douches	*shower facilities*	*chao*·weur fa·si·li·tiz
un emplacement	*a site*	eu saït
des tentes à louer	*tents for hire*	tennts for *haïr*

Est-ce que ça fonctionne avec des pièces ?
Is it coin-operated? iz it *koï*·eun o·pè·*réï*·teud

L'eau est-elle potable ?
Is the water drinkable? iz Zeu woo·ter *drink*·eu·beul

À qui dois-je demander la permission de camper ici ?
Who do I ask to stay here? hou dou aï ask tou *stéï* hiir

Puis-je... ?	*Can I ...?*	kann aï ...
camper ici	*camp here*	*kamp* hiir
me garer près de ma tente	*park next to my tent*	pârk nèkst tou maï *tennt*

Pourrais-je emprunter... ?	*Could I borrow a ...?*	koud aï bo·roo eu ...
un maillet	*mallet*	*mâ*·lit
une pelle	*spade*	*spéïd*
une lampe de poche	*torch/ flashlight*	*toortch/ flach*·laït

location

renting

Je viens me renseigner au sujet de ... à louer.
I'm here about the ... for rent. aïm hiir eu·baout zeu ... for rennt

Avez-vous un(e) ... à louer ?	*Do you have a/an ... for rent?*	dou you hav eu/eun ... for rennt
appartement	*apartment*	a·*pârt*·mènnt
maison	*house*	*haouz*
chambre	*room*	*roum*
villa	*villa*	*vi*·la

Quel est le prix pour… ?	*How much is it for ...?*	*hao* meuṭch *iz* it for ...
(1) semaine	*(one) week*	(wann) wiik
(2) mois	*(two) months*	(tou) monnS

Faut-il verser une caution ?
Is there a bond? — iz Zèr eu *bonnd*

loger chez l'habitant

staying with locals

Puis-je loger chez vous ?
Can I stay at your place? — kann aï stéï at your *pléïs*

J'ai un sac de couchage.
I have my own sleeping bag — aï hav maï oonn *slii*·pinng bag

Puis-je vous aider ?
Is there anything I can do to help? — iz Zèr è·ni·Sinng aï kann *dou* tou hèlp

Merci de votre accueil.
Thanks for your hospitality. — Sanks for your hos·pi·*ta*·li·ti

Puis-je… ?	*Can I ...?*	kann aï ...
apporter quelque chose pour le repas	*bring anything for the meal*	brinng è·ni·Sinng for Zeu *miil*
faire la vaisselle	*do the dishes*	dou zeu *di*·cheus
mettre la table	*set the table*	sèt Zeu *téï*·beul
sortir les poubelles	*take out the rubbish*	téïk aout Zeu *reu*·bich

garder le contact

Si vous avez séjourné chez l'habitant, vos hôtes apprécieront vivement de recevoir un petit mot de remerciement après votre départ, d'autant plus si vous leur écrivez dans leur langue ! Voici quelques conseils...

> pour commencer

Dear ...	**Cher/Chère...**
How are you?	**Comment allez-vous/ vas-tu?**
Sorry for writing so late.	**Je suis désolé(e) de répondre si tard.**
Thanks for ...	**Je vous/te remercie de...**

> pour terminer

Ton familier :

Cheers **(USA)**	**Salut (très chaleureux)**
Lots of Love/ All my Love	**Tendrement**
Hugs and kisses	**Bisous**
Keep in touch	**Gardons le contact**

Ton plus formel :

Kind regards	**Cordialement**
Best wishes	**Amicalement**
Very best wishes	**Amitiés**

se renseigner

looking for ...

Où puis-je trouver… ?	*Where's ...?*	wèrz
une banque	*a bank*	eu bannk
une boulangerie	*a bakery*	eu *béï*·keu·ri
un supermarché	*a supermarket*	eu *syou*·peur·mâr·kèt

Où puis-je acheter… ?
Where can I buy ...? — wèr kann aï *baï* ...

Pour trouver votre chemin, consultez le chapitre **orientation**, p. 57, et pour plus de détails sur les achats, reportez-vous au **dictionnaire**.

acheter

making a purchase

Combien ça coûte ?
How much is it? — *hao* meutch iz it

Je voudrais acheter…
I'd like to buy ... — aïd laïk tou *baï* ...

Je ne fais que regarder.
I'm just looking. — aïm djeust *lou*·kinng

Pouvez-vous m'écrire le prix ?
Can you write down the price? — kann you raït daonn Zeu *praïs*

les marchés

Les grandes villes de Grande-Bretagne et des États-Unis comptent des marchés très vivants, situés généralement dans les quartiers populaires. Vous pourrez y acheter des produits frais ou cuisinés, des babioles et des souvenirs. Ne manquez pas les marchés aux puces : *flea markets* flii mâr·kèts, qui foisonnent d'objets en tout genre et attirent toujours de nombreux visiteurs.

En avez-vous d'autres ?
Do you have any others? dou you hav èni *oZeurs*

Puis-je le voir ?
Can I look at it? kann aï *louk* at it

Acceptez-vous... ?	*Do you accept ...?*	dou you ak·*sèpt*
les cartes de crédit	*credit cards*	*krè*·dit kârdz
les chèques de voyage	*travellers cheques*	*trav*·leurs tchèks
Puis-je avoir..., s'il vous plaît ?	*Could I have a ..., please?*	koud aï hav eu ... pliiz
un sac	*bag*	*bag*
un reçu	*receipt*	*ri·siit*

Pouvez-vous faire un paquet cadeau ?
Could I have it wrapped? koud aï hav it *râpt*

Y a-t-il une garantie ?
Does it have a guarantee? daz it hav eu *ga·ran·ti*

Pouvez-vous l'envoyer à l'étranger ?
Can I have it sent overseas? kann aï hav it sènnt *o·veur·siiz*

Puis-je passer le prendre plus tard ?
Can I pick it up later? kann aï pik it eup *léï·teur*

expressions courantes

no wi dont hav *è*·ni
No, we don't have any. **Non, nous n'en avons pas.**

è·ni·Sinng èls
Anything else? **Autre chose ?**

méï aï *hèlp* you
May I help you? **Vous désirez ?**

hao meutch/mè·ni dou you want
How much/many do you want? sg/pl **Combien en voulez-vous ?**

woud you laïk it *râpt*
Would you like it wrapped? **Voulez-vous un paquet cadeau ?**

parler local

bonne affaire	*bargain*	*bâr*·géïn
spécialiste des bonnes affaires	*bargain hunter*	*bâr*·géïn heunn·teur
arnaque	*rip-off*	*rip* of
soldes	*sales*	séïlz
promotions	*promotions*	preu·*mo*·cheunz

C'est abîmé/cassé.
It's faulty/broken. its *fool*·ti/*bro*·kènn

Pourriez-vous…, s'il vous plaît.	*I'd like ..., please.*	aïd laïk ... pliiz
me rendre ma monnaie	*my change*	maï *tchènndj*
me rembourser	*my money back*	maï *mo*·nè bak
reprendre cet article	*to return this*	tou *ri*·*teurn* Zis

marchander

bargaining

C'est trop cher.
That's too expensive. Zats *tou* èx·*pènn*·siv

Pouvez-vous baisser le prix ?
Can you lower the price? kann you lao·wèr zeu *praïs*

Je vous en offre…
I'll give you ... al giv you ...

Avez-vous quelque chose de moins cher ?
Do you have something cheaper? do you hav somm·Sinng *tchiipeur*

acheter des vêtements

clothes

Je cherche…	*I'm looking for ...*	aïm *lou*·kinng for ...
un jean	*jeans*	*djiinns*
des chaussures	*shoes*	*chouz*
des sous-vêtements	*underwear*	*eunn*·deur·wèr
Puis-je essayer ? *Can I try it on?*		kann aï traï it *onn*

Je fais du… *My size is ...*		maï saïz iz ...
Ce n'est pas la bonne taille. *It doesn't fit.*		it *da*·zeunnt fit
C'est trop…	*It's too ...*	its *tou* ...
grand	*big*	big
petit	*small*	smool
serré	*tight*	taït

réparations

repairs

Puis-je faire réparer … ici ?	*Can I have my ... repaired here?*	kann aï hav maï ... ri·pè·rd hiir
mon appareil photo	*camera*	*kam*·*reu*
mes chaussures	*shoes*	*chouz*
mes lunettes (de soleil)	*(sun)glasses*	*(seunn) gla*·seuz
Quand est-ce que ce sera prêt ? *When will it/they be ready?* **sg/pl**		wèn wil it/Zéï bi *rè*·*di*

du fil à retordre		
bouton	*button*	*beu*·tonn
aiguille	*needle*	*nii*·deul
ciseaux	*scissors*	*si*·zeurz
fil	*thread*	Srèd

chez le coiffeur

hairdressing

Je voudrais…	*I'd like ...*	aïd laïk ...
un brushing	*blow wave*	eu bloo wéïv
une couleur	*colour*	eu *keu*·leur
une coupe	*haircut*	eu *hèr*·keut
me faire tailler la barbe	*my beard trimmed*	maï *biird* trimd
me faire raser	*to have a shave*	tou hav eu *chéïv*
faire égaliser ma coupe	*a trim*	eu *trim*

Je voudrais une coupe comme cela.
I want it cut like this. — aï want it keut laïk *Zis*

Je voudrais une coupe courte.
I want it short. — aï want it *choort*

Ne coupez pas trop court.
Don't cut it too short. — dont keut it tou *choort*

Pourriez-vous utiliser une nouvelle lame ?
Please use a new blade. — pliiz youz eu nyou *bléïd*

Rasez tout !
Shave it all off! — chéïv it ool *of*

Je n'aurais jamais dû vous laisser toucher à mes cheveux !
I should never have let you near me! — aï choud *nè*·*veu* hav lèt you *niir* mi

Pour les couleurs, consultez le **dictionnaire**.

livres et lecture

books & reading

Y a-t-il un rayon de langue française ?
Is there a French-language section? — iz Zèèr eu *frènnch sek*·cheunn

Avez-vous… en français ?	*Do you have ... in French?*	dou you hav ... inn *frènnch*
un roman de…	*a book by ...*	eu bouk baï ...
un guide des spectacles	*an entertainment guide*	eun ènn·teur·*téïnn*-mènnt gaïd

Je voudrais…	*I'd like a ...*	aïd laïk eu ...
un dictionnaire	*dictionary*	*dik*·cho·neu·ri
un plan de la ville	*city map*	*si*·ti map
une carte routière	*road map*	*rood* map
un journal (en français)	*newspaper (in French)*	*nyouz*·péï·peu (inn frènnch)
du papier	*paper*	*péï*·peu
un stylo	*pen*	pènn
une carte postale	*postcard*	*post*·kârd
un timbre	*stamp*	stamp

Pouvez-vous me conseiller un roman ?
Can you recommend a book for me? — kann you rè·ko·*mènnd* eu *bouk* for mi

Avez-vous des guides Lonely Planet ?
Do you have Lonely Planet guidebooks? — dou you hav *lonn*·li *pla*·nèt gaïd·bouks

Avez-vous un meilleur guide de conversation que celui-ci ?
Do you have a better phrasebook than this? — do you hav eu bè·teur fréïz·bouk Zann *Zis*

musique

music

Je voudrais…	*I'd like ...*	aïd laïk ...
un CD	*CD*	eu sii·*dii*
un CD vierge	*blank CD*	eu blank sii·*dii*
une cassette vierge	*blank tape*	eu blank *téïp*
un casque	*headphones*	*hèd*·fonnz

Je cherche un CD de…
I'm looking for a CD by ... — aïm *lou·kinng* for eu sii·dii baï ...

Quel est son meilleur enregistrement ?
What's his/her best recording? m/f — wats hiz/heur bèst ri·*kor*·dinng

Je peux l'écouter ici ?
Can I listen to it here? — kann aï *li*·seunn tou it hiir

photographie

photography

Je voudrais une carte mémoire	*I'd like a memory card*	aïd laïk eu mé·mo·ri kârd
Combien coûte le tirage papier des photos de cette carte mémoire ?	*How much is it to print out the photos on this memory card?*	hao meutch iz it tou print aout zeu *foo*·toz onn tis mé·mo·ri kârd
Avez-vous un câble pour cet appareil photo ?	*Do you have a cable for this camera?*	dou you hav eu *kéï*·ble for tis *Kam*·ra
Je voudrais graver mes photos sur un CD	*I would like to put my photos on a CD*	aïd laïk tou pout maï *foo*·toz on eu *sii·dii*
Où puis-je trouver une batterie ?	*Where can I find a battery?*	wèr kann aï faïnnd eu ba·*trii*

Quand sera-t-il prêt ?
When will it be ready? — *wènn* wil it bi *rè*·di

Faites-vous le développement en une heure ?
Do you have one-hour processing? — dou you hav wann·aoueur *pro*·sè·sinng

J'ai besoin d'une photo d'identité.
I need a passport photo taken. — aï niid eu *pas*·port *fo*·to *téï*·keunn

Je ne suis pas content de ces photos.
I'm not happy with these photos. — aïm not *ha*·pi wiZ Ziiz *fo*·toz

Je ne veux pas payer le prix fort.
I don't want to pay the full price. — aï dont wont tou péï Zeu foul *praïs*

poste

post office

Je voudrais envoyer…	*I want to send a ...*	aï want tou sènnd eu ...
un fax	*fax*	*faks*
une lettre	*letter*	*lè*·teur
un colis	*parcel*	*pâr*·seul
Je voudrais acheter…	*I want to buy ...*	aï want tou baï ...
un aérogramme	*an aerogram*	eun *a·èro*·gram
une enveloppe	*an envelope*	eun *ènn*·veu·lop
un timbre	*a stamp*	eu stamp
Envoyez-le (en France)…, s'il vous plaît.	*Please send it (to France) by ...*	pliiz sènnd it (tou *frans*) baï ...
par avion	*airmail*	*èr*·méïl
en express	*express post*	eks·*près* post
en courrier ordinaire	*regular post*	*rè*·gou·lar post
par voie terrestre	*surface mail*	*seur*·féïs méïl

parler local

wèr âr you *sènn*·dinng it
Where are you sending it? — **Où voulez-vous l'envoyer ?**

woud you laïk tou seènnd it ek·*sprès* or *rè*·gou·lar post
Would you like to send it express or regular post? — **Voulez-vous l'envoyer en express ou en courrier ordinaire ?**

Il contient…
It contains ... — it conn·*téïnz* ...

Où est le guichet de la poste restante ?
Where's the poste restante section? — wèrz Zeu post rès·tant *sèk*·cheunn

Ai-je reçu du courrier ?
Is there any mail for me? — iz Zèèr è·ni *méïl* for mi

téléphone

phone

Quel est votre numéro de téléphone ?
What's your phone number? — wats your *fonn* neum·beur

Où est la cabine téléphonique la plus proche ?
Where's the nearest public phone? — wèrz zeu nii·rèst *peu*·blik fonn

Je veux téléphoner…	*I want to make ... a call.*	aï want tou méïk ... eu *kool*
en France	*to France*	tou frans
en PCV	*a reverse-charge/ collect call*	eu *ri*·veurs tchardj/ ko·*lèkt* kool

Je voudrais…	*I'd like to ...*	aïd laïk tou ...
acheter une carte téléphonique	*buy a phone card*	baï eu *fonn* kârd
consulter un annuaire	*look at a phone book*	louk at eu *fonn* bouk
téléphoner (3) minutes	*speak for (3) minutes*	spiik for (srii) *mi*·nuts

PRATIQUE

Quel est le prix… ?	*How much does ... cost?*	*hao* meutch daz ... *kost*
d'une communication de (3) minutes	*a (3)-minute call*	eu (Srii)·mi·nut kool
par minute supplémentaire	*each extra minute*	itch *èk*·stra *mi*·nut

Le numéro est…
The number is ... — Zeu neum·beur *iz* ...

Quel est l'indicatif pour (la France) ?
What's the country code for (France)? — wats Zeu *conn*·tri kod for (frans)

C'est occupé.
It's busy/engaged. — its bi·*zi*/ènn·*géïdj*

Ça a coupé.
I've been cut off. — aïv biin keut *of*

La ligne est mauvaise.
The connection is bad. — Zeu ko·*nèk*·cheunn iz bad

expressions courantes

hou dou you want tou *spiik* tou
Who do you want to speak to? — **À qui désirez-vous parler ?**

so·ri *rong* neum·beur
Sorry, wrong number. — **Désolé, c'est une erreur.**

houz koo·linng
Who's calling? — **Qui est à l'appareil ?**

hold zeu *laïnn* pliiz
Hold the line, please. — **Ne quittez pas.**

aï pout you *Srou*
I put you through. — **Je vous le/la passe.**

neo hi/chi iz not *hir*
No, he/she is not here. — **Non, il/elle n'est pas là.**

wann *mo*·mènnt
One moment. — **Un instant.**

kann aï téïk eu *mè*·sèdj
Can I take a message? — **Désirez-vous laisser un message ?**

Allô.	*Hello.*	hè·*lo*
C'est…	*It's ...*	its ...

Puis-je laisser un message ?
Can I leave a message? — kann aï liv eu *mè·sèdj*

Dites-lui que j'ai appelé.
Tell him/her I called. **m/f** — tèl him/heur aï *koold*

Je rappellerai plus tard.
I'll call back later. — al kool bak *léï*·teur

Mon numéro est…
My number is ... — maï neum·beur *iz* ...

J'appellerai…	*I'll call ...*	al kool ...
plus tard	*later*	*léï*·teur
demain	*tomorrow*	tou·*mo*·ro

téléphone portable

mobile/cell phone

Je voudrais…	*I'd like ...*	aïd laïk ...
un adaptateur	*an adaptor plug*	eun a·*dap*·teur pleug
un chargeur pour mon portable	*a charger for my phone*	eu *tchar*·djeur for maï fonn
louer un portable	*a mobile/ cell phone for hire*	eu *mo*·baïl/ sèl fonn for *ha*·yeur
un portable prépayé	*a prepaid mobile/cell phone*	eu *pri*·pèd *mo*·baïl/sèl fonn
une carte SIM pour le réseau	*a SIM card for the network*	eu *sim* kârd for zeu *nèt*·woork

Combien ça coûte ?
What are the rates? — wat âr zeu *réïts*

(30 cents) pour (30) secondes.
(30c) per (30) seconds. — (Seur·ti *sènnts*) peur (Seur·ti) *sè*·konnd

numéros de téléphone

Les Anglo-Saxons dictent les numéros de téléphone chiffre par chiffre, et non par paire comme les Français. Signalons aussi qu'ils ne disent pas zii·ro pour le chiffre 0 mais o (comme la lettre). Ainsi, 799 802 se prononcera : *sè*·veunn deu·beul *naïn* éït o *tou*.

Internet

the internet

Où puis-je trouver un cybercafé ?
Where's the local Internet cafe? wèrz Zeu lo·keul *inn*·tèr·nèt *ka*·fé

Je voudrais…	*I'd like to ...*	aïd laïk tou ...
consulter mes e-mails	*check my email*	tchèk maï *i*·méïl
me connecter à Internet	*get Internet access*	gèt *inn*·tèr·nèt *ak*·sès
utiliser une imprimante	*use a printer*	youz eu *prinn*·teur
utiliser un scanner	*use a scanner*	youz eu *ska*·nèr

Combien coûte… ?	*How much is it ...?*	*hao* meutch *iz* it ...
l'heure	*per hour*	peur *aou*·eur
la page	*per page*	peur *péïdj*
Avez-vous… ?	*Do you have ...?*	dou you hav ...
un PC	*PCs*	*pi*·siz
un Mac	*Macs*	*maks*
un lecteur Zip	*a Zip drive*	eu *zip* draïv

poste et communications

Pourriez-vous me régler le paramètre langue sur français ?

Can you help me change to French-language preference? — kann you hèlp me *tchèndg* tou frènnch lan·gouidj *prè*·fè·rènns

Est-ce que je peux graver un CD ?

Can I burn a CD? — kann aï bœrn eu *sii*·*dii*

C'est tombé en panne.

It's crashed. — its *kracht*

alphabet		
A a èï	J j djèï	S s èss
B b bi	K k kèï	T t ti
C c si	L l èl	U u you
D d di	M m èm	V v vi
E e i	N n èn	W w deu·beul·you
F f èf	O o eo	X x èx
G g dji	P p pi	Y y waï
H h èïtch	Q q kyou	Z z zèd
I i aï	R r âr	

à la banque

at the bank

Où puis-je… ?	*Where can I ...?*	wèr kann aï ...
Je voudrais…	*I'd like to ...*	aïd laïk tou ...
faire un virement	*arrange a transfer*	eu·*rènndj* eu *trann*·sfèr
encaisser un chèque	*cash a cheque*	kach eu *tchèk*
changer des chèques de voyage	*change travellers cheques*	tchènndj *trav*·leurs tchèks
changer de l'argent	*change money*	tchènndj *mo*·nè
retirer de l'argent	*withdraw money*	wiZ·*dro mo*·nè
retirer de l'argent au guichet	*get a cash advance*	gèt eu·*kach* ad·*vans*

Où est … le plus proche ?	*Where's the nearest ...?*	wèr Zeu nii·rèst...
le guichet automatique	*automatic teller machine*	o·to·*ma*·tik *tè*·leur ma·*chinn*
le bureau de change	*foreign exchange office*	*fo*·réïn èx·*tchènndj* ofis

À quelle heure ouvre la banque ?
What time does the bank open? wat taïm daz Zeu *bannk* opeun

Le distributeur automatique a avalé ma carte de crédit.
The automatic teller machine took my card. Zi o·to·*ma*·tik *tè*·leur ma·*chinn* touk maï *kârd*

J'ai oublié mon code.
I've forgotten my PIN. aïv foor·go·tèn maï *pinn*

Puis-je avoir des petites coupures ?
Can I have smaller notes? kann aï hav *smoo·leur* nots

Mon argent est-il arrivé ?
Has my money arrived yet? haz maï mo·nè *eu·raï·vd* yèt

le taux de change	*exchange rate*	Zeu *èx·tchenndj* réït
les frais pour cela	*charge for that*	*tchardj*·for Zat
la commission	*commission*	*ko*·mi·cheun

expressions courantes

inn ...	*In ...*	**Dans…**
foor woor·kinng *déïz*	*four working days*	**4 jours ouvrables**
wann *wiik*	*one week*	**une semaine**

you hav no fondz *lèft*
You have no funds left. **Il ne vous reste plus d'argent.**

Zèèrz eu *pro*·blèm wiZ your *eu*·kaount
There's a problem with your account. **Il y a un problème avec votre compte.**

raït it *daonn*
Write it down. **Notez-le.**

aï·*dii*
ID **Papiers d'identité**

saïn *hiir*
Sign here. **Signez ici.**

Je voudrais un(e)...	*I'd like ...*	aïd laïk ...
audio-guide	*an audio set*	eun *oo*·dio sèt
catalogue	*a catalogue*	eu *ka*·teu·log
plan de la ville	*a city map*	eu *si*·ti map
guide	*a guide*	eu *gaïd*
carte de la région	*a local map*	eu *lo*·keul map

Avez-vous de la documentation sur les sites... ?	*Do you have information on ... sights?*	dou you hav inn·for·*méï*·cheunn onn ... saïts
gratuits	*free*	*frii*
de la région	*local*	*lo*·keul
exceptionnels	*unique*	you·*nik*

J'aimerais voir...
I'd like to see ... aïd laïk tou *sii* ...

Qu'est-ce que c'est ?
What's that? wats *Zat*

Qui l'a fait ?
Who made it? hou *méïd* it

De quand ça date ?
How old is it? hao *old* iz it

Pouvez-vous me prendre en photo ?
Could you take a photograph of me? koud you téïk eu *fo*·to·graf of mi

Puis-je prendre des photos ?
Can I take photographs? kann aï téïk *fo*·to·grafs

Je vous enverrai la photo.
I'll send you the photograph. al sènnd you Zeu *fo*·to·graf

accéder à un site touristique

getting in

Quel est le prix d'entrée ?		
What's the admission charge?		wats Zi *ad*·mi·cheunn *tchârdj*
À quelle heure… ?	*What time does it …?*	wat *taïm* daz it …
ça ferme	*close*	kloz
ça ouvre	*open*	o·pènn
Y a-t-il des réductions… ?	*Is there a discount for …?*	iz Zèèr eu *dis*·ka·ounnt for
enfants	*children*	*tchil*·drènn
familles	*families*	*fa*·mi·liz
groupes	*groups*	groups
retraités	*pensioners*	*pènn*·chonn·iirz
étudiants	*students*	*styou*·deunnts

parler local

Il y a…	*There …*	Zèèr …
une vie nocturne sensationnelle	*is a fabulous nightlife*	iz eu *fa*·byu·leus *naït*·laïf
un super hôtel là-bas	*is a great hotel there*	iz eu grèt ho·*tèl* Zèèr
(pas) beaucoup de choses à voir	*is (not) a lot to see*	iz (not) eu *lot* tou sii
une riche culture	*are lots of culture*	âr lots of *keul*·tcheur
des escrocs	*are rip-off merchants*	âr *rip*·of mœr·tchènnts
trop de touristes	*are too many tourists*	âr tou mè·ni *tou*·rists

Le meilleur moment pour partir, c'est en (décembre).
The best time to go is (December). — Zeu *bèst* taïm tou go iz (di·sèmm·beur)

galeries et musées

galleries & museums

À quelle heure ouvre la/le... ?	*When's the ... open?*	wènz Zeu ... o·pènn
galerie	*gallery*	*ga*·leu·ri
musée	*museum*	myou·*zè*·omm

Qu'y a-t-il dans la collection ?
What's in the collection? — wats in Zeu *ko*·*lek*·cheunn

C'est une exposition de...
It's a/an ... exhibition. — its a/eun ... ek·zi·*bi*·*cheunn*

J'aime l'œuvre de...
I like the works of ... — aï *laïk* Zeu woorks of ...

Cela me rappelle…
It reminds me of ... — it ri·*maïnnds* mi of ...

circuits

tours

Pouvez-vous me recommander un(e)… ?	*Can you recommend a ...?*	kann you rè·ko·*mènnd* eu ...
Quand est la/le prochain(e) … ?	*When's the next ...?*	wènz Zeu nèkst ...
excursion en bateau	*boat-trip*	*boot* trip
excursion d'une journée	*day trip*	*déï* trip
circuit	*tour*	*touour*

Le/la ... est-il/elle inclus(e)?	*Is ... included?*	iz ... inn·*klou*·did
logement	*accommodation*	eu·ko·mo·*déï*·cheunn
nourriture	*food*	*fououd*
transport	*transport*	*trans*·poort

Dois-je apporter... ?
Do I need to take ...? — dou aï niid tou téïk ...

Le guide va payer.
The guide will pay. — Zeu *gaïd* wil péï

Combien de temps dure le circuit ?
How long is the tour? — hao *long* iz Zeu touour

À quelle heure devons-nous être de retour ?
What time should we be back? — wat *taïm* choud wi bi bak

Je suis avec eux.
I'm with them. — aïm wiz *Zèm*

J'ai perdu mon groupe.
I've lost my group. — aïv *lost* maï group

L'anglais des affaires mériterait un guide à lui tout seul. Vous trouverez ici quelques expressions courantes qui pourront vous être utiles pour établir un premier contact.

Sachez qu'il est de bon ton d'opter pour un style plutôt formel et d'employer *Sir* pour s'adresser à un homme (et non *Mister*, utilisé uniquement avec le nom).

Je participe à un(e)…	*I'm attending a ...*	aïm a·*tenn*·dinng eu ...
Où se tient la… ?	*Where's the ...?*	wèrz Zeu...
conférence	*conference*	*konn*·fè·rènns
formation	*course*	*kouours*
réunion	*meeting*	*mii*·tinng
foire	*trade fair*	tréïd *fèr*
Je suis avec…	*I'm with ...*	aïm wiZ ...
l'ONU	*the UN*	Zi you·*ènn*
mon/mes collègue(s)	*my colleague(s)*	maï *ko*·liigz
(2) autres personnes	*(two) other people*	(too) o·Zeur *pi*·peul

Je suis seul(e).
I'm alone. aïm a·*lonn*

J'ai besoin d'un interprète.
I need an interpreter. aï niid eun inn·*tèr*·prè·teur

Je loge à…, chambre…
I'm staying at ..., room ... aïm stéï·inng at ... roum...

Je suis ici pour (2) jours/semaines.
I'm here for (two) days/weeks. aïm hiir for (tou) *déïz/wiiks*

Voici ma carte.
Here's my business card. hiirz maï *biz*·nès kârd

J'ai rendez-vous avec…
I have an appointment with ... aï hav eun eu·*poïnnt*·ment wiZ ...

Ça s'est très bien passé.
That went very well. Zat wennt vè·ri *wèl*

On prend un verre ?
Shall we go for a drink? chal wi go for eu *drinnk*

On va manger ?
Shall we go for a meal? chal wi go for eu *miil*

Je vous invite.
It's on me. its onn *mi*

J'attends un fax/appel.
I'm expecting a fax/call. aïm èk·*spèk*·tinng eu faks/kool

Je voudrais…	*I'd like ...*	aïd laïk ..
(encore) des cartes de visite	*(more) business cards*	(moor) *biz*·nès kardz
me connecter à Internet	*a connection to the internet*	eu ko·*nek*·cheun tou Zi *inn*·teur·nèt
un interprète	*an interpreter*	eun inn·*teur*·prèt·eur
utiliser un ordinateur	*to use a computer*	tou·youz eu komm·*pyou*·teur

Y a-t-il… ?	*Is there a/an ...?*	iz Zèèr eu/eun...
un vidéo-projecteur	*data projector*	*da*·ta pro·*djèk*·teur
un pointeur laser	*laser pointer*	*léï*·zeur poïnn·teur
un rétro-projecteur	*overhead projector*	o·veur·hèd·*pro*·djèk·teur

Voir également le chapitre **poste et communications**, p. 77.

PRATIQUE

voyageurs handicapés
disabled travellers

Je suis handicapé(e).
I'm disabled. aïm di·*zéï*·beuld

J'ai besoin d'aide.
I need assistance. aï niid eu·*sis*·teunns

Quels services avez-vous pour les handicapés ?
What services do you have for disabled people? wat *sœr*·vi·seuz dou you *hav* for di·*zéï*·beuld *pi*·peul

Y a-t-il des toilettes pour handicapés ?
Are there any toilets for the disabled? âr Zèèr è·ni *toï*·lèts for zeu di·*zéï*·beuld

Y a-t-il des barres dans la salle de bains ?
Are there rails in the bathroom? âr Zèèr *réïlz* inn Zeu *baS*·roum

Y a-t-il des emplacements pour handicapés ?
Are there disabled parking spaces? âr Zèèr di·*zéï*·beuld *pâr*·kinng spéï·seuz

Y a-t-il un accès pour fauteuil roulant ?
Is there wheelchair access? iz Zèèr *wiil*·tchèr *ak*·sès

Quelle est la largeur de la porte d'entrée ?
How wide is the entrance? hao *waïd* iz Zi ènn·trans

Combien y a-t-il de marches ?
How many steps are there? hao mè·ni *stèps* âr Zèèr

Y a-t-il un ascenseur ?
Is there a lift **(GB)**/*elevator* **(USA)**? iz Zèèr eu *lift/é·léï·vè·tor*

Je suis sourd(e)/aveugle.
I'm deaf/blind. — aïm dèf/blaïnnd

Les chiens d'aveugle sont-ils acceptés ?
Are guide dogs permitted? — âr gaïd dogz peur·*mi*·tid

Pouvez-vous appeler un taxi pour handicapé ?
Could you call me a disabled taxi? — koud you kool mi eu di·*zéï*·beuld *tak*·si

Pouvez-vous m'aider à traverser la rue ?
Could you help me cross this street? — koud you hèlp mi kros Zis *striit*

Puis-je m'asseoir quelque part ?
Is there somewhere I can sit down? — iz Zèèr *somm*·wèr aï kann sit *daonn*

bibliothèque braille	*Braille library*	bréïl *laï*·breu·ri
personne handicapé(e)	*disabled person*	di·*zéï*·beuld *peur*·sonn
chien d'aveugle	*guide dog*	*gaïd* dog
rampe	*ramp*	ramp
fauteuil roulant	*wheelchair*	*wiil*·tchèr

J'ai besoin…	*I need a …*	aï niid eu …
d'un siège-enfant	*baby seat*	*béï*·bi sit
d'un pot (de bébé)	*potty*	*poo* ti
d'une poussette	*stroller*	*stroo*·leur
Y a-t-il… ?	*Is there …?*	iz Zèèr …
un espace bébé	*a baby change room*	eu béï·bi *tchènndj* roum
une baby-sitter (qui parle français)	*a (French-speaking) babysitter*	eu (frènnch (*spii*·kinng) *béï*·bi·si·teur
une garderie	*a child-minding service*	eu *tchaïld*·maïnn·dinng *sœr*·vis
un menu pour enfant	*a children's menu*	eu *tchil*·drènnz *meu*·nyou
une crèche	*a creche*	eu kréïch
une réduction famille nombreuse	*a family discount*	eu *fa*·mi·li dis·*ka*·ounnt
une chaise haute	*a highchair*	eu *haï*·tchèèr
un parc près d'ici	*a park nearby*	eu *pârk* niir·baï

Puis-je allaiter mon bébé ici ?
Do you mind if I breastfeed here? — dou you maïnnd if aï *brèst*·*fiid* hiir

Les enfants sont-ils admis ?
Are children allowed? — âr tchil·drènn *eu*·*lood*

Est-ce adapté à des enfants de (6) ans ?
Is this suitable for (six)-year-old children? — iz it *syou*·téï·beul for (siks)·yeur·old *tchil*·drènn

parler avec des enfants

Voici quelques expressions courantes pour engager la conversation avec les enfants que vous aurez peut-être l'occasion de rencontrer en voyage.

Quelle est ta date d'anniversaire ?
When's your birthday? — wènz your *bœrs*·déï

Est-ce que tu vas à l'école ou à la crèche ?
Do you go to school or kindergarten? — dou you go tou *skoul* or *kinn*·deur·*gâr*·tèn

Dans quelle classe es-tu ?
What grade are you in? — wat *gréïd* âr you inn

Est-ce que tu aimes le sport ?
Do you like sport? — dou you laïk *spoort*

Est-ce que tu aimes l'école ?
Do you like school? — dou you laïk *skoul*

Est-ce que tu apprends le français ?
Do you learn French? — dou you lœrn *frènnch*

formules de base

basics

Oui.	*Yes.*	yès
Non.	*No.*	neo
S'il vous plaît.	*Please.*	pliiz
Merci (beaucoup).	*Thank you (very much).*	*Sank* you (vè·ri *meutch*)
Je vous en prie.	*You're welcome.*	your *wèl*·komm
Excusez-moi.	*Excuse me.*	ek·*skyouz* mi
Pardon.	*Sorry.*	*so*·ri

saluer

greetings

Dans les pays anglo-saxons, on se fait plus rarement la bise qu'en France. Lors d'une première rencontre, serrez la main de votre interlocuteur. Lorsque vous vous connaîtrez mieux, vous vous donnerez peut-être une accolade (*a hug* eu heug).

Bonjour.	*Hello.*	*hè*·lo
Salut.	*Hi.*	haï
Bonjour. (matin)	*Good morning.*	goud *mor*·ninng
Bonjour. (après-midi)	*Good afternoon.*	goud af·teu·*noun*
Bonsoir.	*Good evening.*	goud *iv*·ninng
Bonne nuit.	*Good night.*	goud naït
À bientôt.	*See you later.*	sii you *léï*·teur
Au revoir.	*Goodbye.*	goud·*baï*

Comment allez-vous/vas-tu ?
How are you? — *hao* âr you

Bien, merci. Et vous/toi ?
Fine. And you? — faïn annd *you*

Comment vous appelez-vous/t'appelles-tu ?
What's your name? — *wats* your néïm

Je m'appelle…
My name is ... — maï néïm iz ...

Je vous présente …
I'd like to introduce you to ... — aïd laïk tou inn·tro·*dyous* you tou ...

Enchanté(e).
(I'm) Pleased to meet you. — (aïm) *pliizd* tou mit you

Monsieur (M)	*Mr/Sir*	*mis*·teur/sœr
Madame (Mme)	*Ms/Mrs*	*mis*·iz
Mademoiselle (Mlle)	*Miss*	mis
Docteur	*Doctor*	*dok*·teur

s'adresser à quelqu'un

On emploie "you" à la fois pour dire "tu" et "vous". L'anglais est souvent moins formel que le français. Ainsi, il n'est pas rare de s'adresser à quelqu'un directement, sans utiliser systématiquement les titres "Monsieur" ou "Madame".

engager la conversation

making conversations

Parlez-vous français ?
Do you speak French? — dou you spiik *frènch*

Vous habitez ici ?
Do you live here? — dou you liv *hiir*

Est-ce que vous vous plaisez ici ?
Do you like it here? — dou you *laïk* it hiir

Ça me plaît beaucoup ici.
I love it here. — aï *lov* it hiir

Où allez-vous ?
Where are you going? — wèr âr you *go*·inng

Que faites-vous ?
What are you doing? — wat âr you *dou*·inng

Attendez-vous (un bus) ?
Are you waiting (for a bus)? — âr you *wéï*·tinng (for eu beus)

Avez-vous du feu ?
Can I have a lighter? — kann aï hav eu *laït*·er

parler local

Hé !	*Hey!*	héï
Formidable !	*Great!*	grèt
Pas de problème.	*No problem.*	no *pro*·blèm
D'accord.	*Sure.*	chour
Peut-être.	*Maybe.*	*méï*·bi
Pas question !	*No way!*	no *wéï*
C'est bien.	*It's OK.*	its okéï
Bien.	*OK.*	okéï

Que pensez-vous (de…) ?
What do you think (about ...)? — *wat* dou you Sink (eu·*baout*...)

Comment ça s'appelle ?
What's this called? — wats Zis *koold*

Je peux (vous) prendre en photo ?
Can I take a photo (of you)? — kann aï téïk eu *fo*·to (of you)

C'est (beau), non ?
That's (beautiful), isn't it? — Zats (*byou*·ti·foul) i·*zeunt*·it

Vous êtes ici pour les vacances ?
Are you here on holiday? — âr you hiir onn *ho*·li·déï

Je suis ici…	*I'm here ...*	aïm hiir ...
pour les vacances	*for a holiday*	for eu *ho*·li·déï
pour le travail	*on business*	onn *biz*·nès
pour mes études	*to study*	to *steu*·di
avec ma famille	*with my family*	wiZ maï *fa*·mi·li
avec mon/ma petit(e) ami(e)	*with my partner*	wiZ maï *pârt*·neur

C'est la première fois que je viens (à New York).

This is my first trip (to New York)	Zis iz maï fœrst trip (tou *nyou* york)

Pour combien de temps êtes-vous ici ?

How long are you here for?	*hao* long âr you hiir *for*

Je reste ici … jours/semaines.

I'm here for ... days/weeks.	aïm hiir for ... déïz/wiiks

Êtes-vous déjà allé(e) (en France) ?

Have you ever been (to France)?	hav you è·veur *biin* (tou frans)

Voulez-vous sortir avec moi ?

Do you want to come out with me?	dou you want tou komm aout *wiz mi*

Voici mon/ma…	*This is my ...*	*Zis* iz maï ...
enfant	*child*	tchaïld
collègue	*colleague*	*ko*·liig
ami(e)	*friend*	frènnd
mari	*husband*	*heus*·bannd
compagnon/ compagne	*partner*	*par*·tneur
femme	*wife*	waïf

parler local		
Regardez !	*Look!*	louk
Écoutez (ceci) !	*Listen (to this)!*	*li*·seunn (tou Zis)
Je suis prêt(e).	*I'm ready.*	aïm *rè*·di
Vous êtes prêt(e) ?	*Are you ready?*	âr you *rè*·di
Une minute.	*Just a minute.*	jeust eu *mi*·nut
Je plaisante !	*Just joking!*	jeust *djo*·kinng
Je te fais marcher !	*I'm pulling your leg!*	aïm *pou*·linng your *lèg*

nationalités

nationalities

D'où venez-vous ?
Where are you from? — wèr âr you *from*

D'où venez-vous (en Afrique) ?
What part of (Africa) do you come from? — *wat* pârt of (a·fri·ka) dou you kom from

Je viens…	*I'm from ...*	aïm from ...
de Paris	*Paris*	*pa*·risse
de Lyon	*Lyon*	lion
de Belgique	*Belgium*	*bèl*·djiom
de Suisse	*Switzerland*	*swi*·dze·lande
du Canada	*Canada*	*ka*·na·da

âge

age

Quel âge avez-vous ?
How old are you? — *hao* old âr you

Quel âge a…	*How old is…*	*hao* old iz ...
votre fils	*your son*	your sonn
votre fille	*your daughter*	your *doo*·teur

J'ai … ans.
I'm ... years old. — aïm ... yœrz *old*

Trop vieux/vieille !
Too old! — tou old

Je ne fais pas mon âge.
I look younger than I am. — aï louk *yon*·geur Zann aï am

Il/Elle a … ans.
He/She is ... years old. — hi/chi iz ... yœrz *old*

Pour l'âge, consultez le chapitre **nombres et quantités**, p. 35.

travail et études

occupations & study

Que faites-vous dans la vie ?
What's your occupation? — *wats* your o·kyu·*péï*·chonn

Je suis…	*I'm a ...*	aïm eu ...
homme/femme d'affaires	*business person*	*biz*·nès *peur*·sonn
cuisinier(ère)	*chef*	chèf
écrivain	*writer*	*raï*·teur

Je travaille dans…	*I work in ...*	aï woork in ...
l'édition	*publishing*	*peu*·bli·chinng
l'enseignement	*education*	é·du·*kéï*·chonn
la santé	*health*	hèlS
la vente et le marketing	*sales & marketing*	séïlz annd *mar*·kè·tinng

Je suis…	*I'm ...*	aïm ...
journaliste	*a journalist*	eu *djour*·neu·list
traducteur	*a translator*	eu *trans*·lèï·tor
médecin	*a doctor*	eu *dok*·tor
architecte	*an architect*	eun *ar*·ki·tekt
retraité(e)	*retired*	*ri*·taïrd
travailleur indépendant	*self-employed*	sèlf·èm·*ploïd*
au chômage	*unemployed*	eunn·èm·*ploïd*

Quelles études faites-vous ?
What are you studying? — wat âr you *steu*·di·inng

Je fais des études…	*I'm studying ...*	aïm *steu*·di·inng
de médecine	*medecine*	*mé*·deu·sinn
de lettres	*literature*	*lét*·ré·tcheur
d'ingénieur	*engineering*	ènn·dji·*nii*·rinng
de français	*French*	frènch

famille

family

Avez-vous un(e)… ?	*Do you have a ...?*	dou you hav eu ...
J'ai un(e)...	*I have a ...*	aï hav eu ...
Je n'ai pas de...	*I don't have a ...*	aï *dont* hav eu ...
petit ami	*boyfriend*	*boï*·frènnd
frère	*brother*	*bro*·Zeur
enfant	*child*	tchaïld
famille	*family*	*fa*·mi·li
père	*father*	*fa*·Zeur
petite amie	*girlfriend*	*gœrl*·frènnd
mari	*husband*	*heus*·bannd
mère	*mother*	*mo*·Zeur
compagnon/ compagne	*partner*	*part*·neur
sœur	*sister*	*sis*·teur
femme	*wife*	waïf

Voici mon/ma/mes…
This is my ... — *Zis* iz maï ...

Est-ce que vous êtes marié(e) ?
Are you married? — âr you *ma*·rid

Vous habitez chez vos parents ?
Do you live with your parents? — dou you liv wiz your *pa*·rènnts

Je vis avec quelqu'un.
I live with someone. — aï liv wiz *som*·wann

J'habite avec mon/ma/mes…
I live with my ... — aï liv wiz maï ...

Je suis…	*I'm ...*	aïm ...
célibataire	*single*	*sinn*·geul
marié(e)	*married*	*ma*·rid
séparé(e)	*separated*	sè·pa·*réï*·teud

généalogie

tracing roots & history

(Je crois que) Mes ancêtres venaient de cette région.
(I think) My ancestors came from this area. — (aï Sink) maï *an*·sis·teurz kéïm from Zis *è*·ri·a

Je cherche des personnes de ma famille.
I'm looking for my relatives. — aïm *lou*·kinng for maï *reu*·lè·tivz

J'ai/J'avais un parent qui habitait par ici.
I have/had a relative who lived around here. — aï hav/had eu *reu*·lè·tiv hou livd eu·*raond* hiir

Où est le cimetière ?
Where's the cemetery? — wèr Zeu *sè*·mi·tri

Il/Elle a travaillé près d'ici.
He/She worked near here. — hi/shi woorkt niir hiir.

au revoir

farewells

Demain, c'est mon dernier jour ici.
Tomorrow is my last day here. tou·*mo*·ro iz maï last déï hiir

Échangeons nos adresses.
Let's swap addresses. lèts swap eu·*drè*·seuz

Voici mon…	*Here's my ...*	hiirz maï ...
Quel est votre… ?	*What's your ...?*	*wats* your ...
adresse e-mail	*email address*	*i*·méïl eu·*drès*
numéro de fax	*fax number*	*faks num*·beur
numéro de portable	*mobile number*	*mo*·baïl *num*·beur
numéro de téléphone	*phone number*	*fonn num*·beur
numéro professionnel	*work number*	*woork num*·beur

Si vous passez par (Lyon), …	*If you ever visit (Lyon) ...*	if you è·veur *vi*·zit (lion) ...
venez nous voir	*come and visit us*	komm annd *vi*·zit *eus*
venez chez moi	*you can stay with me*	you kann stéï wiZ *mi*

Donnez de vos nouvelles !
Keep in touch! kiip inn *teutch*

J'ai été ravi(e) de faire ta connaissance !
It's been great meeting you! its binn grèt *mii*-tinng you

parler local

À vos souhaits !	*God bless you!*	god blès you
À votre santé !	*Cheers!*	tchiirz
Au revoir !	*Bye!*	baï
Bon voyage !	*Have a nice trip!*	hav eu naïs *trip*
Bonne chance !	*Good luck!*	goud *leuk*
Bonne journée !	*Have a nice day!*	hav eu naïs *déï*

centres d'intérêt

common interests

Que fais-tu pendant tes loisirs ?
What do you do in your spare time? — wat dou you *dou* inn your *spéïr* taïm

Aimes-tu… ?	*Do you like ...?*	dou you laïk ...
J'aime…	*I like ...*	aï laïk ...
Je n'aime pas…	*I don't like ...*	aï *dont* laïk ...
cuisiner	*cooking*	*kou*·kinng
la randonnée	*hiking*	*haï*·kinng
la photographie	*photography*	fo·*to*·gra·fi

Consultez également le chapitre **sport**, p. 131.

musique

music

Aimes-tu… ?	*Do you like to ...?*	dou you laïk tou ...
écouter de la musique	*listen to music*	li·*seunn* tou *myou*·zik
aller au concert	*go to concerts*	go tou *konn*·seurts
jouer d'un instrument	*play an instrument*	pléï eunn *inns*·treu·mènnt

As-tu entendu le dernier album de… ?
Have you heard the latest album by ...? — hav you hœrd Zeu *léï*·tèst *al*·bomm baï ...

Quels… aimes-tu ?	*What ... do you like?*	*wat* ... dou you laïk
groupes	*bands*	bandz
genres de musique	*music*	*myou*·zik

Quelle radio passe de… ?	*Which radio station plays ...?*	witch *réï*·dio *stéï*·chonn pléïz ...
la musique classique	*classical music*	*kla*·si·keul *myou*·zik
la musique électronique	*electronic music*	è·lèk·*tro*·nik *myou*·zik

Où puis-je trouver ce type de musique ?
Where can I buy this music? — wèr kann aï baï Zis *myou*·zik

Vous souhaitez aller à un concert ? Consultez **billets**, p. 45, et le chapitre **sortir**, p. 115.

cinéma et théâtre

cinema & theatre

J'aimerais bien voir…	*I feel like going to a ...*	aï fiil laïk *go*·inng tou eu ...
un ballet	*ballet*	*ba*·léï
une comédie	*comedy*	*ko*·mè·di
un film	*film* **(GB)/** *movie* **(USA)**	film/ *mou*·vi
une pièce de théâtre	*play*	pléï

Qu'y a-t-il au cinéma ce soir ?
What's showing at the cinema tonight? — wats *cho*·winng at Zeu *ci*·neu·ma *tou*·naït

Est-ce en français ?
Is it in French? — iz it inn *frènnch*

Est-ce sous-titré ?
Does it have subtitles? daz it hav *seub*·taït·teulz

Y a-t-il un… ?	*Is there …?*	iz Zèèr …
vestiaire	*a cloakroom*	eu *klook*·roum
entracte	*an intermission*	eunn inn·teur·*mi*·chonn
programme	*a programme*	eu *pro*·gramm

Où puis-je trouver un programme de cinéma/théâtre ?
Where can I get a cinema/theatre guide? wèr kann aï gèt eu *ci*·neu·ma/*Sii*·eu·teur gaïd

Ces places sont-elles prises ?
Are those seats taken? âr Zouz siits *téï*·keunn

As-tu vu… ?
Have you seen …? hav you siin …

Qui joue dans ce film ?
Who's in it? *houz* inn it

Qui a réalisé ce film ?
Who directed it? *hou* daï·*rèk*·teud it

… est la vedette du film.
It stars … it stârz …

As-tu aimé… ?	*Did you like the …?*	did you laïk zeu…
le film	*film*	film
le spectacle	*performance*	peur·*for*·mans
la pièce	*play*	pléï

Je l'ai trouvé…	*I thought it was …*	aï Soot it waz …
excellent	*excellent*	*èk*·sè·lènnt
long	*long*	long
bien	*OK*	o·kéï

J'aime les…	*I like …*	aï laïk…
Je n'aime pas les…	*I don't like …*	aï *dont* laïk …
films d'action	*action movies*	*ak*·chonn *mou*·viz
dessins animés	*cartoons*	kâr·*tounz*
films de science-fiction	*sci-fi films*	saï·fi filmz

lecture

reading

Quel genre de livres lis-tu ?
What kind of books do you read? — *wat* kaïnd of *bouks* dou you riid

Quel est ton auteur préféré ?
Who's your favourite author? — *houz* your féï·vo·rit *o*·Sor

Quel auteur (anglais) peux-tu me conseiller ?
Which (English) author do you recommend? — *witch* (*ènn*·glich) *o*·Sor dou you rè·ko·*mènnd*

As-tu lu… ?
Have you read ...? — *hav* you rèd ...

Je lis…
I read ... — aï riid ...

Je peux te conseiller…
I recommend ... — aï rè·ko·*mènnd* ...

Où puis-je échanger des livres ?
Where can I exchange books? — *wèr* kann aï ek·*tchènndj* bouks

meilleurs vœux

Félicitations !
Congratulations! — konn·gra·tu·*léï*·chonn

Joyeux anniversaire !
Happy birthday! — ha·pi *bœrS*·déï

Joyeux Noël !
Happy Christmas! — ha·pi *kris*·meus

Joyeuses Pâques !
Happy Easter! — ha·pi *iis*·teur

sentiments et sensations

feelings

J'ai…	*I'm ...*	aïm ...
Je n'ai pas…	*I'm not ...*	aïm not ...
Avez-vous… ?	*Are you ...?*	âr you ...
chaud	*hot*	hot
faim	*hungry*	*heunn*·gri
sommeil	*sleepy*	*sli*·pi

Je suis…	*I'm ...*	aïm ...
Je ne suis pas…	*I'm not ...*	aïm not ...
Êtes-vous… ?	*Are you ...?*	âr you ...
content(e)	*happy*	ha·pi
déçu(e)	*disappointed*	di·zeu·*poïnn*·teud
satisfait(e)	*satisfied*	*sa*·tis·faïd
triste	*sad*	sâd

parler local

Ça ira mieux la prochaine fois.	*Better luck next time.*	bè·*teur* leuk nèkst *taïm*
Quelle chance.	*How lucky!*	hao *leu*·ki
C'est marrant.	*It's strange.*	its strènndj
Pas de problème.	*No problem.*	no *pro*·blèm
Tant pis.	*Too bad.*	tou *bad*
Quel dommage.	*What a shame.*	wat eu *chéïm*
Qu'est-ce qu'il y a ?	*What's up?*	wats *eup*

opinions

opinions

Est-ce que cela vous a plu ?
Did you like it? — did you *laïk* it

Qu'en avez-vous pensé ?
What did you think of it? — wat did you *Sink* of it

Je l'ai trouvé…	*I thought it was…*	aï Soot it waz ...
C'est…	*It's ...*	its ...
beau	*beautiful*	*byou*·ti·foul
mieux	*better*	*bè*·teur
bizarre	*weird*	wiird
formidable	*great*	grèt
horrible	*horrible*	*ho*·ri·beul
bien	*OK*	o·*kéï*
étrange	*strange*	strènndj
intéressant	*interesting*	*inn*·très·tinng
pire	*worse*	woors

politique et société

politics & social issues

Pour qui votez-vous ?
Who do you vote for? — *hou* dou you veot for

Je soutiens le parti…	*I support the ... party.*	aï seu·*poort* Zeu ... *pâr*·ti

Je suis membre du parti…	*I'm a member of the ... party.*	aïm eu *mèmm*·beur of Zeu ... *pâr*·ti
communiste	*communist*	*ko*·myou·nist
conservateur	*conservative*	konn·*seur*·va·tiv
démocrate	*democratic*	dè·mo·*kra*·tik
écologiste	*green*	griin
travailliste	*labour*	*léï*·beu
républicain	*republican*	rè·*peu*·bli·kann
social-démocrate	*social democratic*	*so*·chol dè·mo·*kra*·tik
socialiste	*socialist*	*so*·cho·list

Vous avez entendu parler de… ?
Did you hear about ...? — did you hiir eu·*baout*

Êtes-vous d'accord avec cela ?
Do you agree with it? — dou you eu·*grii* wiZ it

partis politiques

Si l'on fait abstraction des candidats indépendants, les États-Unis et le Royaume-Uni comptent chacun deux grands partis politiques, qui gagnent plus ou moins alternativement les élections : *Democrat* (démocrate) et *Republican* (républicain) côté américain, *Labour* (travailliste) et *Conservative* (ou *Tories*, conservateur) côté britannique.

Je suis pour…
I agree with ... — aï eu·*grii* wiZ ...

Je ne suis pas pour…
I don't agree with ... — aï *dont* eu·grii wiZ...

Je suis…	*I'm ...*	aïm ...
Êtes-vous… ?	*Are you ...?*	âr you ...
contre (cela)	*against (it)*	eu·*géïnnst* (it)
pour (cela)	*in favour of (it)*	inn *féï*·veur of (it)

Que pensent les gens… ?	*How do people feel about ...?*	hao do *pi*·peul fiil eu·*baout* ...
de l'avortement	*abortion*	eu·*bor*·chonn
du chômage	*unemployment*	eunn·èmm·*ploï*·mènnt
de la criminalité	*crime*	kraïm
des droits de l'homme	*human rights*	*hyou*·mann raïts
des droits des animaux	*animal rights*	*a*·ni·meul raïts
de l'économie	*the economy*	Zi è·*ko*·no·mi
de l'éducation	*education*	è·dyu·*kéï*·chonn
de l'environnement	*the environment*	Zi ènn·*vaï*·ronn·mènnt
de l'égalité des chances	*equal opportunity*	*i*·kwal o·por·*tyou*·ni·ti
de l'euthanasie	*euthanasia*	you·sa·*néï*·zia
de la globalisation	*globalisation*	glo·ba·li·*zéï*·chonn
de l'immigration	*immigration*	i·mi·*gréï*·chonn
de la politique	*party politics*	*pâr*·ti po·li·*tiks*
du racisme	*racism*	*réï*·si·zeumm
du sexisme	*sexism*	*sèk*·si·zeumm
du terrorisme	*terrorism*	*tè*·ro·ri·zeum

environnement

the environment

Y a-t-il un problème d'environnement ici ?
Is there an environmental problem here? — iz Zèèr eun ènn·vi·ron·*mèn*·teul pro·blèm *hiir*

approvisionnement en eau	*water supply*	*wo*·teur seu·*plaï*
biodégradable	*biodegradable*	baï·o·di·greï·deu·beul
chasse	*hunting*	*heunn*·tinng
conservation	*conservation*	konn·seur·*véï*·chonn
couche d'ozone	*ozone layer*	*o*·zonn léï·yeur
déchets toxiques	*toxic waste*	*tok*·sik wéïst
déforestation	*deforestation*	di·fo·rès·*téï*·chonn
écosystème	*ecosystem*	*i*·ko·sis·teum
énergie nucléaire	*nuclear energy*	*nyou*·kli·eur *è*·nèr·dji
espèces en voie de disparition	*endangered species*	ènn·*dènn*·djeurd *spè*·siz
essais nucléaires	*nuclear testing*	*nyou*·kli·eur *tès*·tiing
hydroélectricité	*hydroelectricity*	haï·dro·è·lèk·*tri*·ci·ti
irrigation	*irrigation*	i·ri·*géï*·chonn
jetable	*disposable*	dis·*po*·séï·beul
pesticides	*pesticides*	*pès*·ti·saïdz
pollution	*pollution*	po·*lu*·chonn
programme de recyclage	*recycling programme*	ri·*saï*·klinng *pro*·gram
recyclable	*recyclable*	ri·*saï*·kléï·beul
sécheresse	*drought*	droot

C'est un(e)... protégée ?	*Is this a protected ...?*	iz Zis eu pro·*tèk*·teud ...
forêt	*forest*	*fo*·rèst
espèce	*species*	*spè*·siz

sentiments et opinions

parler local

Voici quelques expressions imagées que vous entendrez peut-être au cours d'une conversation :

He's taking the Mickey (out of you). hiz *téï*·kinng Zeu *mi*·kè (aout of you)
Il se paie ta tête.

Whatever! wat·*è*·veur
Peu importe, ça m'est égal.

Thank you for sharing! Sank you for *chè*·rinng
Merci du compliment !
(litt : merci de compatir)

Réponse sarcastique à une remarque que l'on n'avait pas vraiment envie d'entendre (parce qu'elle est désobligeante ou déplacée), par exemple :

Your hair looks auwful! Thank you for sharing!
Ta coiffure est affreuse ! Merci du compliment !

où sortir

where to go

Qu'est-ce qu'on joue… ?	*What's on ...?*	*wats onn*
dans le coin	*locally*	*lo*·keu·li
ce week-end	*this weekend*	Zis *wik*·ènnd
aujourd'hui	*today*	tou·*déï*
ce soir	*tonight*	tou·*naït*
Où sont les… ?	*Where are the ...?*	*wèr* âr Zeu ...
clubs	*clubs*	kleubz
discothèques	*discos*	*dis*·koz
boîtes gays	*gay venues*	géï *veu*·nyouz
restaurants	*places to eat*	*pléï*·siz tou iit
pubs	*pubs*	peubz

Y a-t-il un programme… ?	*Is there a local ... guide?*	iz Zèèr eu *leu*·keul ... gaïd
des spectacles	*entertainment*	eunn·tèr·*téïnn*·mènnt
des films	*film*	film

Que peut-on faire le soir ?
What's there to do in the evenings? — wats Zèèr tou dou inn zi *iv*·ninngs

Y a-t-il un guide des endroits gays ?
Is there a local gay guide? — iz Zèèr eu *leu*·keul *géï gaïd*

Je voudrais aller…	*I'd like to go to...*	aïd laïk tou go tou...
dans un bar	*a bar*	eu bâr
au café	*a cafe*	eu *ka*·fè
au cinéma	*the cinema*	Zeu si·neu·*ma*
à un concert	*a concert*	eu *konn*·seurt
au karaoké	*a karaoke bar*	eu ka·ra·*o*·kè bâr
en boîte	*a nightclub*	eu *naït*·kleub
à l'opéra	*the opera*	Zi *op*·ra
au pub	*a pub*	eu peub
au restaurant	*a restaurant*	eu *rèst*·rant
au théâtre	*the theatre*	Zeu *Sii*·eu·teur
voir un ballet	*a ballet*	eu *ba*·léï

invitations

invitations

Que fais-tu… ?	*What are you doing ...?*	*wat* âr you *dou*·inng ...
maintenant	*right now*	raït nao
ce soir	*this evening*	Zis *iv*·ninng
ce week-end	*this weekend*	Zis *wik*·ènnd

Aimerais-tu aller… ?	*Would you like to go ...?*	woud you laïk tou go ...
J'ai envie d'aller…	*I feel like going ...*	aï fiil laïk *go*·inng ...
boire un café	*for a coffee*	for eu *ko*·fi
danser	*dancing*	*dan*·sinng
prendre un verre	*for a drink*	for eu drink
manger	*for a meal*	for eu miil
sortir	*out somewhere*	*aout* som·wèr
faire une promenade	*for a walk*	for eu wook

C'est ma tournée.
My round. *maï* raound

Connais-tu un bon restaurant ?
Do you know a good restaurant? dou you no eu goud *rèst*·rant

Veux-tu aller au concert avec moi ?
Do you want to come to the concert with me? — dou you want tou kom tou Zeu *konn*·seurt wiZ mi

Nous allons faire une fête.
We're having a party. — wir havinng eu *pâr*·ti

Tu devrais venir.
You should come. — you choud *kom*

répondre à une invitation

responding to invitations

D'accord !
Sure! — chour

Je viendrai avec plaisir.
Yes, I'd love to. — yès aïd *lov* tou

Où allons-nous ?
Where shall we go? — *wèr* chal *wi* go

Je suis désolé, je ne peux pas.
No, I'm afraid I can't. — neo aïm eu·*frèd* aï *kant*

Et demain ?
What about tomorrow? — wat eu·*baout* tou·*mo*·ro

Désolé, je ne … pas.	*Sorry, I can't ...*	*so*·ri aï *kant*
danse	*dance*	danns
chante	*sing*	sinng

organiser un rendez-vous

arranging to meet

À quelle heure se retrouve-t-on ?
What time shall we meet? — *wat taïm* chal wi miit

Où se retrouve-t-on ?
Where will we meet? — *wèr* wil wi miit

Je viendrai te chercher (à 7h).
I'll pick you up (at 7). — al pik you *eup* at (sè·veunn)

J'arriverai plus tard. Où seras-tu ?
I'll be coming later. Where will you be? — al bi ko·minng *léï*·teur wèr wil you bi

Si je ne suis pas arrivé(e) à (9h), ne m'attends pas.
If I'm not there by (9), don't wait for me. — if aïm not Zèèr baï (naïnn) dont *wéït* for mi

Je me réjouis de notre rendez-vous.
I'm looking forward to our meeting. — aïm *lou*·kinng *for*·woord tou a·our *mii*·tinng

Je suis désolé(e) d'être en retard.
Sorry I'm late. — *so*·ri aïm léït

Ce n'est pas grave.
Never mind. — *nè*·veur maïnnd

On peut se retrouver…	*Let's meet at ...*	lèts miit at ...
à (8h)	*(8 o'clock)*	(éït o·klok)
devant l'entrée	*the entrance*	Zi *ènn*·trans

D'accord !	*Agreed/OK!*	eu·*griid*/o·*kéï*
Allez, à bientôt !	*I'll see you then.*	al sii you *Zèn*
À plus tard.	*See you later.*	*sii* you *léï*·teur
À demain.	*See you tomorrow.*	*sii* you tou·*mo*·ro

boîtes de nuit et bars

nightclubs & bars

Y a-t-il des boîtes de nuit ici ?
Are there any nightclubs here? — âr Zèèr è·ni *naït*·kleubz *hiir*

Où est-ce qu'on peut danser (la salsa) ?
Where can we go (salsa) dancing? — *wèr* kan wi go (*sal*·sa) *dan*·sinng

À quelle heure commence le spectacle ?
What time does the show start? — wat taïm daz Zeu *choo* stârt

Comment y va-t-on ?
How do I get there? — *hao* dou aï gèt *Zèèr*

Combien coûte l'entrée ?
What's the cover charge? — *wats* Zeu *ko*·veur tchârdj

Allez, on y va !
Come on! — kom *onn*

Quel genre de musique aimes-tu ?
What type of music do you like? — *wat* taïp of *myou*·sik dou you laïk

J'aime (le reggae).
I like (reggae). — aï laïk (*rè*·géï)

C'est super ici !
This place is great! — Zis pléïs iz *grèt*

Je m'amuse beaucoup !
I'm having a great time! — aïm *ha*·vinng eu *grèt* taïm

Je n'aime pas la musique ici.
I don't like the music here. — aï dont laïk Zeu *myou*·sik hiir

Allons ailleurs.
Let's go somewhere else — lèts go som·wèr *èls*

Quel fantastique… !	*What a fantastic ...!*	wat eu fann·*tas*·tik...
concert	*concert*	*konn*·seurt
groupe	*group*	group

Quel(le) chanteur/chanteuse formidable !
What a great singer! — wat eu *grèt sinn*·geur

Tu veux bien… ?	*Do you want ...?*	dou you want ...
t'approcher de la scène	*to go closer to the stage*	tou go *klo*·seur tou Zeu *stéïdj*
t'asseoir au premier/dernier rang	*sit at the front/back*	siit at Zeu front/bak

des sports nés dans les pubs

Les Anglais aiment tellement le sport qu'ils en ont inventé qu'ils pouvaient même pratiquer au pub. C'est ainsi qu'à la fin des années 1980, les fléchettes (*darts*) connurent leur âge d'or : des arènes furent transformées en bars accueillant de grandes compétitions, les retransmissions passionnaient les téléspectateurs et les noms des vainqueurs étaient sur toutes les lèvres. Des querelles internes ont quelque peu perverti ce sport, mais il continue à être regardé sur *Sky Sports*.

La version anglaise du billard (*snooker*) est un autre sport qui faisait autrefois recette à la télévision, même si, à en croire certains, on ne saurait imaginer spectacle plus ennuyeux. Mais, faites-nous confiance, les grands tournois peuvent être aussi intenses et angoissants qu'une épreuve de tirs au but lors d'une Coupe du monde de football. L'audience télévisuelle est toujours aussi bonne, en grande partie grâce à des joueurs au sens du spectacle inné, tels que Ronnie O'Sullivan, Londonien au parler imagé et meilleur joueur du monde.

drogue

drugs

Je ne touche pas à la drogue.
I don't take drugs. — aï dont téïk dreugz

Je prends du … occasionnellement.
I take ... occasionally. — aï téïk ... o·*ka*·jonn·li ...

Lonely Planet déconseille à ses lecteurs l'usage de drogues, même les plus "douces", qui modifient le comportement.

rendez-vous

asking someone out

Aimerais-tu faire quelque chose ?
Would you like to do something? — woud you laïk tou *dou* som·Sinng

Oui, j'aimerais bien.
Yes, I'd love to. — yès aïd *lov* tou

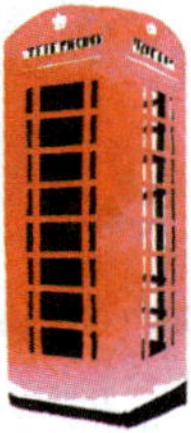

Non, je suis désolé(e), je ne peux pas.
I'm sorry, I can't. — aïm *so*·ri aï *kant*

Certainement pas !
Not if you were the last person on earth! — not if you weur Zeu *last peur*·sonn onn œrS

parler local

C'est…	*He/She is a ...*	chi/hi iz eu ...
une super nana	*babe*	béïb
une garce	*bitch*	bitch
un(e) con(ne)	*prick*	prik
Il/Elle a roulé sa bosse.	*He/She gets around.*	hi/chi gèts eu·*raond*

séduction

pick-up lines

Tu me fais penser à quelqu'un que je connais.
You look like someone I know. — you *louk* laïk som·wann aï *no*

Veux-tu boire quelque chose ?
Would you like a drink? — woud you laïk eu *drink*

De quel signe astrologique es-tu ?
What star sign are you? — *wat* star *saïnn* âr you

Veux-tu aller prendre l'air ?
Shall we get some fresh air? — chal wi gèt som frèch *èr*

Tu danses vraiment bien.
You're a fantastic dancer. — your eu fan·*tas*·tik *dann*·ceur

Viens-tu souvent ici ?
Do you come here often? — dou you kom hiir *o*·feunn

Puis-je… ?	*Can I ...?*	kann aï ...
entrer prendre un café	*come in for a coffee*	kom *inn* for eu *ko*·fi
danser avec toi	*dance with you*	*danns* wiZ you
te revoir	*see you again*	sii you eu·*géïn*
m'asseoir ici	*sit here*	sit *hiir*
te raccompagner	*take you home*	téïk you *hom*

As-tu… ?	*Do you have a ...?*	dou you hav eu ...
un petit ami	*boyfriend*	*boï*·frènnd
une petite amie	*girlfriend*	*gœrl*·frènnd
du feu	*light*	laït

Tu as…	*You have (a) beautiful ...*	you hav (eu) ... *byou*·ti·foul
un beau corps	*body*	*bo*·di
de beaux yeux	*eyes*	aïz
de belles mains	*hands*	handz
un beau sourire	*laugh*	lâf
une belle personnalité	*personality*	peur·so·*na*·li·ti

mots doux

L'anglais ne manque pas de mots tendres et affectueux, tels que :

love	lov	amour
pet	pèt	(litt : animal domestique)
honey	*ho*·nè	miel
baby	*béï*·bi	bébé
duck	deuk	canard
sweetie	*swi*·ti	bonbon

Tu veux bien me raccompagner chez moi ?
Will you take me home? — wil you téïk mi *hom*

Veux-tu entrer un instant ?
Do you want to come inside for a while? — dou you want tou kom in·*saïd* for eu waïl

refus

rejections

Excusez-moi, je dois partir maintenant.
Excuse me, I have to go now. — èk·*skyouz* mi aï hav tou go *nao*

Non, merci.
No, thank you. — neo *Sank* you

Je n'ai pas très envie.
I'd rather not. — aïd *ra*·Zeur not

Tu as un vrai problème d'ego !
Your ego is out of control! — your *ii*·go iz aout of konn·*trol*

tentatives d'approche

getting closer

Je t'aime beaucoup.
I like you very much. — aï laïk you *vè*·ri meutch

Est-ce que tu m'apprécies aussi ?
Do you like me too? — dou you laïk mi *tou*

Tu es très séduisant(e).
You're very attractive. — your *vè*·ri eu·*trak*·tiv

Je m'intéresse vraiment à toi.
I'm interested in you. — aïm *inn*·très·teud inn you

Tu es formidable.
You're great. — your *grèt*

Est-ce que je peux t'embrasser ?
Can I kiss you? — kann aï *kis* you

sexe

sex

J'ai envie de faire l'amour avec toi.
I want to make love to you. — aï want tou méïk *lov* to you

On va utiliser (un préservatif).
Let's use (a condom). — lèts youz (eu konn·*dom*)

Je crois qu'il vaudrait mieux en rester là.
I think we should stop now. — aï Sink wi choud *stop* nao

On se couche ?
Let's go to bed! — lèts *go* tou bèd

Embrasse-moi.	*Kiss me.*	kis mi
J'ai envie de toi.	*I want you.*	aï want you
Ça te plaît ?	*Do you like this?*	dou you *laïk* Zis
J'aime ça.	*I like that.*	aï *laïk* Zat
Je n'aime pas ça.	*I don't like that.*	aï *dont laïk* Zat
Arrête !	*Stop!*	stop
Continue !	*Don't stop!*	dont *stop*

plus vite	*faster*	*fas*·teur
plus fort	*harder*	*har*·deur
moins fort	*softer*	*sof*·teur
plus doucement	*slower*	*slo*·weur
Oh oui !	*Oh yeah!*	oo yè
C'est bon !	*That's great.*	Zats grèt
Je jouis.	*I'm coming.*	aïm *ko*·minng
Vas-y mollo !	*Easy tiger!*	*ii*·zi *taï*·geur
Ne t'inquiète pas, je vais m'en occuper.	*Don't worry, I'll do it myself.*	*dont* wo·ri al dou it maï·*sèlf*
C'était…	*That was ...*	Zat woz ...
excellent	*amazing*	eu·*méï*·zinng
super	*great*	*grèt*
bizarre	*weird*	wiird

amour

love

Je t'aime.	
I love you.	aï lov you
Est-ce que tu m'aimes ?	
Do you love me?	dou you *lov* mi
Veux-tu sortir avec moi ?	
Do you want to go out with me?	dou you want tou go *aout* wiZ mi
Et si nous vivions ensemble !	
Let's move in together!	lèts mouv *inn* tou·*gè*·zeur
Veux-tu m'épouser ?	
Will you marry me?	wil you *ma*·ri mi

reproches

problems

Est-ce qu'il y a quelqu'un d'autre ?
Are you seeing someone else? — âr you *si*·inng som·wann *èls*

Je ne suis qu'un objet sexuel pour toi.
You're just using me for sex. — your djeust *you*·zinng mi for sèks

Je ne pense pas que ça marchera.
I don't think it's working out. — aï dont Sink its *woor*·kinng *aout*

Les choses finiront par s'arranger.
We'll work it out. — wil *woork* it *aout*

Je ne veux plus te revoir.
I never want to see you again. — aï *nè*·veur want tou *sii* you eu·géïnn

EN SOCIÉTÉ

religion et culture
beliefs & cultural differences

religion

religion

Quelle est votre religion ?
What's your religion? — wats your ri·*li*·djonn

Je suis…	*I'm ...*	aïm ...
Je ne suis pas…	*I'm not ...*	aïm not ...
agnostique	*agnostic*	ag·*no*·stik
athé(e)	*atheist*	*eï*·Siist
bouddhiste	*Buddhist*	*bou*·dist
catholique	*Catholic*	*kâ*·So·lik
chrétien(ne)	*Christian*	*kris*·ti·eun
hindouiste	*Hindu*	*hinn*·dou
juif/juive	*Jewish*	*djou*·wich
musulman(e)	*Muslim*	*meus*·lim
pratiquant(e)	*practising*	*prâk*·ti·sinng
protestant(e)	*Protestant*	*pro*·tis·stènnt
croyant(e)	*religious*	ri·*li*·djeus

Je (ne) crois (pas)…	*I (don't) believe in ...*	aï (*dont*) bi·*liv* in ...
au destin	*destiny/fate*	*dès*·ti·ni/féït
en Dieu	*God*	god

Puis-je … ici ?	*Can I ... here?*	*kann* aï ... hiir
Où peut-on… ?	*Where can I ...?*	*wèr* kann aï ...
aller à la messe	*attend mass*	eu·*tènnd* mas
assister à un office	*attend a service*	eu·*tènnd* eu *seur*·vis
prier	*pray*	préï

différences culturelles

cultural differences

Pour les expressions concernant les différences culturelles liées à l'alimentation, consultez le chapitre **végétariens/régimes spéciaux**, p. 159.

Comment fait-on cela dans votre pays ?
How do you do this in your country? — *hao* dou you dou Zis inn *your conn*·tri

Est-ce une coutume locale ou nationale ?
Is this a local or national custom? — iz Zis eu *leu*·keul or *na*·cho·nal *keus*·tom

Je ne suis pas habitué(e) à cela.
I'm not used to this. — aïm not *youzd* tou Zis

Je veux bien regarder, mais je préfère ne pas participer.
I don't mind watching, but I'd rather not join in. — aï dont maïnnd *wot*·chinng beut aïd *ra*·Zeur not djoïnn *inn*

Je vais essayer ça.
I'll try it. — al *traï* it

Excusez-moi, c'est contraire à ma…	*I'm sorry, it's against my ...*	aïm *so*·ri its eu·*géïnst* maï ...
culture	*culture*	*keul*·tcheur
religion	*religion*	ri·*li*·djonn

C'est très…	*This is very ...*	Zis iz *vè*·ri ...
différent	*different*	*dif*·rènnt
amusant	*fun*	feun
intéressant	*interesting*	*inn*·très·tinng

Quelles sont les heures d'ouverture du musée ?
When does the museum open? — *wènn* daz Zeu myou·*zè*·om *o*·peunn

À quelle heure ouvre la galerie ?
What time does the gallery open? — wat *taïm* daz Zeu *ga*·leu·ri *o*·peunn

Quel genre d'art t'intéresse ?
What kind of art are you interested in? — *wat* kaïnnd of *art* âr you *inn*·très·teud inn

Je m'intéresse à…
I'm interested in … — aïm *inn*·très·teud inn …

Que renferme cette collection ?
What does this collection include? — *wat* daz Zis ko·*lèk*·cheunn inn·*kloud*

C'est une exposition…
It's an exhibition … — its eunn èk·si·*bi*·cheunn …

C'est quel style ?
Which style is it? — witch *staïl* iz it

Est-ce un original ou une copie ?
Is it an original or a copy? — iz it eunn o·*ri*·dji·neul or eu *ko*·pi

Que pensez-vous de… ?
What do yo think of ... ? — *wat* dou you *Sink* of …

J'aime les œuvres de…
I like works of… — aï *laïk* woorks of …

Cela me rappelle…
It reminds me of… it ri·*maïnndz* mi of…

art/style…	*... art/style*	... art/staïl
baroque	*baroque*	ba·*rook*
byzantin	*Byzantine*	bi·zeun·*tiinn*
classique	*classical*	*kla*·si·keul
de la Renaissance	*Renaissance*	reu·*nè*·sans
gothique	*Gothic*	*go*·Sik
impressionniste	*impressionist*	im·*prè*·cheu·nist
moderne	*modern*	*mo*·dèrn
Nouveau	*Nouveau*	nou·*vo*
occidental	*occidental*	ok·si·*dèn*·teul
roman	*Romanesque*	ro·meu·*nèsk*

architecture	*architecture*	ar·ki·*tèk*·tcheur
artiste	*artist*	*âr*·tist
arts décoratifs	*decorative arts*	dè·*ko*·ra·tiv ârts
abbaye	*abbey*	*a*·bi
cathédrale	*cathedral*	ka·*Si*·dreul
collection permanente	*permanent collection*	*peur*·ma·neunnt ko·*lèk*·cheunn
conservateur	*curator*	kyu·réï·*teur*
copie	*copy*	*ko*·pi
église	*church*	tcheurtch
époque	*period*	*pi*·riod
exposition	*exhibition*	èk·si·*bi*·cheunn
fontaine	*fountain*	*faon*·teunn
fresque	*fresco*	*frès*·ko
gravure	*engraving*	in·*gréï*·vinng
mosaïque	*mosaic*	mo·*zéï*·ïk
œuvre d'art	*work of art*	woork of art
peintre	*painter*	*péïnn*·teur
peinture (art)	*painting*	*péïnn*·tinng
tableau	*painting*	*péïnn*·tinng
salle d'exposition	*exhibition hall*	èk·si·*bi*·cheunn hool
sculpteur	*sculptor*	*skeulp*·teur
sculpture	*sculpture*	*skeulp*·tcheur
statue	*statue*	*sta*·tyou

en parler

sporting interests

Vous aimez le sport ?		
Do you like sport?	dou you laïk *spoort*	
Oui, beaucoup.		
Yes, very much	yès *vè*·ri meutch	
Pas vraiment.		
Not really.	not *rii*·li	
Je préfère le regarder.		
I prefer watching it.	aï prè·feur *wot*·chinng it	
Quel sport pratiquez-vous ?		
What sport do you play?	*wat* spoort dou you *pléï*	
Quels sports aimez-vous ?		
What sports do you like?	*wat* spoort dou you *laïk*	

J'aime…	*I like …*	aï laïk …
le basket-ball	*basketball*	*bâs*·kèt·bool
le rugby	*rugby*	*reug*·bi
la course	*running*	*reu*·ninng
le football	*soccer*	*so*·keur
le squash	*squash*	skwash
le surf	*surfing*	*seur*·finng
Quel(le) est votre … préféré(e) ?	*Who's your favourite …?*	*houz* your *féï*·veu·rit …
sportif/sportive	*sportsperson*	spoorts·*peur*·sonn
équipe	*team*	tiim

assister à un match

going to game

Voulez-vous aller voir un match ?		
Would you like to go to a game?	woud you *laïk* tou go tou eu *géïm*	
Qui joue ?		
Who's playing?	*houz pléï*·inng	
Qui gagne ?		
Who's winning?	*houz wi*·niing	
Quel est le score final ?		
What was the final score?	*wat* woz zeu *faï*·neul *skoor*	
Ils ont fait match nul.		
It was a draw.	it woz eu droo	

C'était vraiment un … match.	*That was a ... game.*	*Zat* woz eu ... géïm
mauvais	*bad*	bad
bon	*good*	goud
beau	*great*	grèt

lévriers et autres dadas

Plus encore que leurs cousins d'outre-Atlantique, les Londoniens aiment le jeu. Mais sachez qu'il n'y a pas de meilleur moyen pour perdre son argent que de parier sur les courses de chevaux, plus connues sous le nom de "sport des rois" ou *gee-gees* pour les intimes (litt : "dadas").

Les courses de lévriers ont aussi beaucoup de succès. Importées des États-Unis, elles n'ont pas eu de mal à être adoptées en Angleterre. Version urbaine des courses de chevaux, elles ont le mérite de réunir trois passions locales : le jeu, la bière et le divertissement facile. À tout dire, suivre des yeux huit chiens courant après un lapin mécanique s'avère plus amusant que vous n'oseriez l'imaginer !

pratiquer un sport

playing sport

Voulez-vous jouer ?
Do you want to play? dou you want tou *pléï*

Est-ce que je peux participer ?
Can I join in? kann aï djoïnn *inn*

Oui, ça serait sympa.
Yes, that'd be great. yès Zatd bi *grèt*

Je suis blessé.
I have an injury. aï hav eun *inn*·djeu·ri

Un point pour vous/moi.
Your/My point. your/maï poïnnt

Passez-le-moi !
Kick/Pass it to me! *kik/pâs* it tou *mi*

Vous jouez bien.
You're a good player. your eu goud *pléï*·eur

Merci d'avoir joué avec moi.
Thanks for the game. *Sanks* for Zeu géïm

Où peut-on faire du jogging ?
Where's the best place to jog around here? *wèr* Zeu bèst pléïs tou djog eu·*raond* hiir

Où y a-t-il un(e) … par ici ?	*Where's a nearby ...?*	*wèrz* eu *niir*·baï ...
gymnase	*gym*	djim
piscine	*swimming pool*	*swi*·minng poul
court de tennis	*tennis court*	*tè*·nis kourt
Puis-je…, s'il vous plaît ?	*Can I ... please?*	*kann* aï ... pliiz
avoir une liste des cours d'aérobic	*have a list of aerobic sessions*	hav eu list of èè·ro·bik *sè*·chonns
louer un casier	*rent a locker*	rènnt eu *lo*·keur
voir le gymnase	*see the gym*	sii Zeu djim

Quel est le prix par… ?	*What's the charge per ...?*	*wats* Zeu tchardj peur ...
jour	*day*	déï
partie	*game*	géïm
heure	*hour*	*aou*·eur
séance	*visit*	*vi*·zit

Puis-je louer… ?	*Can I hire a ...?*	*kann* aï *haï*·eur eu ...
un vélo	*bicycle*	*baï*·si·keul
un court de tennis	*court*	kourt
une raquette	*racquet*	*ra*·kèt

Faut-il être membre ?
Do I have to be a member to attend? — *do* aï hav tou bi eu *mèm*·beur tou eu·tènnd

Y a-t-il une séance/piscine pour les femmes ?
Is there a women-only session/pool? — iz Zèèr eu *wo*·mènn·*onn*·li *sè*·chonn/poul

Où sont les vestiaires ?
Where are the changing rooms? — *wèr* âr Zeu *tchènn*·djinng roumz

but !

Quel(le)… !	*What a ...!*	*wat* eu ...
but	*goal*	gool
coup	*hit*	hit
tir	*kick*	kik
passe	*pass*	pâs
performance	*performance*	peur·*for*·mans

Quel est le score ?
What's the score? — *wats* Zeu skoor

match nul	*draw/even*	droo/ii·veunn
égalité (au tennis)	*love*	lov
balle de match	*match-point*	*match*·poïnnt
zéro	*nil/zero*	nil/*zi*·ro

cyclisme

cycling

Pour le vocabulaire propre au vélo, voir le chapitre **transports**, p. 43.

Où finit la course ?
Where does the race finish? — *wèr* daz Zeu *réïs* fi·nich

Par où passe-t-elle ?
Where does it pass through? — *wèr* daz it pas Strou

Qui gagne ?
Who's winning? — *houz* wi·ninng

Est-ce que l'étape d'aujourd'hui est très difficile ?
Is today's leg very hard? — iz tou·*déïz* lèg vè·ri *hard*

Mon cycliste préféré est…
My favourite cyclist is ... — maï *féï*·veu·rit *saï*·klist iz

cycliste	*cyclist*	*saï*·klist
fortes côtes	*hill stage*	hil stéïdj
étape	*leg*	lèg
course contre la montre	*time trial*	*taïm* traï·eul
gagnant(e)	*winner*	*wi*·neur
maillot jaune	*yellow jersey*	yè·lo *djœr*·zi

sports extrêmes

extreme sports

Êtes-vous sûr que c'est sans danger ?
Are you sure this is safe? — âr you *chour* Zis iz *séïf*

Est-ce que l'équipement est solide ?
Is the equipment secure? — iz Zi è·*kwip*·mènnt sè·*kyour*

C'est insensé !
This is insane! — Zis iz inn·*séïn*

rappel	*abseiling*	*ap*·saï·linng
saut à l'élastique	*bungy-jumping*	*beunn*·dji *djum*·pinng
spéléologie	*caving*	*kéï*·vinng
VTT	*mountain biking*	*monn*·tëïn *baï*·kinng
parachutisme ascensionnel	*parascending*	pa·ra·*sènn*·dinng
varappe	*rock-climbing*	*rok*·klaïm·binng
parachutisme	*skydiving*	*skaï*·daï·viing
rafting	*white-water rafting*	*waït*·wo·teur *raf*·tinng

football

soccer

C'est un (joueur) formidable.
He's a great (player). — hiz eu *grèt* (*pléï*·eur)

Quelle est l'équipe en tête du championnat ?
Which team is at the top of the league? — *witch* tiim iz at Zeu top of Zeu liig

Quelle équipe lamentable !
What a terrible team! — wat eu *tè*·ri·beul tiim

corner	*corner*	*koor*·neur
faute	*foul*	faoul
coup franc	*free kick*	frii *kik*
gardien de but	*goalkeeper*	*gool*·kii·peur
hors jeu	*offside*	*of*·saïd
penalty	*penalty*	*pè*·neul·ti
tir de penalty	*penalty kick*	*pè*·neul·ti kik

football et base-ball

Le football (*soccer* aux États-Unis) est de loin le sport le plus populaire au Royaume-Uni (il trouverait d'ailleurs son origine dans l'Angleterre du XIIe siècle). Si vous êtes amateur, assistez à un match d'une équipe de petite division : même si les joueurs ne sont pas très bons, vous ne regretterez pas l'ambiance, chaleureuse et enthousiaste .

Aux États-Unis, le sport national est le base-ball (surnommé *America's pastime*, le passe-temps de l'Amérique). Il obéit à des règles complexes, quasi immuables depuis des années. Les fans défendent tous ardemment leur joueur préféré et la position qu'il occupe sur le terrain. La saison dure de l'été à fin octobre.

ski

skiing

Combien coûte le forfait ?
How much is a pass? — *hao meutch* iz eu pâs

J'aimerais louer…	*I'd like to hire ...*	aïd laïk tou haï·eur ...
des après-skis	*(snow) boots*	(*sno*) bouts
des lunettes	*goggles*	*go*·geulz
des bâtons de ski	*poles*	polz
des skis	*skis*	skiz
une combinaison de ski	*a ski suit*	eu *ski* syout

Est-ce possible de faire … ici ?	*Is it possible to go ... here?*	iz it *po*·si·beul tou go ... hiir
du ski alpin	*Alpine skiing*	*âl*·païnn *ski*·inng
du ski de fond	*cross-country skiing*	*kros*·conn·tri *ski*·inng
du surf	*snowboarding*	*sno*·boor·dinng
de la luge	*tobogganing/ sledge*	teu·bo·*geu*·ninng/ *slè*·dje

sport

Est-ce que je peux prendre des leçons ?
Can I take lessons? — *kann* aï téïk *lè*·sonnz

De quel niveau est cette piste ?
What level is that slope? — *wat lè*·veul iz Zat sleop

Quel est l'état des pistes… ?	*What are the skiing conditions like ...?*	*wat* âr Zeu *ski*·inng *kon*·di·chonz laïk ...
au (sommet)	*at (the top)*	at (Zeu top)
plus bas	*further down*	*fœr*·Zeur daonn
plus haut	*higher up*	*haï*·yeur eup

Quelles sont les pistes… ?	*Which are the ... slopes?*	witch âr Zeu *... sleops*
pour débutants	*beginner*	bi·*gi*·nneur
pour skieurs de niveau moyen	*intermediate*	inn·teur·*mi*·diéït
pour skieurs de niveau avancé	*advanced*	eud·*vannst*

téléphérique	*cable car*	*kéï*·beul kâr
télésiège	*chairlift*	*tchèr*·lift
moniteur	*instructor*	inns·*treuk*·teur
station de ski	*resort*	ri·*zoort*
remonte-pente	*ski-lift*	*ski*·lift
luge	*sled/sledge*	slèd/slèdj

EN SOCIÉTÉ

randonnée

hiking

Où puis-je…	*Where can I …?*	*wèr* kann aï …
acheter des provisions	*buy supplies*	baï seu·*plaïz*
me renseigner sur les sentiers à suivre	*find out about hiking trails*	faïnnd *aout* eu·baout *haï*·kinng tréïlz
trouver une carte	*get a map*	gèt eu map
louer du matériel de randonnée	*hire hiking gear*	haï·eur *haï*·kinng djiir
trouver quelqu'un qui connaît la région	*find someone who knows this area*	*faïnnd* som·wann hou noz Zis *eu*·ria

Est-ce qu'il faut apporter… ?	*Do I need to take …?*	dou *aï* niid tou téïk …
du matériel de couchage	*bedding*	*bè*·dinng
des vivres	*food*	fououd
de l'eau	*water*	*wo*·teur

Combien de kilomètres fait le chemin ?
How long is the trail? — *hao long* iz Zeu *tréïl*

A-t-on besoin d'un guide ?
Do we need a guide? — dou wi niid eu *gaïd*

Y a-t-il des randonnées organisées ?
Are there guided treks? — âr Zèèr *gaï*·deud *trèks*

Est-ce sans danger ?
Is it safe? — iz it *séïf*

Y a-t-il un abri là-bas ?
Is there a hut there? — iz Zèèr eu *heut* zèèr

À quelle heure la nuit tombe-t-elle ?
When does it get dark? — *wènn* daz it gèt *dârk*

Où est le village le plus proche ?
Where's the nearest village? — wèrz Zeu *nii*·rèst *vi*·lidj

Quel est l'itinéraire… ?	*Which is the ...?*	witch iz Zeu ...
le plus facile	*easiest route*	*ii*·zi·eust rouout
le plus court	*shortest route*	*chor*·teust rouout

D'où êtes-vous parti ?
Where have you come from? — *wèr* hav you *kom* from

Combien de temps avez-vous mis ?
How long did it take? — *hao* long did it *téïk*

Est-ce que ce sentier mène à… ?
Does this path go to ...? — daz Zis *pâS* go tou ...

Peut-on passer par ici ?
Can we go through here? — *kann* wi go Strou *hiir*

L'eau est-elle potable ?
Is the water OK to drink? — iz Zeu *wo*·teur o·*kéï* tou drink

Je suis perdu(e).
I'm lost. — aïm lost

plage

at the beach

Où est la plage… ?	*Where's the ... beach?*	wèrz Zeu ... biitch
la plus proche	*nearest*	*nii*·rèst
nudiste	*nudist*	*nyou*·dist
publique	*public*	*peu*·blik

Peut-on … sans danger ?	*Is it safe to ... here?*	iz it *séïf* tou ... hiir
plonger	*dive*	daïv
nager	*swim*	swim

panneaux	
Baignade interdite !	*No Swimming!*

À quelle heure est la marée… ?	*What time is … tide?*	*wat* taïm iz … taïd
haute	*high*	haï
basse	*low*	leo

Combien coûte… ?	*How much for … ?*	*hao* meutch for …
une chaise longue	*a chair*	eu tchèèr
une cabine de bain	*a hut*	eu heut
un parasol	*an umbrella*	eunn eum·*brè*·la

expressions courantes

bi *kèr*·foul of Zi *eunn*·deur·teo
Be careful of the undertow — **Attention au courant sous-marin.**

its *déïnn*·djreus
It's dangerous. — **C'est dangereux.**

météo

weather

Quel temps fait-il ?
What's the weather like? — wats Zeu *wè*·Zeur laïk

Où puis-je trouver les prévisions météo ?
Where can I find a weather forecast? — *wèr* kann aï faïnnd eu *wè*·Zeur *for*·kast

(Aujourd'hui) Il fait…	*(Today) It's …*	(tou·*déï*) its …
froid	*cold*	koold
(très) chaud	*(very) hot*	(*vè*·ri) hot

Est-ce qu'il y aura du vent demain ?
Will it be windy tomorrow? — wil it bi *winn*·di tou·*mo*·ro

Il pleut.	*It's raining.*	its *réï*·ninng
Il neige.	*It's snowing.*	its *sno*·winng
Le temps est couvert.	*It's cloudy.*	its *klaou*·di

faune et flore

flora & fauna

Quel(le) est… ?	*What ... is that?*	wat ... iz Zat
cet animal	*animal*	*a*·ni·meul
cette fleur	*flower*	*fla*·weur
cet arbre	*tree*	trii

À quoi cela sert-il ?
What's it used for? — wats it *youzd* for

Est-ce… ?	*Is it ...?*	iz it ...
commun	*common*	*ko*·monn
dangereux	*dangerous*	*déïnn*·djreus
menacé de disparition	*endangered*	ènn·*dènn*·djeurd
protégé	*protected*	pro·*tèk*·teud

Voir le **dictionnaire** pour plus de termes sur la nature et les animaux.

Le petit-déjeuner anglo-saxon, ou *breakfast* *brèk*·feust, traditionnellement composé d'œufs et de bacon frits, de pommes de terre, de tomates sautées et de pain de mie grillé, s'est adapté aux nouvelles habitudes alimentaires et aux modes de vie plus rapides. Il peut comprendre aujourd'hui des mets salés, des céréales ou de classiques toasts à la confiture (et au beurre de cacahouète aux États-Unis).

À midi, le déjeuner, ou *lunch* leunnch, souvent pris sur le pouce, se limite généralement à un sandwich ou à une salade composée. Le repas du soir, le *dinner* *di*·neur, est généralement le plus important de la journée et s'organise autour de plusieurs plats.

vocabulaire de base

key language

petit-déjeuner	*breakfast*	*brèk*·feust
déjeuner	*lunch*	leunnch
dîner	*dinner*	*di*·neur
casse-croûte	*snack*	snak
manger	*eat*	iit
boire	*drink*	drink
Je voudrais…	*I'd like ...*	aïd *laïk* ...
Je meurs de faim !	*I'm starving!*	aïm *stâr*·vinng

où se restaurer

finding a place to eat

Pouvez-vous me conseiller… ?	*Can you recommend a ...?*	kann you rè·ko·*mènnd* eu
un bar	*bar*	bâr
un café	*cafe*	*ka*·fè
un restaurant	*restaurant*	*rès*·trant

Où peut-on aller pour un repas de fête ?
Where would you go for a celebration? — wèr woud you *go* for eu *sè*·lè·bréï·chonn

Où peut-on aller pour… ?	*Where would you go for ...?*	wèr woud you *go* for ...
un repas bon marché	*a cheap meal*	eu tchiip miil
des spécialités locales	*local specialities*	*leu*·keul spè·*chia*·li·tiz
Je voudrais, s'il vous plaît, réserver une table pour...	*I'd like to book a table for ...*	aïd laïk tou bouk eu *téï*·beul for ...
(20h)	*(8) o'clock)*	(éït) o·*klok*
(2) personnes	*(2) people*	(tou) *pi*·peul
Je voudrais…, s'il vous plaît.	*I'd like ..., please.*	aïd *laïk* ... pliiz
une table pour (5) personnes	*a table for (5)*	eu *téï*·beul for (faïv)
une table dans l'espace fumeur/ non-fumeur	*a table in the smoking/ non-smoking area*	eu *téï*·beul inn Zeu *smo*·kinng/ *nonn*·smo·kinng è·ri·eu
la carte des vins	*the wine list*	Zeu *waïnn* list
Avez-vous… ?	*Do you have ...?*	dou you *hav* ...
un menu enfants	*children's meals*	*tchil*·dreunnz miilz
une carte en français	*a menu in French*	eu *meu*·nyou inn *frènch*

Peut-on encore commander ?
Are you still serving food? — âr you stiil seur·vinng *foud*

Combien de temps faut-il attendre ?
How long is the wait? — *hao* long iz Zeu wéït

au restaurant

at the restaurant

Puis-je voir la carte, s'il vous plaît ?
Can I see the menu, please? — kann aï sii Zeu *me*·nyou pliiz

Que me conseillez-vous ?
What would you recommend? — wat woud you rè·ko·*mènnd*

Je prendrai la même chose qu'eux.
I'll have what they're having. — al hav wat *Zéïr* ha·vinng

Qu'y a-t-il dans ce plat ?
What's in that dish? — wats inn Zat *dich*

expressions courantes

wir fou·li *boukt*
We're fully booked. — **Nous sommes complets.**

wi hav no *téï*·beulz
We have no tables. — **Nous n'avons plus de tables.**

wèr woud you laïk tou siit
Where would you like to sit? — **Où souhaitez-vous vous asseoir ?**

wir *klosd*
We're closed. — **C'est fermé.**

wann *mo*·mènnt
One moment. — **Un moment.**

wat kann aï *gèt* for you
What can I get for you? — **Vous désirez ?**

woud you laïk eu *drink* waïl you wéït
Would you like a drink while you wait? — **Souhaitez-vous boire un verre en attendant ?**

Here you go! — **Voilà !**

Est-ce long à préparer ?
Does it take long to prepare? daz it téïk long tou pri·pèr

Est-ce qu'on se sert soi-même ?
Is it self-serve? iz it *sèlf*·seurv

Le service est-il compris ?
Is service included in the bill? iz *seur*·vis inn·klou·did inn Zeu *bil*

Est-ce que c'est gratuit ?
Are these free? âr Ziiz frii

C'est juste pour boire un verre.
We're just having a drink. wir djeust ha·vinng eu *drink*

Je voudrais...	*I'd like ...*	aïd *laïk* ...
une spécialité locale	*a local speciality*	eu *leu*·keul spè·*chia*·li·ti
un repas digne d'un roi	*a meal fit for a king*	eu miil *fit* for eu kinng

à table

at the table

Apportez-moi..., s'il vous plaît.	*Please bring ...*	pliiz brinng ...
l'addition	*the bill*	Zeu bil
un verre (à vin)	*a (wine) glass*	eu (*waïn*) glâs
des cure-dents	*toothpicks*	*touS*·piks

expressions courantes

dou you *laïk*...
Do you like ...? **Aimez-vous... ?**

hao woud you laïk Zat coukt
How would you like that cooked? **Quelle cuisson ?**

aï seug·*djèst*...
I suggest ... **Je vous conseille…**

parler gastronomie

talking food

J'adore ce plat.		
I love this dish.		aï *lov* Zis dich
Nous adorons la cuisine locale.		
We love the local cuisine.		wi lov Zeu *leu*·keul kui·*ziinn*
C'était délicieux !		
That was delicious!		Zat woz dè·*li*·chieus
Mes compliments au chef.		
My compliments to the chef.		maï *kom*·pli·mènnts tou Zeu chèf
Je n'ai plus faim.		
I'm full.		aïm foul
C'est…	*This is ...*	Zis iz ...
brûlé	*burnt*	beurnt
(trop) froid	*(too) cold*	(tou) koold
superbe	*superb*	*sou*·pœrb

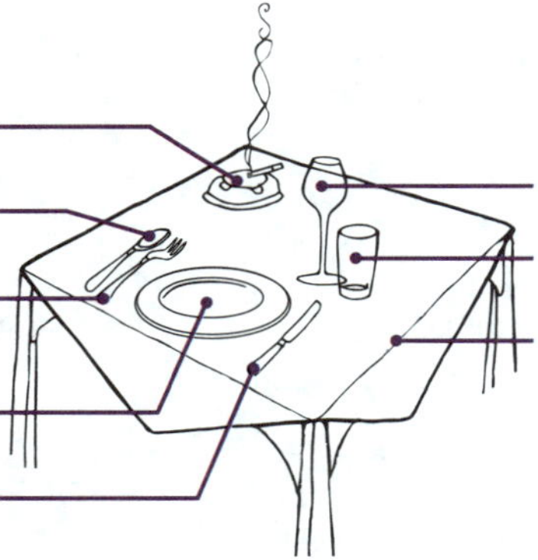

se restaurer

repas

meals

> petit-déjeuner

bacon	*bacon*	*béï*·konn
pain	*bread*	brèd
beurre	*butter*	*beu*·teur
céréales	*cereal*	*si*·ri·eul
fromage	*cheese*	tchiiz
cornflakes	*cornflakes*	*koorn*·fléïks
œuf…	*... egg*	... èg
au plat	*fried*	fraïd
brouillé	*scrambled*	*skram*·beuld
dur	*hard-boiled*	hard·*boïld*
confiture	*jam*	djam
margarine	*margarine*	*mâ*·djeu·rinn

lait	*milk*	milk
muesli	*muesli*	*mjouz*·li
omelette (au fromage)	*omelette (with cheese)*	*oom*·lit (wiZ tchiiz)
pain grillé	*toast*	teost

> en-cas

Comment ça s'appelle ?
What's that called? — wats Zat *koold*

Je voudrais…, s'il vous plaît.	*I'd like ..., please.*	aïd *laïk* ... pliiz
un morceau (de pizza)	*one slice (of pizza)*	wann slaïs (of *pii*·tseu)
un sandwich	*a sandwich*	eu *sann*·witch
ça	*that one*	*Zat* wann

cuissons et préparations

methods of prepation

Je l'aimerais…	*I'd like it ...*	aïd *laïk* it ...
Je ne le veux pas…	*I don't want it ...*	aï *dont* want it ...
à la vapeur	*steamed*	stiimd
à point	*medium*	*mi*·di·eum
avec la sauce à part	*with the dressing on the side*	wiZ Zeu *drè*·sinng onn Zeu *saïd*
bien cuit	*well-done*	wèl·*donn*
bouilli	*boiled*	boïld
en purée	*mashed*	*ma*·cht
frit	*fried*	fraïd
grillé	*grilled/broiled* **(USA)**	grild/broïld
réchauffé	*re-heated*	ri·*hii*·teud
saignant	*rare*	réïr
sans sauce	*without dressing/ sauce*	wiZ·*aout drè*·sinng/ *soos*

sur la carte

appetizers	*a*·pi·taï·zeurz	amuse-gueule
soups	soups	soupes
entrees	an·*tréïz*	entrées
salads	*sa*·ladz	salades
main course	méïnn *kours*	plat principal
desserts	di·*sœrts*	desserts
aperitifs	eu·pè·reu·*tiifs*	apéritifs
spirits	*spi*·rits	alcools forts
beers	biirz	bières
sparkling wines	*spâr*·klinng waïnz	vins mousseux
white wines	*waït* waïnz	vins blancs
red wines	*rèd* waïnz	vins rouges
dessert wines	di·*sœrt* waïnz	vins doux

Pour plus de vocabulaire sur la cuisine, reportez-vous au **lexique culinaire**, p. 163.

condiments

condiments

Je voudrais…, s'il vous plaît.	*I'd like ..., please.*	aïd *laïk* ... pliiz
du ketchup	*ketchup*	*kèt*·cheup
du poivre	*pepper*	*pè*·peur
du sel	*salt*	soolt
de la sauce tomate	*tomato sauce*	teu·*ma*·teo *soos*
du vinaigre	*vinegar*	*vi*·ni·geur

Voir également le dictionnaire pour plus de vocabulaire.

au bar

in the bar

Excusez-moi.	*Excuse me.*	ek·*skyouz*·mi
C'est mon tour.	*I'm next.*	aïm *nèkst*
J'aimerais (un gin).	*I'll have (a gin).*	al hav (eu *djiin*)

La même chose, s'il vous plaît.
Same again, please. — séïm eu·*géïn* pliiz

Pas de glaçons, merci.
No ice thanks. — no aïs Sanks

Je vous offre un verre.
I'll buy you a drink. — al baï you eu *drink*

Qu'est-ce que vous voulez ?
What would you like? — *wat* woud you *laïk*

C'est ma tournée.
It's my round. — its maï *raond*

Vous commanderez la prochaine.
You can get the next one — you kann gèt Zeu *nèkst* wann

Ça fait combien ?
How much is that? — *hao* meutch iz *Zat*

Servez-vous des repas ici ?
Do you serve meals here? — dou you sœrv miilz *hiir*

boissons non alcoolisées

nonalcoholic drinks

eau minérale…	*... mineral water*	*... mi*·nè·reul *wo*·teur
gazeuse	*sparkling*	*spâr*·klinng
plate	*still*	stil
jus d'orange	*orange juice*	*o*·rindj djous
boisson sans alcool	*soft drink*	*soft* drink
eau (chaude)	*(hot) water*	(hot) *wo*·teur

une tasse de…	*a cup of ...*	eu keup of ...
thé	*tea*	*tii*
café	*coffee*	*ko*·fi
café noir	*black coffee*	blak *ko*·fi
café…	*coffee ...*	*ko*·fi
au lait	*with milk*	wiZ milk
sucré	*with sugar*	wiZ *chou*·geur
sans sucre	*without sugar*	wiZ*aout chou*·geur

boissons alcoolisées

alcoholic drinks

bière	*beer*	biir
cognac	*brandy*	*bran*·di
champagne	*champagne*	chan·*péïnn*
cocktail	*cocktail*	*kook*·téïl

un petit verre de…	*a shot of ...*	eu chot of ...
gin	*gin*	djiin
rhum	*rum*	reum
tequila	*tequila*	teu·*ki*·leu
vodka	*vodka*	*vood*·keu
whisky	*whisky*	*wis*·ki

une bouteille de vin…	*a bottle of ... wine*	eu *bo*·teul of ... waïn
un verre de vin…	*a glass of ... wine*	eu *glas* of ... waïn
doux	*dessert*	*di*·sœrt
rouge	*red*	rèd
rosé	*rosé*	reo·*zéï*
mousseux	*sparkling*	*spâr*·klinng
de table	*table*	*téï*·beul
blanc	*white*	waït
un(e) … de bière	*a ... of beer*	eu ... of biir
verre	*glass*	glâs
demi	*pint*	païnnt
petite bouteille	*small bottle*	smool *bo*·teul
grande bouteille	*large bottle*	lârdj *bo*·teul

un verre de trop !

one too many?

Je n'en ai pas envie, merci.
Thanks, but I don't feel like it. sanks beut aï dont *fiil* laïk it

Je ne bois pas d'alcool.
I don't drink alcohol. aï dont *drink* al·keu·*hol*

C'est justement ce qu'il me faut !
This is hitting the spot. ziz iz hi·*tinng* zeu spot

Je suis fatigué, je ferais mieux de rentrer.
I'm tired, I'd better go home. aïm *taï*·reud aïd bè·teur go hom

Où sont les toilettes ?
Where's the toilets **(GB)**/ *bathroom* **(USA)**? wèrz zeu *toï*·lèts/ *baS*·roum

J'ai trop bu.
I'm feeling drunk. aïm fii·linng *dreunk*

Je me sens vachement bien !
I feel fantastic! aï fiil fann·*tas*·tik

Je t'aime vraiment beaucoup.
I really, really love you. aï *rii*·li *rii*·li lov you

C'est moi qui dis ça, ce n'est pas l'alcool !
No, it isn't the alcohol talking. neo it·*i*·*zeunt* Zi al·keu·*hol* *too*·kinng

Je pense que j'ai un peu trop bu.
I think I've had one too many. aï Sink aïv had wann *tou* mè·ni

Pouvez-vous m'appeler un taxi ?
Can you call a taxi for me? kann you kool eu *tak*·*si* for mi

Je ne pense pas que vous soyez en état de conduire.
I don't think you should drive. aï *donnt* Sink you choud *draïv*

à la vôtre !

Santé !	*Cheers!*	tchiirz
Au chef !	*To the chef!*	tou Zeu *chèf*
À tout le monde !	*Here's to everyone!*	hiirz tou *è*·vri·wann
À la Grande-Bretagne !	*Here's to Great-Britain!*	hiirz tou *grèt*·bri·téïn
Encore un coup !	*Have another!*	hav eu·no·*Zeur*
Cul sec !	*Bottoms up!*	botomz *eup*

Je suis bourré.
I'm pissed. aïm pist

Je ne me sens pas bien.
I feel ill. aï fiil il

Peut-être qu'un Bloody Mary me ferait du bien.
Maybe a Bloody Mary will make me feel better. méï·bi eu *bleu*·di mèri wil méïk mi fiil *bè*·teur

expressions courantes

wat·eul it *bi*
What'll it be? **Que désirez-vous ?**

aï Sink youv had *i·neuf*
I think you've had enough. **Je pense que ça suffit.**

vocabulaire de base

key language

cuit(e)	*cooked*	coukt
sec/sèche	*dried*	draïd
frais/fraîche	*fresh*	frèch
surgelé(e)	*frozen*	*fro*·zeunn
vieux/vieille	*old*	old
cru(e)	*raw*	reo
rassis(e)	*stale*	stéïl

faire les courses

buying food

Combien coûte un (kilo de fromage) ?
How much is a (kilo of cheese)? — *hao* meutch iz eu(ki·lo of t*chiiz*)

Quelle est la spécialité locale ?
What's the local speciality? — wats Zeu leu·keul spè·*chia*·li·ti

Qu'est-ce que c'est ?
What's that? — wats *Zat*

Puis-je goûter ?
Can I taste it? — kann aï *téïst* it

les bagels new-yorkais

Inventés en Europe, les *bagels béï*·geulz, anneaux de pâte levée, bouillis, puis cuits au four, parfois saupoudrés de graines de sésame ou d'oignons séchés, sont devenus une spécialité new-yorkaise au XIXe siècle. Ils servent aujourd'hui de base à des sandwichs de toutes sortes, salés ou sucrés. Les New Yorkais commandent traditionnellement : *"a bagel and schmear"* eu *béï*·geul annd chmiir, c'est-à-dire un *bagel* recouvert d'une épaisse couche de fromage à tartiner.

Combien ?	*How much?*	*hao* meutch
Je voudrais…	*I'd like ...*	aïd *laïk* ...
(200) grammes	*(200) grams*	(tou *heun*·drèd) gramz
(2) kilos	*(2) kilos*	(tou) *ki*·loz
(3) morceaux	*(3) pieces*	(Srii) *pii*·seuz
(6) tranches	*(6) slices*	(siks) *slaï*·seuz
un peu de cela	*some of that/ those* **sg/pl**	som of *Zat/Zouz*

Est-ce que vous avez… ?	*Do you have ...?*	dou you hav ...
quelque chose de moins cher	*anything cheaper*	*è*·ni·Sinng *tchii*·peur
autre chose	*other kinds*	*o*·Zeur kaïnndz

expressions courantes

Zèrz nonn *lèft* *There's none left.*	**Il n'y en a plus.**
kann aï *hèlp* you *Can I help you?*	**Que puis-je faire pour vous ?**
woud you laïk è·ni·Sinng *èls* *Would you like anything else?*	**Autre chose ?**
Zats (faïv *do*·leurz) *That's (5 dollars).*	**Ça fait (5 dollars).**
Zats (peus·*trâ*·mii) *That's (pastrami).*	**C'est (du pastrami).**
wat woud you *laïk* *What would you like?*	**Vous désirez ?**
aï dont hav *è*·*ni* *I don't have any.*	**Je n'en ai plus.**

Où se trouve le rayon… ?	*Where can I find the ... section?*	*wèr* kann aï faïnnd Zeu ... *sèk*·chonn
des produits laitiers	*dairy*	*déï*·ri
des surgelés	*frozen goods*	*fro*·zeunn goudz
des fruits et légumes	*fruit and vegetable*	frout annd *vè*·djè·téï·beul
boucherie	*meat*	miit
volaille	*poultry*	*pol*·tri

Puis-je avoir un sac, s'il vous plaît ?
Can I have a bag, please? — kann aï hav eu *bag* pliiz

ustensiles de cuisine

cooking utensils

assiette	*plate*	pléït
bol	*bowl*	bool
casserole	*saucepan*	*sos*·pann
couteau	*knife*	naïf
cuillère	*spoon*	spououn
four	*oven*	*o*·veunn
fourchette	*fork*	foork
grille-pain	*toaster*	*tos*·teur
ouvre-bouteilles	*bottle opener*	*bo*·teul *o*·peu·neur
ouvre-boîtes	*can opener*	kann *o*·peu·neur
planche à découper	*chopping board*	*tcho*·pinng boord
poêle à frire	*frying pan*	*fraï*·inng pann
réfrigérateur	*fridge*	fridj
tire-bouchon	*corkscrew*	*coork*·skrou

cuisine traditionnelle anglaise

Le pub est l'endroit de prédilection pour découvrir la tradition culinaire anglaise, avec les *bangers and mash ban*·geurz annd mach (saucisses purée et jus de viande), les différentes tourtes (*pie*, paï), le *Shepherd's pie chèp*·heurdz paï (agneau émincé avec des oignons et de la purée de pommes de terre) et le *ploughman's lunch* (*plao*·manz leunch), le "repas du laboureur", une assiette composée d'épaisses tranches de pain, de chutney, d'oignons macérés au vin, de cheddar ou de fromage du Cheshire.

Le plus *british* des plats reste toutefois le fameux *fish and chips* fich annd chips, composé de morue, de carrelet ou d'églefin frits, accompagné de frites arrosées de vinaigre de malt et saupoudrées de sel (et autrefois emballés dans du papier journal !). Des chaînes menacent les stands traditionnels, mais vous devriez encore parvenir à dénicher quelques spécimens authentiques.

commander

ordering

Y a-t-il un restaurant … près d'ici ?
Is there a ... restaurant near here? — iz *zèèr* eu ... *rèst*·rant niir hiir

Faites-vous de la cuisine… ?
Do you have ... food? — dou you hav ... *foud*

Avez-vous des plats (végétariens) ?
Do you have (vegetarian) plates? — dou you hav (vè·djè·*teu*·rieunn) *plèïts*

halal	*halal*	ha·*lal*
casher	*kosher*	*ko*·cheur
végétarienne	*vegetarian*	vè·djè·*teu*·rieunn

Puis-je commander ce plat sans… ?	*Can I order this without ... in it?*	kann aï *oor*·deur Zis wiZ·aout ... inn it
Pouvez-vous préparer un repas sans… ?	*Could you prepare a meal without ...?*	koud you pri·*pèr* eu miil wiZ·aout
beurre	*butter*	*beu*·teur
bouillon de viande	*meat stock*	*miit* stok
œufs	*eggs*	ègz
viande	*meat*	miit

expressions courantes

it haz *miit* inn it
It has meat in it. — **C'est cuisiné avec de la viande.**

kann you iit...?
Can you eat ...? — **Est-ce que vous mangez… ?**

al tchèk wiz Zeu *couk/chèf*
I'll check with the cook/chef. — **Je vais demander au cuisinier/chef.**

Est-ce un produit… ?	*Is this ...?*	iz Zis ...
sans matières animales	*free of animal products*	frii of *a*·ni·meul *pro*·deukts
de la ferme	*free-range*	*fri*·rèndj
génétiquement modifié	*genetically modified*	djè·*nè*·ti·kli *mo*·di·faïd
sans gluten	*gluten-free*	*glou*·teunn·frii
halal	*halal*	ha·*lal*
kasher	*kosher*	*ko*·cheur
pauvre en sucre	*low in sugar*	loo inn *chou*·geur
allégé	*low-fat*	loo·*fat*
bio	*organic*	or·*ga*·nik
sans sel	*salt-free*	*solt*·frii

allergies et régimes spéciaux

special diets & allergies

Je suis…	*I'm ...*	aïm ...
bouddhiste	*Buddhist*	*bou*·dist
hindouiste	*Hindu*	*hinn*·dou
juif/juive	*Jewish*	*djou*·wich
musulman(e)	*Muslim*	*meus*·lim
végétalien(ne)	*vegan*	*vè*·gann
végétarien(ne)	*vegetarian*	vè·djè·*teu*·rieunn

Je suis allergique à/au/aux…	*I'm allergic to …*	aïm a·*leur*·djik tou …
aliments génétiquement modifiés	*genetically modified food*	djè·*nè*·ti·kli *mo*·di·faïd foud
cacahouètes	*peanuts*	*pi*·neuts
la caféine	*caffeine*	*ka*·fiinn
crustacés	*shellfish*	*chèl*·fich
la farine de blé	*wheat flour*	wiit *fla*·or
fruits de mer	*seafood*	*sii*·foud
la gélatine	*gelatin*	*djè*·la·teunn
glutamate	*MSG*	èm·ès·*dji*
gluten	*gluten*	*glou*·teunn
matières animales	*animal products*	*a*·ni·meul *pro*·deukts
miel	*honey*	*ho*·nè
noix	*walnuts*	*wol* neuts
œufs	*eggs*	ègs
poisson	*fish*	fich
porc	*pork*	poork
produits laitiers	*dairy products*	*déï*·ri *pro*·deukts
la viande rouge	*red meat*	rèd miit
la volaille	*poultry*	*pol*·tri

Je ne mange/bois pas…
I don't eat/drink … — aï dont iit/drink …

Je suis un régime.
I'm on a special diet. — aïm onn eu *spè*·cheul *daï*·eut

Je n'en mange pas…	*I can't eat it for …*	aï kant iit it for …
pour des raisons de santé	*health reasons*	*hèlS ri*·zeunnz
pour des raisons philosophiques	*philosophical reasons*	fi·lo·*so*·fi·keul *ri*·zeunnz
à cause de ma religion	*religious reasons*	ri·*li*·djous *ri*·zeunnz

pudding à toutes les sauces !

Le mot *pudding pou*·dinng peut s'appliquer à un gâteau bien roboratif (à la crème par exemple), mais aussi à une crêpe, voire à tout autre chose... ! Ainsi, ne vous étonnez pas de découvrir du boudin noir dans votre assiette si vous avez commandé du *black pudding* blak *pou*·dinng au petit-déjeuner. Le *plum pudding* pleum *pou*·dinng ou *Christmas pudding kris*·meus *pou*·dinng est un gros gâteau en forme de dôme préparé à la période de Noël, avec fruits secs et noix, et parfois du rhum ou du cognac. Le *Yorkshire pudding york*·cheur *pou*·dinng ressemble à une crêpe cuite au four. Arrosée de jus de viande, elle accompagne le plat principal. Enfin, au pluriel, le terme *puddings*, sur une carte, peut désigner les desserts en général.

Ce miniguide recense les plats et les ingrédients les plus courants de la cuisine anglo-saxone. Ils sont classés par ordre alphabétique et par thème. Par exemple, pour trouver ce que signifie *hot chocolate* hot *tcho*·kleut (chocolat chaud), vous pourrez chercher soit à *chocolate*, soit à *hot*. Ce lexique vous aidera à comprendre le nom des plats qui vous seront proposés, et à exprimer vos propres envies.

L'origine de certaines spécialités régionales est indiquée comme suit :

Aus – Australie
GB – Grande-Bretagne
USA – États-Unis

A

alcohol al·ko·hol *alcool*
all inclusive price ool inn·*klou*·ziv praïs *tout compris*
allspice *ol*·spaïs *piment de la Jamaïque*
almond *âl*·mènd *amande*
anchovy *ènnt*·cho·vi *anchois*
appetiser a·pi·*taï*·zeur *amuse-gueule, hors-d'œuvre*
apple *a*·peul *pomme*
apricot *éï*·pri·kot *abricot*
artichoke *âr*·ti·tchok *artichaut*
asparagus eu·*spa*·reu·geus *asperge*
assorted eu·*soor*·teud *varié(e)*
avocado â·vo·*ka*·do *avocat*

B

bacon *béï*·konn *bacon, lard*
  lean — liin *béï*·konn *lard maigre*
  smoked — smookt *béï*·konn *lard fumé*
bacon cube *béï*·konn kyoub *lardon*
bagel *béï*·geul *anneau de pain utilisé pour les sandwichs, typiquement américain* **(USA)**
baked *béï*·kd *cuit(e) au four*
baked ham béïkt ham *jambon chaud*
bakery *béï*·keu·ri *boulangerie*
banana ba·*na*·na *banane*
bangers and mash *ban*·geurs annd mach *saucisses-purée, plat typique des pubs britanniques* **(GB)**
bap bap *gros pain rond*
barbie (BBQ) *bâr*·bi (bi bi kyu) *barbecue de viande accompagné de salade coleslaw, de salade de pommes de terre et de bière* **(USA et Aus)**
barley *bâr*·lè *orge*
basil *ba*·zeul *basilic*
basket of assorted fruits *bas*·kèt of eu·*soor*·teud fruts *corbeille de fruits*
bean biin *haricot*
  French — frènch biin *haricot vert*
  green — griin biin *haricot vert*
  kidney — *kid*·nè biin *haricot sec*
  red kidney — rèd *kid*·nè biin *haricot rouge*
  string — strinng biin *haricot vert*
beef biif *bœuf*
  corned — kornd biif *bœuf en conserve*
  — roll biif rol *sorte de boulette de bœuf et de jambon*
  — Wellington biif *wè*·ling·tonn *filet de bœuf (souvent flambé au cognac) recouvert d'un mélange de champignons et de pâté de foie et cuit dans une pâte feuilletée*
beer biir *bière*
  bottled — *bo*·teuld biir *bière en bouteille*
  draft (draught) — draft biir *bière pression*
  — on draft (draught) biir onn draft *bière pression*
  — on tap biir onn tap *bière pression*

beetroot bi·trout *betterave*
beverage bèv·ridj *boisson*
bialy bi·â·li *sorte de bagel sans trou que l'on trouve uniquement à New York* **(USA)**
bill bil *addition*
biscuit bis·keut *gâteau sec (sucré ou salé)*
black blak *noir(e)*
blackberry blak·bè·ri *mûre*
blackcurrant blak·keu·rènnt *cassis*
black pudding blak pou·dinng *boudin noir*
blewit bleu·wit *pied-bleu (champignon des prés)*
blintze blinn·tseu *sorte de crêpe fourrée à la viande, aux pommes de terre et au fromage ou aux fruits, mot d'origine yiddish*
blood bleud *sang*
BLT bi èl ti *"bacon, lettuce, tomato", sandwich typiquement américain composé de bacon, salade et tomate dans un pain rond, avec de la mayonnaise* **(USA)**
blueberry blou·bè·ri *myrtille*
boar boor *sanglier*
 young — yong boor *marcassin*
bone boonn *os*
bottle bo·teul *bouteille*
bottled beer bo·teuld biir *bière en bouteille*
bun beun *pain individuel (généralement rond)*
brain bréïnn *cervelle*
brandy brènn·di *cognac*
brazil nut breu·zil neut *noix du Brésil*
bread brèd *pain*
 soda — soo·deu brèd *pain complet irlandais*
breaded brè·deud *pané(e)*
breast meat brèst miit *blanc, filet (volaille)*
bring your own (BYO) brinng your onn (bii waï oo) restaurant où l'on apporte ses propres boissons alcoolisées **(Aus)**
broad bean brod biin *fève*
broccoli bro·keu·li *brocoli*
broth brooS *bouillon*
brownie brao·ni *petit gâteau rectangulaire au chocolat et aux noisettes*
Brussels sprout breu·sèlz spra·out *chou de Bruxelles*
bulgur wheat beul·geur wiit *boulgour*
butcher's shop bou·tcheurz chop *boucherie*
butter beu·teur *beurre*
button mushroom beu·tonn meuch·roum *champignon de Paris*
BYO (bring your own) bii waï oo (brinng your onn) *restaurant où l'on apporte ses propres boissons alcoolisées* **(Aus)**

C

cabbage ka·bidj *chou*
 red — rèd ka·bidj *chou rouge*
Caesar salad sii·zeur sa·lad *salade verte avec poulet grillé et croûtons, assaisonnée d'une vinaigrette à l'ail*
cafe ka·fè *café (le lieu)*
cake kéïk *gâteau*
candied fruit kènn·did frout *fruit confit*
candy kan·di *bonbon* **(USA)**
caper kéï·peur *câpre*
capsicum kap·si·keum *poivron*
carott ka·rot *carotte*
carp kârp *carpe*
carpetbag steak câr·pèt·bag stèk *filet de bœuf farci aux huîtres, enroulé dans du bacon et accompagné d'une sauce aux champignons, plat traditionnel australien (Sydney)* **(Aus)**
cashew nut kâ·chou neut *noix de cajou*
cauliflower ko·li·fla·weur *chou-fleur*
celery sè·leu·ri *céleri*
chamomile tea ka·mo·maïl tii *tisane à la camomille*
check tchèk *addition*
cheek tchiik *joue*
cheese tchiiz *fromage*
 cottage — ko·tèdj tchiiz *fromage frais, grumeleux et crémeux, légèrement salé*
 cream — criim tchiiz *fromage blanc*

cheese board tchiiz boord *plateau de fromages*
cheesecake tchiiz·kéïk *gâteau au fromage blanc*
cheese shop tchiiz chop *fromagerie, crémerie*
cherry tchè·ri *cerise*
chestnut tchès·neut *châtaigne*
chicken tchi·keunn *poulet*
— **fried steak** tchi·keunn fraïd stèk *steak pané et frit, servi avec une sauce blanche, spécialité typiquement texane* **(USA)**
chickpea chik·pi *pois chiche*
chicory chi·cori *chicorée, endive*
chiko roll tchi·ko rol version australienne du rouleau de printemps, garni d'ingrédients divers (aux goûts parfois étranges !) et enveloppé dans une sorte de galette de farine épaisse et frite, vendu dans les boutiques de vente à emporter **(Aus)**
chili tchi·li *piment*
chilled tchild *frappé(e)*
chips tchips *frites*
chocolate tcho·kleut *chocolat*
hot — hot tcho·kleut *chocolat chaud*
chop tchop *côte*
chopped tchopt *haché(e)*
chopstick tchop·stik *baguette*
chowder cho·da *casserole de fruits de mer et de légumes*
Christmas pudding kris·meus pou·dinng *gâteau de Noël, avec des raisins secs et des fruits confits, préparé traditionnellement un à deux mois à l'avance*
chutney cheut·néï *condiment d'origine indienne à base de divers fruits et légumes confits dans du vinaigre et du sucre*
cider saï·deur *cidre*
cinnamon si·neu·monn *cannelle*
clam klam *clam*
clotted cream klo·teud kriim *crème épaisse*
cobbler kâ·bleur *tarte ou tourte sucrée, souvent aux fruits* **(USA)**
cockerel ko·keu·reul *coq*
young — yong ko·keu·reul *coquelet*
cockle ko·keul *coque*
cocktail snack kok·téïl snak *amuse-gueules*
cod kod *cabillaud, morue*
cocoa ko·ko *cacao*
coconut ko·keu·neut *noix de coco*
coffee ko·fi *café (la boisson)*
cold kold *froid*
cold meat kold miit *viande froide*
coleslaw kool·slo *salade de chou blanc et de carottes rapés, à la mayonnaise*
cook (to) kouk (tou) *cuire*
cooked koukt *cuit(e)*
cookie kou·ki *biscuit*
cooking kou·kinng *cuisine (préparation)*
corn koorn *maïs*
corned beef kornd biif *bœuf en conserve*
Cornish pasty kor·nich pas·ti *chausson garni de bœuf haché, d'agneau, de pommes de terre, d'oignons et de légumes*
cottage cheese ko·tèdj tchiiz *fromage frais, grumeleux et crémeux, légèrement salé*
courgette cour·jèt *courgette*
cow ka·oo *vache*
crab krâb *crabe*
cracker kra·keur *petit gâteau sec*
cream — krim kra·keur *cracker non salé*
cranberry krann·bè·ri *canneberge (baie rouge acidulée)*
crayfish kréï·fich *écrevisse*
cream kriim *crème*
clotted — klo·teud kriim *crème épaisse*
— **cheese** criim tchiiz *fromage blanc*
— **cracker** krim kra·keur *cracker non salé*
— **tea** criim tii *thé servi en fin d'après-midi avec des toasts ou des scones, de la crème et de la confiture, également appelé "Devonshire tea"*
double — deu·beul kriim *crème épaisse (double)*
ice — aïs kriim *crème glacée*

salad — *sa*·lad kriim *sauce de salade*
single — *sinn*·geul kriim *crème allégée*
sour — *sa*·weur kriim *crème légèrement aigre*
whipped — wipt kriim *crème fouettée*

creamy yoghurt *kri*·mi *yoo*·geurt *yaourt brassé*
crisps krisps *chips*
crumpet *kreum*·peut *petit pain rond et plat alvéolé, généralement toasté et servi au petit-déjeuner ou avec le thé*
cucumber *kyu*·kom·beur *concombre*
custard *keus*·teurd *crème anglaise*
cutlet *kœt*·leut *côtelette*
cuttlefish *keu*·teul·fich *seiche*

D

dab dab *limande*
date déït *datte*
deer diir *cerf*
delicatessen de·li·ka·*tè*·seunn *traiteur*
dessert wine di·*zœrt* waïnn *vin doux*
Devonshire tea *dè*·vonn·cheur tii *autre nom du "cream tea", thé servi en fin d'après-midi avec des toasts ou des scones, de la crème et de la confiture*
digestive daï·*djès*·tiv *digestif*
dill dil *aneth*
dish dich *plat (contenant et contenu)*
double cream *deu*·beul kriim *crème épaisse (double)*
doughnut *do*·neut *beignet (sucré)*
draft (draught) beer draft biir *bière pression*
dried draïd *séché(e)*
dried meat draïd miit *viande séchée*
drink drink *boisson*
soft — soft drink *boisson non alcoolisée*

dry draï *sec/sèche*
dry wine draï waïnn *vin sec*
Dublin Bay prawn *deu*·blinn·béï proon *langoustine*
duck deuk *canard*
dumpling *deum*·plinng *boulette de pâte salée (en accompagnement d'une viande en sauce) ou sucrée (fourrée aux fruits)*

E

ear iir *oreille*
eel iil *anguille*
egg èg *œuf*
— cream èg crim *boisson new-yorkaise à base de lait, d'eau de Seltz et de sirop de chocolat* **(USA)**
fried — fraïd èg *œuf au plat*
hard-boiled — *hard*·boïld èg *œuf dur*
scrambled — *skram*·beuld èg *œuf brouillé*
soft-boiled — *soft*·boïld èg *œuf à la coque*

eggnog èg·*nog* *boisson fraîche, typique de Noël, à base de lait ou de crème, d'œufs battus, de sucre, de noix de muscade et d'alcool (rhum, cognac ou whisky)*
eggplant èg·*plant* *aubergine*
ewe you *brebis*
extra dry *èk*·stra draï *brut*

F

fat fat *graisse*
fennel *fè*·neul *fenouil*
fig fig *figue*
fillet fi·*lèt* *filet (viande ou poisson)*
fish fich *poisson*
freshwater — *frèch*·wo·teur fich *poisson d'eau douce*
saltwater — *solt*·wo·teur fich *poisson de mer*

fish shop fich chop *poissonnerie*
flake fléïk requin en Australie, les "fish and chips" y sont généralement composés de ce poisson **(Aus)**
flank steak flank stèk *bavette*
foot fout *pied*
forcemeat *fors*·miit *farce (à base de viande)*
fork foork *fourchette*
fowl faol *volaille*

frankfurter *frank*·feur·teur *saucisse de Francfort*
French bean frènch biin *haricot vert*
French fries frènnch fraïz *frites*
fresh frèch *frais/fraîche*
fresh orange juice frèch *o*·rèndj djous *jus d'orange pressée*
freshwater fish *frèch*·wo·teur fich *poisson d'eau douce*
fried fraïd *frit(e)*
fried egg fraïd èg *œuf au plat*
frog frog *grenouille*
frogs' legs frogz lègz *cuisses de grenouille*
fruit frout *fruit*
  candied — *kènn*·did frout *fruit confit*
  glazed — gléïzd frout *fruit glacé*
fudge feudj *sorte de caramel mou* **(USA)**

G

game géïm *gibier*
  — in season géïm inn sii·zeunn *gibier en saison*
gammon *gâ*·meunn *steak de jambon*
garlic *gâr*·lik *ail*
garnished *gâr*·nicht *garni(e)*
gherkin *gœr*·kinn *cornichon*
giblets *dji*·blits *abats*
ginger *djin*·geur *gingembre*
glazed gléïzd *glacé(e)*
glazed fruit gléïzd frout *fruit glacé*
goat gheot *chèvre*
goose gous *oie*
gooseberry *gouz*·bè·ri *groseille à maquereau*
grain gréïn *céréale*
grape gréïp *raisin*
grapefruit *grèp*·frout *pamplemousse*
gravy *gréï*·vi *sauce, jus de viande*
grease griis *graisse*
green bean griin biin *haricot vert*
green salad griin *sa*·leud *salade verte*
grilled grild *grillé(e)*
grouse gra·ous *coq de bruyère*
guinea fowl gui·nè *fool* *pintade*

H

haggis *ha*·gis *panse de brebis farcie (abats et mélange d'épices), plat national écossais*
half hâf *demi*
half pint hâf païnnt *demi-pinte*
ham ham *jambon*
  baked — béïkt ham *jambon chaud*
  raw — roo ham *jambon cru*
hard-boiled egg *hard*·boïld èg *œuf dur*
hare hèr *lièvre*
  jugged — djeugd hèr *civet de lièvre*
haunch hanch *gigue, gigot*
hazelnut *héï*·zeul·neut *noix*
head hèd *tête*
heart hârt *cœur*
herb eurb *herbe*
herbal tea *heur*·beul tii *infusion, tisane*
herring *hè*·rinng *hareng*
  smoked — smookt *hè*·rinng *hareng fumé*
high tea haï tii *thé servi l'après-midi avec des scones, des gâteaux et des sandwichs, tradition écossaise*
home-made *hom*·méïd *(fait) maison*
honey *heu*·néï *miel*
horse hors *cheval*
horseradish *hors*·ra·dich *raifort*
hot hot *chaud(e)*
  — chocolate hot *tcho*·kleut *chocolat chaud*
  — pot hot pot *ragoût de viande, de pommes de terre et d'oignons typique des pubs britanniques* **(GB)**
hotchpotch hatch·patch *soupe épaisse aux légumes, aux pommes de terre et à la viande*

I

ice aïs *glace*
ice cream aïs kriim *crème glacée*
ice cube aïs kyoub *glaçon*
iced aïst *glacé(e)*
included inn·*klou*·did *compris(e)*
Irish stew *aï*·rich styou *ragoût d'agneau et de pommes de terre*

J

jam djam *confiture*
jelly *djè*·li *gelée*
Jerusalem artichoke djè·*rou*·seu·leum *ar*·ti·tchok *topinambour*
joint joïnt *rôti*
jugged hare djeugd hèr *civet de lièvre*
juice djouous *jus, sauce*
juniper *djou*·ni·peur *genièvre*

K

kedgeree *kè*·djeu·ri *plat d'origine indienne à base de riz, de haddock, d'œufs et de curry servi autrefois au petit-déjeuner* **(GB)**
kidney *kid*·nè *rognon*
kidney bean *kid*·nè biin *haricot sec*
  red — rèd *kid*·nè biin *haricot rouge*
king prawn kinng proon *gambas*
kipper *ki*·peur *hareng fumé*
kitchen *kit*·cheunn *cuisine (lieu)*
knish keu·*nich* *chausson à la purée de pommes de terre, typique de New York, mot yiddish* **(USA)**
knockwurst *nok*·wourst *saucisse de Strasbourg*
knuckle *neu*·keul *cuisse et sous-cuisse*
kosher *ko*·cheur *kasher*

L

lager *la*·geur *bière blonde*
  — top *la*·geur top *boisson composée de bière à laquelle on ajoute un peu de limonade*
lamb lamb *agneau*
lamington *la*·minng·tonn *gros gâteau enrobé de chocolat et saupoudré de noix de coco* **(Aus)**
large lârdj *grand*
lark lârk *alouette*
lean liin *maigre*
  — bacon liin *béï*·konn *lard maigre*
leek liik *poireau*
leg lèg *cuisse, gigot*
lemon *lè*·monn *citron*
  — curd *lè*·monn kœrd *crème au citron servant à garnir des tartes ou à fourrer des gâteaux*
  — juice *lè*·monn djous *jus de citron, citron pressé*
  — sole *lè*·monn sol *limande*
  — squash *lè*·monn skwâch *citronnade*
  — squeezer *lè*·monn *skwii*·zeur *presse-citron*
lemonade lè·mo·*néïd* *limonade*
lemongrass *lè*·monn·gras *citronnelle*
lentil *lènn*·teul *lentille*
lettuce *lè*·tyous *laitue*
licorice *li*·keu·rich *réglisse*
likky pie *li*·ki paï *feuilleté farci de viande de porc, de poireaux et de crème*
liver *li*·veur *foie*
lobster *loob*·steur *homard/langouste*
loin loïn *longe*
  — of pork loïn of pork *carré de porc*
lollipop *lo*·li pop *sucette*
London broil *lonn*·donn broïl *morceaux de steak marinés et grillés*
longjohn *lonng*·djonn *beignet (sucré)*
low-fat yoghurt lo·*fat yoo*·geurt *yaourt maigre*
lox lox *saumon fumé, mot yiddish*
lunch leunnch *déjeuner*

M

mackerel *ma*·keu·reul *maquereau*
main course méïn kours *plat principal*
maize méïz *maïs*
malt vinegar molt *vi*·ni·geur *vinaigre de malt*
marinated *mè*·ri·néï·teud *mariné(e)*
marmalade *mar*·meu·léïd *confiture d'oranges ou de citrons*
marmite *mâr*·maït *pâte de levure concentrée tartinée sur du pain ou ajoutée dans un plat mijoté*
marple syrup *mâr*·peul si·roup sirop d'érable
marrons ma·ronnz écrevisses **(Aus)**
marrow *ma*·roo *courge* **(GB)**
marrow *ma*·roo *moelle*
  — bone *ma*·roo boonn *os à moelle*

marzipan mârt·si·pân *massepain, pain d'amandes*
mashed potatoes macht peu·téï·toz *purée de pommes de terre*
meat miit *viande*
cold — kold miit *viande froide*
dried — draïd miit *viande séchée*
minced — minnst miit *viande hachée*
meatball miit·bol *boulette de viande*
meatloaf mit·lof *sorte de pain de viande à base de bœuf hachée et de mie de pain*
medium-done mi·di·eum·donn *à point*
medium-sized clam mi·di·eum·saïzd klam *palourde*
melon mè·lonn *melon*
menu meu·nyou *carte*
middy mi·di verre de bière de contenance moyenne (28,5 cl) **(Aus)**
mild maïld *doux/douce*
milk milk *lait*
— **bar** milk bâr petite boutique de vente à emporter (hamburgers notamment) **(Aus)**
raw — roo milk *lait cru*
skimmed — skimd milk *lait écrémé*
minced minnst *haché(e)*
minced meat minnst miit *viande hachée*
mincemeat minns·mit *mélange de noix, de pommes, d'épices, de graisse de bœuf, de sucre et de cognac utilisé pour garnir tartes et gâteaux*
mineral water mi·nè·reul wo·teur *eau minérale*
mint minnt *menthe*
mint tea minnt tii *thé/tisane à la menthe*
mixed grill mikst gril *grillade*
mixed salad mikst sa·leud *salade composée*
morel meu·rèl *morille*
morello (cherry) meu·rè·lo tchè·ri *griotte*
morsel mor·seul *morceau* **(USA)**
muffin meu·finn *muffin, sorte de petit pain rond sucré servi au petit-déjeuner ou avec le thé*
mullet meu·leut *mulet*
Mulligatawny soup meu·li·ga·to·ni soup *bouillon de volaille ou de légumes mixé avec du yaourt ou du fromage, du curry et des épices, d'origine indienne*
mushroom meuch·roum *champignon*
mussel meu·seul *moule*
mustard meus·teurd *moutarde*
mutton meu·teunn *mouton*

N

napkin nap·kinn *serviette*
no cover charge no ko·veur tchârdj *pas de frais supplémentaires pour les couverts, gratuit*
noodles nou·deulz *nouilles*
nut neut *noix (terme générique)*
brazil — breu·zil neut *noix du Brésil*
cashew — kâ·chou neut *noix de cajou*
pine — païnn neut *pignon*
pistachio — pi·sta chio neut *pistache*
nutmeg neut·mèg *noix de muscade*

O

octopus ok·teu·peus *poulpe*
offal o·feul *abats*
oil oïl *huile*
olive oo·liv *olive*
omelette oom·leut *omelette*
onion eu·nieunn *oignon*
orange o·rèndj *orange*
order or·deur *commande*
organic or·ga·nik *biologique*
oven o·veunn *four*
oyster oïs·teur *huître*

P

pancake pann·kéïk *crêpe un peu épaisse et généralement sucrée*
pan-fried pann·fraïd *poêlé(e)*
parsley pâr·slè *persil*
parsnip pârs·neup *panais (plante herbacée dont la racine est comestible)*
partridge pâr·tridj *perdrix*
pasta pas ta *pâtes*

pastries pès·triz *pâtisseries*
pavlova (pav) pav·lo·va (pav) meringue garnie de crème, de fruits de la passion, de kiwis ou d'autres fruits de saison **(Aus)**
PBJ pi·bi·djè *"peanut butter and jelly sandwich", sandwich au beurre de cacahouète et à la confiture, grand classique américain* **(USA)**
pea pii *petit pois*
split — split pii *pois cassé*
peach piitch *pêche*
peanut *pi*·neut *cacahouète*
peanut butter and jelly sandwich (PBJ) *pi*·neut beu·teur annd djè·li sèn·dwitch (pi·bi·djè) *sandwich au beurre de cacahouète et à la confiture, grand classique américain* **(USA)**
pear pèèr *poire*
pecan pie *peu*·kânn paï *tourte aux noix de pécan*
pepper *pè*·peur *poivre*
sweet — swiit *pè*·peur *poivron*
perch pœrch *perche*
perry *pè*·ri *poiré (cidre de poire)*
pesto *pès*·sto *pistou*
pheasant *fè*·zeunnt *faisan*
pickle *pi*·keul *fruits ou légumes marinés au vinaigre et servis en condiment avec un sandwich ou un plat*
pie paï *tourte (salée ou sucrée)*
pecan — *peu*·kânn paï *tourte aux noix de pécan*
— floater paï *flo*·teur tourte à la viande servie dans une soupe aux pois et arrosée de sauce tomate **(Aus)**
pork and apple — pork annd *a*·peul paï *mélange de viande de porc, de pommes et d'oignons recouvert de purée de pommes de terre*
shepherd's — *shèp*·heurdz paï *mélange de viande de bœuf hachée et d'oignons recouvert de purée de pommes de terre*
piece piis *morceau*
pig pig *cochon*
suckling — *seuk*·linng pig *cochon de lait*
pigeon *pi*·djeunn *pigeon*
pike païk *brochet*
pineapple *païn*·a·peul *ananas*
pine nut païnn neut *pignon*
pint païnnt *pinte (de bière souvent), environ 1/2 litre*
half — hâf païnnt *demi-pinte*
pistachio nut pi·*sta* chio neut *pistache*
plaice pléïs *plie, carrelet*
plain pléïn *nature*
plain tea pléïn tii *thé nature*
plain water pléïn *wo*·teur *eau plate*
plate pléït *assiette*
pleurotus *pleu*·ro·teus *pleurote*
ploughman's lunch *plao*·mannz leunnch *tranches de pain, chutney, oignons au vinaigre et fromage, le "repas du laboureur" est typique des pubs britanniques* **(GB)**
plum pleum *prune*
plum pudding pleum *pou*·dinng *autre nom du Christmas pudding, un gâteau de Noël, avec des raisins secs et des fruits confits, préparé traditionnellement un à deux mois à l'avance*
poached pootcht *poché(e)*
pop soda pop *so*·da *boisson gazeuse sans alcool*
pork poork *porc*
pork and apple pie pork annd *a*·peul paï *mélange de viande de porc, de pommes et d'oignons recouvert de purée de pommes de terre*
porridge *po*·ridj *flocons d'avoine cuits dans du lait ou un bouillon*
port poort *porto*
pot pot bière de 28,5 cl **(Aus)**
potato peu·*téï*·to *pomme de terre*
sweet — swiit peu·*téï*·to *patate douce*
pot roast pot roost *bœuf mijoté aux légumes*
potted pork *po*·teud poork *viande de porc séchée et cuite, puis réduite en purée*
poultry *pool*·trii *volaille*

prawn proon *grosse crevette*
— **cocktail** proon *kok*·téïl *salade de crevettes (sauce à la crème ou mayonnaise)*
prime cut of beef praïm keut of biif *onglet*
prune prououn *pruneau*
pudding *pou*·dinng *pudding, gâteau*
black — blak *pou*·dinng *boudin noir*
Christmas — *kris*·meus *pou*·dinng *gâteau de Noël, avec des raisins secs et des fruits confits, préparé traditionnellement un à deux mois à l'avance, également appelé "plum pudding"*
plum — pleum *pou*·dinng *autre nom du Christmas pudding*
rice — raïs *pou*·dinng *riz au lait*
steak-and-kidney — stèk·annd·*kid*·nè *pou*·dinng *pudding à la viande et aux rognons*
Yorkshire — *york*·cheur *pou*·dinng *sorte de crêpe cuite au four dans un moule et traditionnellement servie avec un rôti de bœuf et arrosée de jus de viande*
puff pastry peuf *pas*·tri *feuilleté*
pullet *pou*·leut *poularde*
pumkin *peum*·kinn *citrouille, potiron*
puree *pyou*·rè *coulis*

Q

quail kwéïl *caille*
queen scallop kwiin *ska*·lop *amande de mer*
quince kwinns *coing*

R

rabbit *ra*·bit *lapin*
wild — waïld *ra*·bit *lapin de garenne*
rack of lamb rak of lamb *carré d'agneau*
radish *râ*·dich *radis*
raisin *réï*·zinn *raisin sec*
rare réïr *saignant(e)*
raspberry *râz*·bè·ri *framboise*
rat coffin rat *ko*·finn tourte à la viande traditionnellement composée de bœuf émincé et accompagnée de sauce tomate, à déguster pendant un match de foot ! **(Aus)**
raw roo *cru(e)*
raw ham roo ham *jambon cru*
raw milk roo milk *lait cru*
red cabbage rèd *ka*·bidj *chou rouge*
red currant rèd *keu*·rènnt *groseille*
red kidney bean rèd *kid*·nè biin *haricot rouge*
red pepper rèd *pè*·peur *piment*
red wine rèd waïnn *vin rouge*
Reuben sandwich *ru*·ben *sann*·wich *sandwich traditionnellement garni de corned-beef (bœuf salé), de choucroute, de fromage et de mayonnaise* **(USA)**
rib steak/eye rib stèk/aï *entrecôte, faux-filet*
rice raïs *riz*
rice pudding raïs *pou*·dinng *riz au lait*
roast roost *rôti*
roast beef roost beef *rosbif*
rock lobster rok *lob*·steur *langouste*
roll rol *petit pain individuel*
rolled rold *roulé(e)*
rosemary *roz*·mè·ri *romarin*
rump steak reump stèk *rumsteck*

S

saffron *sâ*·freunn *safran*
salad *sa*·leud *salade*
green — griin *sa*·leud *salade verte*
mixed — mikst *sa*·leud *salade composée*
— **cream** *sa*·lad kriim *sauce de salade*
Salisbury steak *sools*·beu·ri stèk *steak haché servi avec des oignons et du jus de viande*
salmon *sal*·monn *saumon*
salt solt *sel*
salted *sol*·teud *salé(e)*
saltwater fish *solt*·wo·teur fich *poisson de mer*
sanger (sando) *sann*·geur (*sann*·dou) sandwich **(Aus)**
sauerkraut *sa*·weur·kraot *choucroute*

sausage so·sidj *saucisse*
sauteed so·tèd *sauté(e)*
savouries *séï*·veu·riz *petits gâteaux secs et salés servis en fin de repas*
savoury *séï*·veu·ri *salé (mets)*
scallop *skâ*·lop *coquille Saint-Jacques*
scampi *skam*·pi *langoustine*
schooner *skou*·neur grand verre de bière (42,5 cl), mais plus petit qu'une pinte **(Aus)**
scone skonn *scone, sorte de petit pain brioché servi au petit-déjeuner ou avec le thé*
scorpion fish *skor*·pieunn fich *rascasse*
scrambled *skram*·beuld *brouillé(e)*
scrambled egg *skram*·beuld èg *œuf brouillé*
seafood *sii*·foud *fruit de mer*
seared siird *saisi(e)*
semolina sè·meu·*li*·na *semoule*
service *seur*·vis *service*
— **not included** *seur*·vis not in·*klou*·deud *service en sus*
sesame *sè*·seu·mi *sésame*
shandy *chènn*·di *panaché (mélange à base de bière et de limonade)*
shank chènnk *jarret*
shellfish *chèl*·fich *coquillage*
shepherd's pie *shèp*·heurdz paï *mélange de viande de bœuf hachée et d'oignons recouvert de purée de pommes de terre*
sherry *chè*·ri *sherry*
shortbread *chort*·brèd *sablé*
shoulder *choul*·deur *épaule*
shrimp chrimp *crevette (petite, rose ou grise)*
simmered *si*·meurd *mijoté(e)*
single cream *sinn*·geul kriim *crème allégée*
sirloin *sœr*·loïn *contre-filet, faux-filet*
skate skéït *raie*
skewer *skyou*·eur *brochette (l'ustensile)*
skimmed milk skimd milk *lait écrémé*
slice slaïs *tranche*
sliced slaïst *émincé, en tranches*
sloppy joe *slo*·pi djo *sandwich chaud de type hamburger (bœuf haché, oignon et sauce tomate ou autre)*

smoked smokt *fumé(e)*
— **bacon** smookt *béï*·konn *lard fumé*
— **herring** smookt *hè*·rinng *hareng fumé*
snags snagz saucisses **(Aus)**
snail snéïl *escargot*
snot block snot blok feuilleté à la vanille
snow pea *snoo* pii *pois mange-tout*
soda bread *soo*·deu brèd *pain complet irlandais*
soft-boiled egg *soft*·boïld èg *œuf à la coque*
soft drink soft drink *boisson non alcoolisée*
soft roe soft roo *laitance*
sorbet *sor*·béï *sorbet*
souffle sou·fléï *soufflé*
soup soup *soupe*
sour cream *sa*·weur kriim *crème légèrement aigre*
sourdough *saou*·eur·do *pain à pâte levée*
soya bean *so*·yeu biin *soja*
sparkling water *spar*·klinng *wo*·teur *eau gazeuse*
sparkling wine *spar*·klinng waïnn *mousseux*
speciality of the day spè·*chia*·li·ti of zeu *déï* *plat du jour*
spinach *spi*·nich *épinard*
spiny lobster *spaï*·ni *lob*·steur *langouste*
spit roast spit roost *broche*
split pea split pii *pois cassé*
sponge cake *spondj* kéïk *biscuit à la cuillère, génoise*
spotted dick *spo*·teud dik *gâteau aux raisins secs* **(GB)**
spring onion sprinng·o·ni·onn *ciboule*
spring water sprinng *wo*·teur *eau de source*
squeezed orange juice skwiizd o·rèndj djous *jus d'orange pressée*
squid skwid *calmar*
steak stèk *steak*
Salisbury — *sools*·beu·ri stèk *steak haché servi avec des oignons et du jus de viande*

À TABLE

steak-and-kidney pudding stèk·annd·*kid*·nè *pou*·dinng *pudding à la viande et aux rognons*
steam stiim *vapeur*
steamed stiimd *à la vapeur*
stew styou *ragoût*
Irish — *aï*·rich styou *ragoût d'agneau et de pommes de terre*
stewed fruit styoud *frout* *compote*
stock stok *bouillon*
stomac *sto*·mak *estomac*
stout sta·out *bière brune*
strawberry *stro*·bè·ri *fraise*
string bean strinng biin *haricot vert*
stuffed steuft *farci(e)*
stuffed loin of veal steuft loïn of viil *longe de veau farcie*
stuffing *steu*·finng *farce (salée ou sucrée)*
suckling pig *seuk*·linng pig *cochon de lait*
suet sou·èt *graisse (des rognons de bœuf et de mouton)*
sugar *chou*·geur *sucre*
swede swiid *rutabaga*
sweet swiit *doux/douce, sucré(e)*
sweet swiit *bonbon* **(GB)**
— pepper swiit *pè*·peur *poivron*
— potato swiit peu·*téï*·to *patate douce*
— school prawns swiit skoul pronz crevettes **(Aus)**
sweetbread swiit·brèd *ris de veau*
sweetened *swi*·teunnd *sucré(e)*
swordfish *soord*·fich *espadon*
syllabub *si*·leu·beub *dessert à base de crème, de sucre, de citron, de muscade et de cognac ou de sherry (peut aussi être une boisson selon la consistance)*
syrup *si*·reup *sirop*
maple — *mâ*·peul *si*·reup *sirop d'érable*

T

tabbouleh *ta*·bou·le·ï *taboulé*
table wine *téï*·beul waïnn *vin de table, vin ordinaire*
tail téïl *queue*
tap water tap *wo*·teur *eau du robinet*
tarragon *ta*·reu·gonn *estragon*
tart târt *tarte*
tasting menu *tès*·tinng *meu*·nyou *menu de dégustation*
tea tii *thé, repas du soir* **(GB)**
chamomile — *ka*·mo·maïl tii *tisane à la camomille*
cream — criim tii *thé servi en fin d'après-midi avec des toasts ou des scones, de la crème et de la confiture, également appelé "Devonshire tea"*
Devonshire — *dè*·vonn·cheur tii *autre nom du "cream tea"*
high — haï tii *thé servi l'après-midi avec des scones, des gâteaux et des sandwichs, tradition écossaise*
mint — minnt tii *thé/tisane à la menthe*
plain — pléïn tii *thé nature*
— with lemon tii wiz *lè*·monn *thé au citron*
— with milk tii wiz milk *thé au lait*
tenderloin *tènn*·deur·loïn *filet (steak)*
thickly-cut steak *sik*·li·keut stèk *pavé*
thrush sreuch *grive*
Tim Tam tim tam marque d'un biscuit au chocolat au cœur crémeux, très apprécié de la plupart des Australiens, à déguster de préférence en entamant les deux extrémités, pour aspirer une boisson chaude, comme avec une paille **(Aus)**
tinny *ti*·ni canette de bière **(Aus)**
titbit *tit*·bit *friandise*
toad in the hole tod inn zeu *hol* *sorte de crêpe garnie de saucisses* **(GB)**
toffee *too*·fi *bonbon au caramel*
tomato teu·*ma*·to *tomate*
tongue tong *langue*
to your special order tou your *spè*·cheul *or*·deur *sur commande*
trifle *traï*·feul *dessert à base de biscuits à la cuillère, de crème fouettée, de crème anglaise, de gelée de fruit, de fruits et d'un alcool* **(GB)**
tripe traïp *tripes*
trotter *tro*·teur *pied (de porc)*
trout tra out *truite*
truffle *treu*·feul *truffe*
tuna *tyou*·na *thon*
turkey *teur*·kéï *dinde*
turnip *teur*·neup *navet*

V

vanilla veu·*ni*·la *vanille*
vanilla slice *veu*·ni·la slaïs dessert composé de pâte feuilletée fourrée de crème à la vanille et recouverte d'un glaçage à la vanille ou à la framboise **(Aus)**
veal viil *veau*
Vegemite *vè*·gè·maïte *extrait de levure extrêmement salé dont les Australiens raffolent, voisin du Marmite britannique. Cet aliment étonnant, généralement consommé sur des tartines, se déguste également dans les sandwichs* **(Aus)**
vegetable *vèdj*·tè·beul *légume*
venison *veu*·ni·seunn *gibier (souvent du chevreuil)*
very dry vè·ri draï *extra-sec*
vine variety vaïnn veu·*raï*·è·ti *cépage*
vinegar *vi*·ni·geur *vinaigre*
  malt — molt *vi*·ni·geur *vinaigre de malt*

W

wafer *wéï*·feur *gaufrette*
waffle *wâ*·feul *gaufre*
Waldorf salad *wol*·dorf *sa*·lad *salade mélangée, composée de céleri, de pommes, de noix et assaisonnée de jus de citron et de mayonnaise, typiquement américaine* **(USA)**
walnut *wâl*·neut *noix (fruit du noyer)*
warm woorm *chaud(e)*
water *wo*·teur *eau*
  mineral — *mi*·nè·reul *wo*·teur *eau minérale*
  plain — pléïn *wo*·teur *eau plate*
  sparkling — *spar*·klinng *wo*·teur *eau gazeuse*
  spring — sprinng *wo*·teur *eau de source*
  tap — tap *wo*·teur *eau du robinet*
watercress *wo*·teur·krès *cresson*
watermelon *wo*·teur·mè·lonn *pastèque*
well-done wèl·*donn* *bien cuit(e)*
Welsh faggot wèlch *fa*·geut *boulette de foie de porc à l'oignon*
Welsh rabbit/rarebit wèlch *ra*·bit/ *réïr*·bit *mélange de fromage râpé, de lait ou de bière et de moutarde tartiné sur du pain et gratiné au four*
wheat wiit *blé*
whipped wipt *battu(e), fouetté(e)*
whipped cream wipt kriim *crème fouettée*
white or black waït or blak *avec ou sans lait (question posée lors du service du café)*
white wine waït waïnn *vin blanc*
wild waïld *sauvage*
wild rabbit waïld *ra*·bit *lapin de garenne*
wine waïnn *vin*
  dessert — di·*zœrt* waïnn *vin doux*
  dry — draï waïnn *vin sec*
  red — rèd waïnn *vin rouge*
  sparkling — *spar*·klinng waïnn *mousseux*
  table — *téï*·beul waïnn *vin de table, vin ordinaire*
  white — waït waïnn *vin blanc*
wine list *waïnn* list *carte des vins*
wing winng *aile*
woodcock *woud*·kok *bécasse*
Worcestershire sauce *wus*·teu·chir soos *condiment à base d'anchois, de piment, d'ail et de mélasse*

Y

yabbies *ya*·biz écrevisses **(Aus)**
yamba *yam*·ba crevettes royales **(Aus)**
yoghurt *yoo*·geurt *yaourt*
  creamy — *kri*·mi *yoo*·geurt *yaourt brassé*
  low-fat — lo·*fat* *yoo*·geurt *yaourt maigre*
  — drink *yoo*·geurt drink *yaourt à boire*
Yorkshire pudding *york*·cheur *pou*·dinng *sorte de crêpe cuite au four dans un moule et traditionnellement servie avec un rôti de bœuf et arrosée de jus de viande*
young boar yong boor *marcassin*
young cockerel yong *ko*·keu·reul *coquelet*

Z

zucchini (USA) zou·*ki*·ni *courgette*

l'essentiel

emergencies

Au secours !	*Help!*	hèlp
Arrêtez !	*Stop!*	stop
Allez-vous-en !	*Go away!*	go eu·*wéï*
Au voleur !	*Stop thief!*	stop Siif
Au feu !	*Fire!*	*faï*·eur
Faites attention !	*Watch out!*	watch *a·out*
Appelez la police !	*Call the police!*	kool Zeu po·*liis*

C'est urgent !
It's an emergency! — its eunn è·*meur*·djèn·si

Pourriez-vous m'aider, s'il vous plaît ?
Could you help me, please? — coud you *hèlp* mi pliiz

Pourrais-je utiliser le téléphone ?
Could I use the telephone? — coud aï youz Zeu *tè·lè*·fonn

Je suis perdu(e).
I'm lost. — aïm lost

Où sont les toilettes ?
Where is the loo/bathroom? — wèr iz Zeu *lou/ba*·Sroum

police

police

Où est le commissariat ?
Where's the police station? — wèr Zeu po·*lis stéï*·chonn

Je veux signaler un délit.
I want to report a crime. — aï want tou ri·poort eu craïm

J'ai été violé(e).
I've been raped. — aïv biin *réïpt*

J'ai été agressé(e).
I've been assaulted. — aïv biin eu·*sol*·teud

Il/Elle a été violé(e).
He/She has been raped. — hi/chi haz biin *réïpt*

Il/Elle a essayé de me violer.
He/She tried to rape me. — hi/chi traïd tou *réïp* mi

On m'a volé.
I've been robbed. — aïv biin *robd*

Il/Elle s'est fait voler.
He/She has been robbed. — hi/chi haZ biin *robd*

Il/Elle a essayé de me voler.
He/She tried to rob me. — hi/chi traïd tou *rob* mi

ce que la police dira peut-être...

On va vous inculper...	*You'll be charged with ...*	youl bi *tchâr*·djd wiZ ...
On va l'inculper...	*She/He will be charged with ...*	chi/hi wil bi *tchâr*·djd wiZ ...
d'activités anti-gouvernementales	*anti-government activity*	an·ti *go*·veurn·mènnt ak·*ti*·vi·ti
d'avoir troublé l'ordre public	*disturbing the peace*	dis·*teur*·binng Zeu piis
de vol à l'étalage	*shoplifting*	*chop*·lif·tinng

URGENCES

J'ai perdu...	*I've lost my . . .*	aïv lost maï ...
On m'a volé...	*My ... was/were stolen.* **sg/pl**	maï ... woz/weur *sto*·leunn
mon argent	*money*	*mo*·néï
mes bagages	*bags*	bagz
mon passeport	*passport*	*pas*·poort
mon portefeuille	*wallet*	*wo*·lèt
mon sac à dos	*backpack*	*bak*·pak
mon sac à main	*handbag*	*hand*·bag

De quoi suis-je accusé(e) ?
What am I accused of? — wat am aï eu·*kyouzd* of

Je suis désolé(e).
I'm sorry. — aïm *so*·ri

Je vous prie de m'excuser.
I apologise. — aï eu·*po*·lo·djaïz

Je ne pensais pas faire quelque chose de mal.
I didn't realise I was doing something wrong. — aï di·deunnt *ri*·eu·laïz aï woz dou·inng some·Sinng *rong*

Ce n'était pas moi.
I didn't do it. — aï di·deunnt *dou* it

Je suis innocent(e).
I'm innocent. — aïm *i*·no·sènnt

Je souhaite contacter mon ambassade/consulat.
I want to contact my embassy/consulate. — aï want tou *kon*·takt maï *èm*·ba·si/*konn*·so·léït

Puis-je téléphoner ?
Can I make a phone call? — kann aï méïk eu *fonn* kool

Puis-je avoir un avocat qui parle français ?
Can I have a lawyer who speaks French? — kann aï hav eu *lo*·yeur hou spiiks *frènnch*

Puis-je payer une amende pour régler ce problème ?
Can I pay an on-the-spot fine? — kann aï péï eunn on·Zeu·spot *faïn*

Cette drogue/ce médicament est pour mon usage personnel.
This drug is for personal use. — Zis dreug iz for *peur*·so·neul youz

J'ai une ordonnance pour ce médicament.
I have a prescription for this drug. — aï hav eu près·*krip*·chonn for Zis dreug

Je comprends.
I understand. — aï eun·deur·*stannd*

Je ne comprends pas.
I don't understand. — aï dont eun·deur·*stannd*

un peu d'argot britannique

Voici quelques termes d'argot britannique (*slang* slènng) passés dans le langage quotidien :

Vous avez certainement entendu parler des *bobbies* bo·biz, les policiers qui portent un haut casque noir. Ils doivent leur nom à Robert Peel, Premier ministre qui créa leur corps en 1848 (le diminutif de Robert étant Bob).

The Bill Ze bil ou *Old Bill* old bil désigne encore souvent la police.

Le verbe *to nick* tou nik signifie à la fois voler ou arrêter, tandis que le substantif *nick* nik est une prison ou un commissariat.

Enfin, si l'on vous vole de l'argent, vous pourrez dire : *"I was done out of my 20 quid!"* aï waz done aout of maï *twenn*·ti kwid (je me suis fait rouler de 20 livres !).

Y a-t-il un(e)… par ici ?	*Where's a nearby …?*	*wèrz* eu … niir·baï
pharmacie (de nuit)	*(night) chemist*	(naït) *kè*·mist
dentiste	*dentist*	*dènn*·tist
médecin	*doctor*	*dok*·teur
hôpital	*hospital*	*hos*·pi·teul
centre médical	*medical centre*	*mè*·di·keul *sènn*·teur
ophtalmologue	*optometrist*	op·to·*mè*·trist

J'ai besoin d'un médecin (qui parle français).
I need a doctor (who speaks French). — aï niid eu *dok*·teur (hou spiiks frènch)

Puis-je voir un médecin femme ?
Could I see a female doctor? — coud aï sii eu *fi*·méïl dok·teur

Est-ce que le médecin peut venir ici ?
Can the doctor come here? — kann Zeu dok·teur kom *hiir*

Je n'ai plus de médicaments.
I've run out of my medication. — aïv reun a·*out* of maï *mè*·di·kéï·chonn

Je ne veux pas de transfusion sanguine.
I don't want a blood transfusion. — aï *dont* want eu blod trans·*fyou*·jeunn

Pouvez-vous utiliser une seringue neuve ?
Please use a new syringe. — pliiz youz eu nyou *seur*·rinndj

Je me suis fait vacciner contre…	*I've been vaccinated for ...*	aïv biin *vak*·si·néï·teud for ...
Il/Elle s'est fait vacciner contre…	*He/She has been vaccinated for ...*	hi/chi haz biin *vak*·si·néï·teud for ...
l'hépatite	*hepatitis*	hè·pa·*taï*·tis
le tétanos	*tetanus*	*tèt*·neus
la typhoïde	*typhoid*	*taï*·foïd

Il me faut de nouvelles…	*I need new ...*	aï niid nyou ...
lentilles de contact	*contact lenses*	*kon*·takt *lènn*·zeuz
lunettes	*glasses*	*gla*·seuz

Mon ordonnance indique…
My prescription is ... — maï près·*krip*·chonn iz ...

ce que le médecin dira peut-être...

Qu'est-ce qui ne va pas ?
What's the problem? — wats Zeu *pro*·blèm

Où avez-vous mal ?
Where does it hurt? — wèr daz it *heurt*

Je voudrais prendre votre fièvre.
I'd like to take your temperature. — aïd laïk tou téïk your *tèmp*·rè·tchour

Depuis quand vous sentez-vous comme ça ?
How long have you been like this? — hao long hav you *biin* laïk Zis

Cela vous est-il déjà arrivé ?
Have you had this before? — hav you had Zis *bi*·*for*

Quelle est la durée de votre voyage ?
How long are you travelling for? — hao long âr you *tra*·veu·linng for

ce que le médecin dira peut-être...

Est-ce que vous… ?	*Do you ...?*	dou you ...
buvez	*drink*	drink
fumez	*smoke*	smook
vous droguez	*take drugs*	téïk dreugz
Êtes-vous… ?	*Are you ...?*	âr you ...
allergique à quelque chose	*allergic to anything*	a·*leur*·djik tou è·ni·*Sinng*
enceinte	*pregnant*	*prèg*·nant

Avez-vous des relations sexuelles ?
Are you sexually active? — âr you *sèk*·chu·eu·li *ak*·tiv

Avez-vous eu des rapports non protégés ?
Have you had unprotected sex? — hav you had *eunn*·pro·*tèk*·teud *sèks*

Est-ce que vous prenez des médicaments ?
Are you on any medication? — âr you onn é·ni mè·di·*keï*·chonn

Il faut vous hospitaliser.
You need to be admitted to hospital. — you niid tou bi ad·*mi*·teud tou *hos*·pi·teul

Consultez votre médecin en rentrant.
Have it checked when you go home. — hav it tchèkt wènn you go hom

Vous devez rentrer chez vous pour suivre un traitement.
You should return home for treatment. — you choud ri·*tœrn* hom for *trit*·mènnt

Vous n'avez rien du tout ! Partez en vacances et amusez-vous !
You're a hypochondriac. Go and enjoy your holiday! — your eu haï·po·*kon*·dri·ak go annd ènn·*djoï* your *ho*·li·déï

symptômes et condition physique

symptoms & conditions

Je suis malade.
I'm sick. — aïm sik

Mon ami(e) est malade.
My friend is sick. — maï *frènnd* iz sik

J'ai mal ici.
It hurts here. — it heurts *hiir*

J'ai été blessé(e).
I've been injured. — aïv biin *inn*·djeurd

J'ai vomi.
I've been vomiting. — aïv biin *vo*·mi·tinng

Je n'arrive pas à dormir.
I can't sleep. — aï *kant* sliip

Je suis/me sens…	*I feel ...*	aï fiil ...
angoissé(e)	*anxious*	*ank*·cheus
faible	*weak*	wiik
mieux	*better*	*bè*·teur
plus mal	*worse*	woors
J'ai…	*I feel ...*	aï fiil ...
des vertiges	*dizzy*	*di*·zi
chaud et froid	*hot and cold*	hot annd koold
des nausées	*nauseous*	*noo*·zi·eus
des frissons	*shivery*	*chi*·veu·ri
J'ai…	*I have ...*	aï hav ...
la diarrhée	*diarrhoea*	daï·a·*ri*·a
mal à la tête	*a headache*	eu *hè*·dèk
mal à la gorge	*a sore throat*	eu *sor* Sroot

J'ai eu récemment…
I've recently had ... aïv *ri*·sènnt·li had ...

Il/Elle a eu récemment…
He/She has recently had ... hi/chi haz *ri*·sènnt·li had ...

Je suis un traitement pour…	*I'm on medication for ...*	aïm onn *mé*·di·kéï·chonn for ...
Il/Elle suis un traitement pour…	*He/She is on medication for...*	hi/chi iz onn *mé*·di·kéï·chonn for ...
une bronchite	*bronchitis*	bron·*kaï*·tis
le diabète	*diabetes*	daï·a·*bi*·teus
une maladie vénérienne	*venereal disease*	vè·*nè*·ri·eul di·*ziiz*

santé au féminin

women's health

(Je pense que) Je suis enceinte.
(I think that) I'm pregnant. (aï Sink) aïm *prèg*·nant

Je prends la pilule.
I'm on the Pill. aïm onn Zeu *pil*

Je n'ai pas eu mes règles depuis … semaines.
I haven't had my period for ... weeks. aï ha·veunnt had maï *pi*·riod for ... *wiiks*

J'ai remarqué une grosseur ici.
I've noticed a lump here. aïv no·tist eu *leump* hiir

J'ai besoin…	*I need …*	aï niid …
d'un contraceptif	*contraception*	kon·tra·*sèp*·chonn
de la pilule du lendemain	*the morning-after pill*	Zeu *mor*·ninng·*af*·teur pil
d'un test de grossesse	*a pregnancy test*	eu *prèg*·nansi tèst

avortement	*abortion*	a·*bor*·chonn
mammographie	*mammogram*	*mâ*·mo·gram
règles	*menstruation*	mènn·strou·*è*·chonn
fausse couche	*miscarriage*	mis·*ka*·ridj
frottis	*pap smear*	*pap* smiir
règles douloureuses	*period pain*	*pi*·ri·od péïn
syndrome prémenstruel	*premenstrual tension*	*pri*·mènns·trou·eul *tènn*·chon

le médecin dira peut-être…

Utilisez-vous des contraceptifs ?
Are you using contraception? — âr you you·zinng kon·tra·*sèp*·chonn

Avez-vous toujours vos règles ?
Are you menstruating? — âr you *mènns*·trou·éï·tinng

À quand remontent vos dernières règles ?
When did you last have your period? — wènn did you *last* hav your *pi*·ri·od

Vous êtes enceinte.
You're pregnant. — your *prèg*·nant

allergies

Je suis allergique…	*I'm allergic to ...*	aïm a·*leur*·djik tou
Il/Elle est allergique…	*He/She is allergic to ...*	hi/chi iz a·*leur*·dkjik tou ...
aux antibiotiques	*antibiotics*	an·ti·baï·*o*·tiks
aux anti-inflammatoires	*anti-inflammatories*	an·ti·inn·fla·meu·*teu*·riz
à l'aspirine	*aspirin*	*as*·pi·rinn
aux abeilles	*bees*	biiz
à la codéine	*codeine*	*ko*·dè·inn

J'ai une allergie cutanée.
I have a skin allergy. aï hav eu *skinn a*·leur·dji

Voir également le chapitre **végétariens et régimes spéciaux**, p. 159.

expressions courantes

Voici quelques autres expressions qui peuvent vous être utiles avec le corps médical :

avoir une piqûre
to have an injection tou hav eunn inn·*djèk*·chonn

avoir de la fièvre
to have a temperature tou hav eu *tèmp*·rè·tchour

respirer
to breathe tou briiZ

les parties du corps

parts of the body

Mon/Ma … me fait mal.
My ... hurts. maï ... heurts

Je n'arrive pas à bouger mon/ma…
I can't move my ... aï *kant* mouv maï ...

J'ai une crampe au…
I have a cramp in my ... aï hav eu krèmp in maï...

Mon/Ma … est enflé(e).
My ... is swollen. maï ... iz swo·leunn

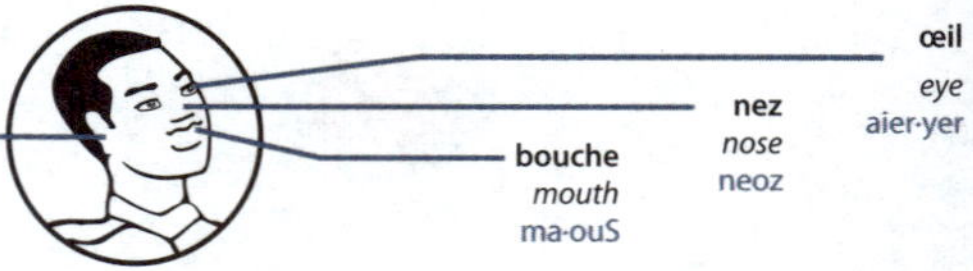

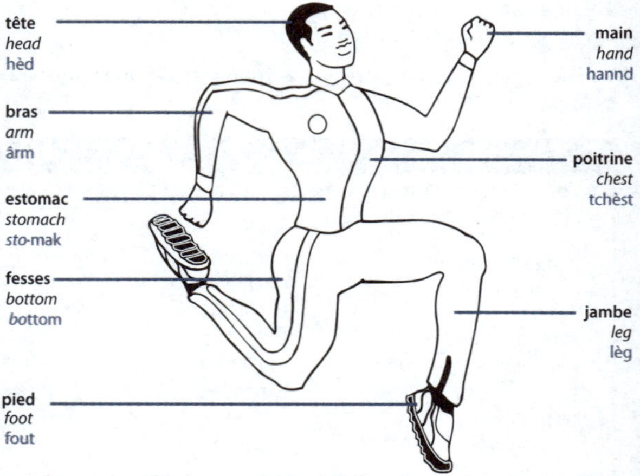

à la pharmacie

chemist

J'ai besoin d'un médicament pour…
I need something for … — aï niid *som*·Sinng for …

Est-ce qu'il faut une ordonnance pour… ?
Do I need a prescription for …? — dou aï niid eu près·*krip*·chonn for …

Combien de fois par jour ?
How many times a day? — hao mè·ni *taïmz* eu déï

Y a-t-il un risque de somnolence ?
Will it make me drowsy? — wil it méïk mi *drao*·si

parler local

hav you téï·keunn *Zis* bi·for
Have you taken this before? — **Avez-vous déjà pris ce médicament ?**

twaïs eu déï (wiZ foud)
Twice a day (with food). — **Deux fois par jour (en mangeant)**

it·eul bi rè·di tou pik·*eup* in (*twènn*·ti mi·nuts)
It'll be ready to pick up in (20 minutes). — **Ce sera prêt dans (20 minutes).**

you meust kom·plit Zeu *kouours*
You must complete the course. — **Traitement à suivre jusqu'au bout.**

chez le dentiste

dentist

J'ai…	*I have a ...*	aï hav eu ...
une dent cassée	*broken tooth*	*bro*·keunn touS
une carie	*cavity*	*ka*·vi·ti
mal aux dents	*toothache*	*touS*·è·ik

J'ai perdu…	*I've lost a ...*	aïv lost eu ...
J'ai besoin…	*I need a ...*	aï niid eu ...
d'une couronne	*crown*	kroon
d'un plombage	*filling*	*fi*·linng

J'ai cassé mon appareil dentaire.
My denture is broken. maï *denn*·tcheur iz bro·keunn

Mes gencives me font mal.
My gums hurt. maï *geums* heurt

Je ne veux pas que vous l'arrachiez.
I don't want it extracted. aï donnt want it ek·*strak*·teud

Aïe !
Ouch! a·ouch

parler local

o·peunn waïd
Open wide. — **Ouvrez bien grand.**

com *bak* aï hav·eunnt *fi*·nicht
Come back, I haven't finished. — **Revenez, ce n'est pas terminé.**

rinns
Rinse — **Rincez-vous la bouche.**

Zis *wont* heurt eu bit
This won't hurt a bit. — **Ça ne fera pas mal.**

Zis *maït* heurt eu *li*·teul
This might hurt a little. — **Ça pourrait faire un peu mal.**

TOURISME RESPONSABLE

À l'heure des grands débats sur l'avenir de la planète, la question des effets du tourisme se pose avec de plus en plus d'insistance. L'une des réponses dans le cadre de vos voyages consiste à faire en sorte que votre impact sur l'environnement, les cultures régionales et l'économie locale soit aussi positif que possible. Voici quelques phrases basiques pour vous aider…

différences culturelles et communication

J'aimerais apprendre l'un de vos dialectes régionaux.
I'd like to learn some of your local dialects. — aïd laïk tou leurn som of your *leu*·keul *daï*·lèkts

Voulez-vous que je vous apprenne un peu de français ?
Would you like me to teach you some French? — woud you *laïk* mi tou titch you some frènntch

Est-ce une coutume locale ou nationale ?
Is this a local or national custom? — iz Zis a *lo*·kal or *na*·cheu·neul *keu*·steum

Je respecte vos coutumes.
I respect your customs. — aï ris·*pèkt* your *keu*·steums

problèmes de société

À quelles difficultés est confrontée cette communauté ?
What sorts of issues is this community facing? — wat *sorts* of i·*ssiou*·z iz Zis ko·*miou*·ni ti *féï*·ssinng

le changement climatique
climate change — claï·meut·*tchèn*·ndj

la liberté religieuse	*freedom of religion*	*fri*·dom of re·*li*·djon
le manque d'eau potable	*lack of drinkable water*	lak of *drinn*·kè·beul *wo*·teur
la malnutrition	*malnutrition*	mal·niou·*tri*·cheun
le racisme	*racism*	*réï*·si·zeum
le chômage	*unemployment*	eunn·im·*ploï*·mènnt

J'aimerais proposer mes compétences.
I'd like to volunteer my skills. — aïd laïk tou *vo*·lon·tiir may *skils*

Existe-t-il des programmes de bénévolat dans la région ?
Are there any volunteer programs available in the area? — ar Zèr è·ni vo·lon·*tiir* pro·grams a·*vè*·lè·beul inn Zi *a*·ré·a

environnement

Où puis-je recycler ceci ?
Where can I recycle this? — *wèr* kann aï ri·*saï*·keul Zis

transports

Peut-on s'y rendre en transports en commun ?
Can we get there by public transport? — kann wi gèt Zèrr baï peu·blik *trènn*·sport

Peut-on s'y rendre en vélo ?
Can we get there by bike? — kann wi *gèt* Zèrr baï baïk

Je préfère y aller à pied.
I'd prefer to walk there. — aïd pri·*feur* tou wok Zèrr

hébergement

J'aimerais loger dans un hôtel géré localement.

I'd like to stay at a locally-run hotel.	aïd laïk tou stéï at a *lo*·keu·li·reun *ho*·teul

Y a-t-il des logements écologiques par ici ?

Are there any ecolodges here?	ar Zèrr *è*·ni è·ko·lo·djeuz hiir

Puis-je arrêter l'air conditionné et ouvrir la fenêtre ?

Can I turn the air conditioning off and open the window?	kann aï *teurn* Zi èr kon·*di*·cheu·ninng ènnd *o*·peun Zeu *winn*·dow

Ce n'est pas la peine de changer mes draps.

There's no need to change my sheets.	Zèrz *no* niid tou tchènndj maï *chiits*

achats

Où puis-je acheter des objets/souvenirs produits sur place ?

Where can I buy locally produced goods/souvenirs?	wèr kann aï baï *lo*·keu·li pro·*dioust* gouds/sou·veu·*nirz*

Vendez-vous des produits du commerce équitable ?

Do you sell Fair Trade products?	dou you sèl fèr trèd pro·*deukts*

alimentation

Est-ce que vous vendez… ?	*Do you sell …?*	dou you sèl …
des produits alimentaires locaux	*locally produced food*	*lo*·keu·li pro·*dioust* foud

des produits bio	*organic products*	or *ga*·nik *pro*·ducts

Pouvez-vous me dire quels plats traditionnels je dois goûter ?
Can you tell me which traditional foods I should try? — Kann you *tèl* mi witch trè·*di*·cheu·neul *fouds* aï choud traï

visites touristiques

Proposez-vous des circuits culturels ?
Are cultural tours available? — ar *keul*·trol tours a·*vè*·lè·beul

Est-ce que votre compagnie… ?	*Does your company …?*	deuz your *kom*·peu·ni …
donne de l'argent pour les causes humanitaires	*donate money to charity*	do·nèït *mo*·nè tou *tcha*·ri·ti
fait appel à des guides locaux	*hire local guides*	*ha*·yeur *lo*·kol gaïds
propose de visiter des entreprises locales	*visit local businesses*	vi·zit *lo*·kol bi·znè·sseuz

Les mots et les expressions de ce dictionnaire sont classés par ordre alphabétique. Pour rechercher une expression, rendez-vous au premier mot (par exemple : **agence de voyages** *travel agency* tra·veul *éï*·djèn·si est classée à "agence").

Certains termes, employés plus spécifiquement en Grande-Bretagne ou aux États-Unis, portent la mention **(GB)** ou **(USA)**.

Le genre des mots sera indiqué par **m** ou **f**. Le pluriel des noms sera désigné par **pl**. Pour éviter les confusions, nous avons précisé la nature des mots : adjectif **adj**, nom **n** ou verbe **v**. Enfin, certains termes, très familiers, sont à utiliser avec autant de mesure que leur équivalent français. Ils portent la mention **fam**.

A

à (lieu où l'on est) *at* at • **(indique un mouvement)** *to* tou
— **bord** *aboard* eu·*boord*
— **côté de** *beside* bi·*saïd* • *next to* nèkst tou
— **droite** *right* raït
— **gauche** *left* lèft
— **la maison** *home* hom
— **l'étranger** *abroad* eu·*brood*
— **l'heure** *on time* onn taïm
— **peu près** *approximately* eu·*pro*·ksi·méït·li
— **plein temps** *full-time* foul taïm
— **temps partiel** *part-time* pârt taïm
abeille *bee* bii
abondance *plenty* *plèn*·ti
abri *shelter* *chèl*·teur
accepter *to accept* tou ak·*sèpt*
accident *accident* *ak*·seu·dènnt
• **(voiture, avion)** *crash* krach
accueillir *to welcome* tou *wèl*·kom
accumulation *collection* ko·*lèk*·cheunn
acheter *to buy* tou baï
acte de naissance *birth certificate* *bœrS* sèr·ti·fi·*kéït*
acteur/actrice *actor* *ak*·teur
actualités (nouvelles) *news* niouz
actuel(le) *current* *keu*·rènnt
acupuncture *acupuncture* a·*kyou*·ponk·tcheur
adaptateur *adaptor* eu·*dap*·teur
addition *bill* bill • *check* **(USA)** tchèk
admettre *to admit* tou ad·*mit*
administration *administration* ad·mi·nis·*tréï*·cheunn
admirer *to admire* tou eud·*maï*·eur
adorer (quelqu'un) *to worship* tou *woor*·chip
adresse *address* eu·*drès*
adulte *adult* eu·*deult*
adversaire *opponent* eu·*po*·nènnt
aérobic *aerobics* è·ro·biks
aérogramme *aerogram* *è*·*ro*·*gram*
aéroport *airport* *èr*·poort
affaires *business* *biz*·nès
affreux/affreuse *awful* *o*·foul • *terrible* *tè*·ri·beul
Afrique *Africa* *a*·fri·ka
âge *age* éïdj
âgé(e) *elderly* *èl*·deur·li
agence de voyages *travel agency* *tra*·veul *éï*·djèn·si
agence immobilière *estate agency* *ès*·téït *éï*·djèn·si
agenda *diary* daï·eu·ri
agent de police *(police) officer* (po·*lis*) *o*·fi·seur
agent immobilier *real estate agent* *rè*·eul ès·téït *éï*·djènnt
agiter *to shake* tou chéïk
agréable *nice* naïs
agressif/agressive *aggressive* eu·*grè*·siv
agriculteur/agricultrice *farmer* *fâr*·meur
agriculture *agriculture* *a*·gri·keul·tcheur
aide *help* hèlp

A

aider *to help* tou hèlp
aiguille *needle* nii·deul
ailes *wings* winngz
aimant(e) *caring* *kéï*·rinng
aimer (apprécier) *to like* tou laïk
• **(sentiment plus marqué)** *to love* tou lov
air *air* èr
— **(de musique)** *tune* tyoun
alcool *alcohol* al·keu·*hol*
Allemagne *Germany* *djeur*·ma·ni
aller *to go* tou go
— **voir (quelqu'un)** *to visit* tou *vi*·zit
aller-retour (billet) *return (ticket)* ri·*tœrn* (*ti*·keut)
allergie *allergy* *a*·leur·dji
allocation de chômage *dole* dool
allume-feu anti-moustiques *mosquito coil* meus·*ki*·to koïl
allumettes *matches* *mat*·cheuz
alors *then* Zènn
alpinisme *mountaineering* *maon*·téï·ni·rinng
alternative *alternative* al·*teur*·na·tiv
altitude *altitude* *al*·ti·tyoud
amant(e) *lover* *lo*·veur
amateur *amateur* *a*·meu·teur
ambassade *embassy* *èm*·beu·si
ambassadeur/ambassadrice *ambassador* èm·*ba*·seu·deur
ambulance *ambulance* *èm*·byu·lènns
améliorer *to improve* tou *im*·prouv
amende *fine* faïn
amener *bring* brinng
amer/amère *bitter* *bi*·teur
ami(e) *friend* frènnd
amical(e) *friendly* *frènnd*·li
amitié *friendship* *frènnd*·chip
amour *love* lov
ample (vêtements) *loose* louz
ampoule (peau) *blister* *blis*·teur
• **(électrique)** *light bulb* *laït* beulb
analgésique *painkiller* *péïn* *ki*·leur
analyse de sang *blood test* *bleud* tèst
Anglais(e) *English* *inn*·glich
Angleterre *England* *inn*·gland
animal *animal* *a*·ni·meul
— **familier** *pet* pèt
anneau *ring* rinng
année *year* yeur
anniversaire *birthday* *bœrS*·déï
annuaire *phone book* *foonn* bouk
annuel(le) *annual* *é*·nyou·eul
annuler *to cancel* tou *kan*·seul
antibiotiques *antibiotics* *an*·ti·baï·*o*·tiks
antinucléaire *antinuclear* *an*·ti·*nou*·klè·eur
antique *ancient* *ènn*·chènnt
antiquité *antique* ènn·*tiik*
antiseptique *antiseptic* èn·ti·*sèp*·tik
août *August* *o*·geust
appareil acoustique *hearing aid* *hi*·rinng èd
appareil de chauffage *heater* *hi*·teur
appareil photo *camera* *kâm*·ra
appel en PCV *collect call* ko·*lèkt* kool
appeler *to call* tou kool
appendice *appendix* eu·*pènn*·diks
apporter *to bring* tou brinng
apprendre *to learn* tou lœrn
après *after* *af*·teur
après-demain *(the) day after tomorrow* (Zeu) déï *af*·teur tou·*mo*·ro
après-midi *afternoon* af·teur·*noun*
après-rasage *aftershave* *af*·teur·chéïv
après-shampooing *conditioner* konn·*di*·cheu·neur
araignée *spider* *spaï*·deur
arbitre *referee* rè·feu·*rii*
arbre *tree* trii
archéologie *archaeology* âr·ki·*o*·lo·dji
architecte *architect* *âr*·ki·tèkt
architecture *architecture* âr·ki·*tèk* tcheur
argent *money* *mo*·nè
• **(espèces)** *cash* kach
• **(métal)** *silver* *sil*·veur
arnaque *rip-off* rip·*of*
arrêt *stop* stop
— **de bus** *bus stop* *beus* stop
arrêter *to stop* tou stop
• **(par la police)** *to arrest* tou eu·*rèst*
arrière *rear* riir
arrivée *arrival* eu·*raï*·veul
• **arrivées** *arrivals* eu·*raï*·veulz
arriver *to arrive* tou eu·*raïv*
art *art* ârt
artisanat *crafts* krafts
artiste *artist* *âr*·tist
arts martiaux *martial arts* *mâr*·cheul ârts

ascenseur *elevator* **(USA)** è·leu·*véï*·teur
• *lift* **(GB)** lift
Asie *Asia* *è*·jieu
aspirine *aspirin* *as*·preun
assez *enough* i·*neuf*
assiette *plate* pléït
assistance publique *welfare (aid)*
wèl·fèr (èd)
assurance *insurance* in·*chou*·rènns
assurer *to insure* tou in·*chour*
asthme *asthma* *aZ*·meu
atelier *studio* *stou*·di·o
athlétisme *athletics* a·*Slè*·tiks
atmosphère *atmosphere* *at*·meus·fir
attaché(e) *attached* eu·*tatcht*
atteindre *to reach* tou riitch
attendre *to wait (for)* tou wéït (for)
Attention ! *Careful!* *kéïr*·foul
attraper *to catch* tou kâtch
aube *dawn* doonn
auberge de jeunesse *youth hostel*
youS hos·teul
au coin *on the corner* on Zeu *koor*·neur
aucun(e) *none* nonn
au-dessus *above* eu·*bov*
aujourd'hui *today* tou·*déï*
au revoir *goodbye* goud·*baï*
aussi *also* *eul*·so
autel *altar* *ol*·teur
autobus *bus* beus
autocar *bus* beus
automatique *automatic* o·to·*ma*·tik
automne *autumn* **(GB)** *o*·teum
• *fall* **(USA)** fool
autoroute *highway* **(USA)** *haï*·wéï
• *motorway* **(GB)** *mo*·to·wéï
autour *around* eu·*raond*
autre *other* *o*·Zeur
avant *before* bi·*for*
avant-hier *(the) day before yesterday*
(Zeu) déï bi·*for* *yès*·teur·déï
avec *with* wiZ
avenir *future* *fyou*·tcheur
avenue *avenue* *a*·veu·nou
avertissement *warning* *woor*·ninng
aveugle *blind* blaïnnd
avide *greedy* *gri*·di
avion *plane* pléïn
aviron *rowing* *roo*·winng
avis *opinion* eu·*pi*·nyeunn
avocat(e) *lawyer* *loo*·yeur
avoir *to have* tou hav
— **besoin de** *to need* tou niid
— **de la chance** *to be lucky*
tou bi *leu*·ki
— **des hallucinations** *to hallucinate*
tou ha·*lou*·si·néït
— **faim** *to be hungry* tou bi *heun*·gri
— **la tête qui tourne** *to be dizzy*
tou bi *di*·zi
— **le mal de mer** *to be seasick*
tou bi *si*·sik
— **mal au ventre** *to have a*
stomachache tou hav eu *sto*·mak·èk
— **mal aux dents** *to have a*
toothache tou hav eu *touS*·èk
— **raison** *to be right* tou bi raït
— **soif** *to be thirsty* tou bi *Sœrs*·ti
— **sommeil** *to be sleepy* tou bi *sli*·pi
— **tort** *to be wrong* tou bi rong
avortement *abortion* eu·*bor*·cheunn
avril *April* *éï*·preul

B

baby-sitter *babysitter* *béï*·bi·si·teur
bac *ferry* *fè*·ri
bagages *baggage* *ba*·gidj • *luggage*
leu·gidj
— **autorisés (poids)** *baggage*
allowance *ba*·gidj eu·*lao*·wans
bagarre *fight* faït
bague *ring* rinng
baignoire *bath* bâS
bail *lease* liis
bain *bath* bâS
baiser **v fam** *to fuck* tou feuk
baiser **n** *kiss* kis
balcon *balcony* *bal*·ko·ni
balle (de tennis) *(tennis) ball*
(*tè*·nis) bool
ballet *ballet* *ba*·lè
ballon (de football) *football* *fout*·bool
• *soccer ball* **(USA)** *so*·keur bool
bande (musique) *band* bènnd
bande-vidéo *video tape* *vi*·dè·o téïp
bande dessinée *comic book*
ko·mik bouk
banlieue *suburb* *seu*·beurb

banque *bank* bènnk
baptême *baptism* bap·ti·zeum
• *christening* *cris*·seu·ning
bar *bar* bâr • *pub* peub
barrière *fence* fènns • *gate* géït
bas *stockings* *sto*·kinngz
bas/basse *low* loo
base-ball *baseball* *béïz*·bool
basket *basketball* *bâs*·keut·bool
bateau *boat* boot
bâtiment *building* *bil*·dinng
batterie (voiture) *battery* *ba*·tri
• **(instrument)** *drums* dreumz
baume pour les lèvres *lip balm* lip boolm
bavarder *to chat* *tou tchat*
bavoir *bib* bib
beau/belle *beautiful* *byou*·ti·foul
• *handsome* *hand*·som
beaucoup (de) *a lot (of)* eu lot (of)
beaucoup de *many* *mè*·ni • *plenty* *plènn*·ti
beau-père *father-in-law* *fa*·Zeur inn loo
bébé *baby* *béï*·bi
Belgique *Belgium* *bèl*·djieum
Belge *Belgian* *bèl*·djieun
belle-mère *mother-in-law* *mo*·Zeur inn loo
bénéfice *profit* *pro*·fit
bénévole adj *voluntary* *vo*·leun·tè·ri
• n *volunteer* *vo*·leun·*tiir*
bible *bible* *baï*·beul
bibliothèque *library* *laï*·breu·ri
bien *well* wèl
bientôt *soon* sououn
bière *beer* biieur
bijoux *jewellery* *djou*·eul·ri
billard américain *pool* *pououl*
billet *ticket* *ti*·keut
— **de banque** *banknote* *bènnk*·not
— **en stand-by** *stand-by ticket* stand·baï *ti*·keut
blanc/blanche *white* waït
blanchisserie *laundry* *lonn*·dri
blessé(e) *hurt* heurt
• *injured* *inn*·djeurd
blessure *injury* *inn*·djeu·ri
bleu (hématome) *bruise* brouz
• **(couleur)** *blue* blouou

bloqué(e) *blocked* blokt
bœuf *ox* oks
bohémien(ne) *gipsy* *djip*·si
boire *to drink* tou drink
bois *wood* woud
— **de chauffage** *firewood* *faï*·eur·woud
boisson *drink* drink
boîte *box* boks
— **(discothèque)** *nightclub* *naït*·cleub
— **(alimentaire en carton)** *carton* *kâr*·teunn
— **aux lettres** *mailbox* méïl·boks
— **de conserve** **can** kann • *tin* tinn
bol *bowl* bool
bon(ne) *good* goud
bon marché *cheap* tchiip
bonde (évier) *plug* pleug
bondé(e) *crowded* *krao*·deud
bord *edge* èdj
— **de mer** *seaside* *si*·saïd
— **du trottoir** *kerb* keurb
botte *boot* bouout
bouche *mouth* maouS
boucherie *butcher's shop* *beut*·cheurz chop
bouchon (bouteille) *cork* koork
— **(circulation)** **traffic jam** *tra*·fik djam
boucles d'oreilles *earrings* *ii*·rinngz
bouddhiste *Buddhist* *bou*·dist
boue *mud* meud
bouger *to move* tou mouv
bougie *candle* *kan*·deul
bouillie *baby food* *béï*·bi foud
bouillotte *water bottle* *wo*·teur *bo*·teul
boulangerie *bakery* *béï*·keu·ri
boules de coton *cotton balls* *ko*·tonn bolz
boulevard *boulevard* *bou*·leu·var
boussole *compass* *kom*·pas
bout *end* ènnd
bouteille *bottle* *bo*·teul
bouton *button* *beu*·tonn
boxe *boxing* *bok*·sinng
boxer (sous-vêtement, short) *boxer shorts* *bok*·seur chorts
braderie *street market* striit *mâr*·keut
braille *Braille* bréïl
bras *arm* ârm
briquet *cigarette lighter* *si*·geu·rèt *laï*·teur

brochure *brochure* *bro*·cheur • *flyer* *fla*·ieur
broderie *embroidery* im·*brod*·ri
bronchite *bronchitis* bron·*kaï*·tis
brosse *brush* breuch
— **à cheveux** *hairbrush* *hèr*·breuch
— **à dents** *toothbrush* *touS*·breuch
brûler *to burn* tou bœrn
brûlure *burn* bœrn
brumeux/brumeuse *foggy* *fo*·gi
brun/brune *brown* brawnn
bruyant(e) *noisy* *noï*·si
budget *budget* *beu*·djèt
buffet *buffet* *beu*·fèt
bureau *office* *o*·fis
— **de poste** *post office* post *o*·fis
— **des objets trouvés** *lost property office* lost *pro*·peur·ti *o*·fis
— **de tabac** *tobacconist* teu·*ba*·keu·nist
bus *bus* beus
but *goal* gool

C

cabine téléphonique *phone box* fonn boks
câble *cable* *kéï*·beul
cache-sexe *g-string* *dji*·strinng
cadeau *gift* gift • *present* *prè*·sènnt
cadenas *padlock* *pad*·lok
cafard *cockroach* *kok*·rotch
café (boisson) *coffee* *ko*·fi
• **(lieu)** *cafe* *ka*·fè
caisse (enregistreuse) *cash register* *kach rè*·djis·teur
caissier/caissière *cashier* ka·*chiir*
• **(banque)** *teller* *tè*·leur
calculatrice *calculator* *kal*·kyou·la·teur
calendrier *calendar* *ka*·lènn·deur
camion *lorry* *lo*·ri **(GB)**
• *truck* *treuk* **(USA)**
camionnette *van* *vann*
camp *camp* kamp
campagne *countryside* *kon*·tri·saïd
camping *camping ground* *kam*·pinng graond
Canada *Canada* *ka*·neu·da
Canadien(ne) *Canadian* *ka*·néi·dyann
canard *duck* deuk
cancer *cancer* *kann*·seur
canot à moteur *motorboat* *mo*·tor·boot
cape *cloak* klook
capitalisme *capitalism* *ka*·pi·ta·li·zeum
car *bus* beus
caravane *caravan* *ka*·reu·vann
carnet *notebook* *not*·bouk
carrefour *intersection* inn·teur·*sèk*·cheunn
carrière *career* ka·*riieur*
carte (menu) *menu* *meu*·nyou
• **(plan)** *map* map
— **de crédit** *credit card* *krè*·dit kârd
— **d'embarquement** *boarding pass* *boor*·dinng pâs
— **d'identité** *identification card (ID)* aï·dènn·ti·fi·*kéï*·cheunn kârd (aï·dii)
— **grise** *car owner's title* kâr *o*·neurz *taï*·teul
— **postale** *postcard* *post*·kârd
— **routière** *road map* *rood* map
cartouche de gaz *gas cartridge* gas *kâr*·tridj
cascade *waterfall* *wo*·teur·fol
casher *kosher* *ko*·cheur
casque *helmet* *hèl*·meut
cassé(e) *broken* *bro*·keunn
casse-croûte *snack* snak
casser *to break* tou brèk
casserole *pan* pann
cassette *cassette* ka·*seut*
cathédrale *cathedral* ka·*Sii*·dreul
catholique *Catholic* *ka*·Seu·lik
cause *cause* koz
CD *CD* sii·dii
ce *that* Zat • *this* Zis
ce soir *tonight* tou·*naït*
ceci *this (one)* Zis (wann)
ceinture de sécurité *seatbelt* *siit*·bèlt
cela *that (one)* Zat (wann)
célèbre *famous* *féï*·meus
célibataire *single* *sinn*·geul
cendrier *ashtray* *ach*·tréï
cent (chiffre) *hundred* *heun*·drèd
• **(monnaie)** *cent* sènnt
centimètre *centimetre* *sènn*·ti·mi·teur

centre *centre* sènn·teur
— **commercial** *shopping centre* cho·pinng sènn·teur
— **-ville** *city centre* si·ti sènn·teur
céramique *ceramic* si·ra·mik
cercle *circle* sœr·keul
certain(e) *certain* sœr·téïnn
certificat *certificate* seur·ti·fi·kéït
cette *that* Zat • *this* Zis
chaîne *chain* tchéïn
• **(télévision)** *channel* tcha·neul
— **de bicyclette** *bike chain* baïk tchéïn
— **de montagnes** *mountain range* maon·téïn rènndj
— **hi-fi** *stereo (system)* sti·ri·o (sis·teum)
chaise *chair* tchèr
chaleur *heat* hiit
chambre *room* roum
— **à air** *tube* tyoub
— **à coucher** *bedroom* bèd·roum
— **double/pour deux personnes** *double room* deu·beul roum
— **libre** *vacancy* véï·keun·si
— **simple/pour une personne** *single room* sinn·geul roum
champ *field* fild
— **de courses** *racetrack* réïs·trak
champagne *champagne* cham·péïn
championnat *championship* tcham·pyonn·chip
chance *luck* leuk • **avoir de la chance** *to be lucky* tou bi leu·ki
changer *to change* tou tchènndj
chanson *song* song
chanter *to sing* tou sinng
chanteur/chanteuse *singer* sinn·geur
chapeau *hat* hat
chaque *each* iitch • *every* è·vri
charcuterie *delicatessen* dè·li·keu·tè·seunn
chariot *trolley* tro·li
charmant(e) *charming* tchâr·minng
chasse *hunting* heun·tinng
chat *cat* kat
château *castle* kâ·seul
chaton *kitten* ki·teunn
chaud(e) **(très)** *hot* hot • **(agréable)** *warm* worm
chauffé(e) *heated* hi·teud
chaussettes *socks* soks
chaussure *shoe* chou
chaussures de marche *hiking boots* haï·kinng bououts
chef (cuisine) *chef* chèf
• **(dirigeant)** *leader* li·deur
chemin *path* paS • **(allée)** *lane* léïn
• **(passage)** *way* wéï
— **de fer** *railway* réïl·wéï
— **de montagne** *mountain path* maon·téïn paS
chemise *shirt* chœrt
chèque *check/cheque* tchèk
— **de voyage** *travellers cheque* trav·leurz tchèk
cher/chère *expensive* èks·pènn·siv
chercher *to look for* tou louk for
cheval *horse* hors
cheveux *hair* hèr
cheville *ankle* an·keul
chèvre *goat* goot
chien *dog* dog
— **d'aveugle** *guide dog* gaïd dog
chiot *puppy* peu·pi
chocolat *chocolate* tcho·kleut
choisir *to choose* tou tchouz
choix *choice* tchoïs
chômage *unemployment* eun·èm·ploï·mènnt
chômeur/chômeuse *unemployed* eun·èm·ploïd
chose *thing* Sinng
chrétien(ne) *Christian* kris·tieunn
ciel *sky* skaï
cigare *cigar* si·gâr
cigarette *cigarette* si·geu·rèt
cime *peak* piik
cimetière *cemetery* sè·mi·tri
cinéma *cinema* si·neu·ma
cinq *five* faïv
circulation *traffic* tra·fik
cirque *circus* sœr·keus
ciseaux *scissors* si·zeurz
citoyen(ne) *citizen* si·ti·zeunn
citoyenneté *citizenship* si·ti·zeunn·chip
clair(e) *clear* kliir • *light* laït
classe *class* klas
— **affaires** *business class* biz·nès klas
— **touriste** *economy class* i·ko·no·miklas
classique *classical* kla·si·keul
clavier *keyboard* kii·boord

clé *key* kii
client(e) *client* klaï·ènnt • *customer* keus·teu·meur
clignotant *indicator* inn·di·kéï·teur
climatisé *air-conditioned* èr·kon·di·cheunnd
clinique privée *private hospital* praï·veut hos·pi·teul
cochon *pig* pig
cocktail *cocktail* kok·téïl
code postal *post code* post kod
cœur *heart* hârt
coffre-fort *safe* séïf
coiffeur/coiffeuse *hairdresser* hèr·drè·seur
coin *corner* kor·neur
colis *parcel* pâr·seul
collant *pantyhose* pan·ti·hoz
colle *glue* glou
collectionner *to collect* tou ko·lèkt
collègue *colleague* ko·liig
collier *necklace* nèk·léïs
colline *hill* hil
colloque *conference* konn·frènns
colonne vertébrale *spine* spaïn
combinaison *combination* kom·bi·néï·cheun
comédie *comedy* ko·meu·di
comme *as* az • *like* laïk
commencement *start* stârt
commencer *to begin* tou bi·gin • *to start* tou stârt
comment *how* hao
commerce *trade* tréïd
commissariat *police station* peu·liis stéï·cheunn
commission *commission* keu·mi·cheunn
commotion cérébrale *concussion* kon·keu·cheun
commun(e) *common* ko·monn
communauté *community* keu·myou·ni·ti
communisme *communism* ko·myou·ni·zeum
communiste *communist* ko·myou·nist
compagnon/compagne *companion* keum·pa·nyeunn
compétence *skill* skil
compétition *competition* kom·peu·ti·cheunn
complet/complète *booked up* boukt eup • *no vacancy* no véï·keun·si
composition directe *direct-dial* daï·rèkt·da·yeul
comprendre *to understand* tou eun·deur·stand
compris(e) *included* in·klou·deud
compte *account* eu·kaont
— **bancaire** *bank account* bènnk eu·kaont
compter *to count* tou kaont
compteur (de vitesse) *speedometer* spii·do·mè·teur
comptoir *counter* kaon·teur
concert *concert* konn·sœrt
concessionnaire *distributor* dis·tri·byou·teur
concevoir *to design* tou di·zaïnn
conduire *to drive* tou draïv
confession *confession* keunn·fè cheunn
confiance *trust* treust
confirmer *to confirm* tou konn·fœrm
confondre *to mix up* tou miks·eup
confortable *comfortable* komf·teu·beul
congrès *conference* konn·frènns
connaître *to know* tou no
conseil *advice* eud·vaïs
conservateur/conservatrice *conservative* konn·seur·va·tiv
consigne *left luggage (office)* lèft lu·gidj (o·fis)
— **automatique** *luggage lockers* lu·gidj lo·keurs
constipation *constipation* konn·sti·péï·cheunn
construire *to build* tou bild
consulat *consulate* konn·su·léït
contraceptif *contraceptive* kon·tra·sèp·tiv
contrat *contract* konn·trakt
contre *against* eu·gènnst
contrôle *checkpoint* tchèk·poïnnt
contrôleur *ticket collector* ti·keut ko·lèk·teur

conversation *conversation* konn·veur·*séï*·cheunn
coopérer *to cooperate* tou ko·o·pè·réït
coq *rooster* *rous*·teur
coquillage *seashell* *si*·chèl
corde *rope* roop
— **à linge** *clothes line* *klo*·Zeus laïn
corps *body* *bo*·di
correct(e) *correct* ko·*rèkt*
corrompu(e) *corrupt* ko·*reupt*
côte *coast* koost
côté *side* saïd
coton *cotton* *ko*·teunn
• **boules de coton** *cotton balls* *ko*·tonn bolz
couche *diaper* daï·peur
• *nappy* *na*·pi **(GB)**
— **d'ozone** *ozone layer* o·zonn *la*·yeur
coucher du soleil *sunset* *seun*·sèt
coudre *to sew* tou soo
couleur *colour* *keu*·leur
couloir (avion) *aisle* éïl
coup de soleil *sunburn* *seun*·bœrn
coupable *guilty* *gil*·ti
coupe (de cheveux) *haircut* *hèr*·keut
coupe-ongles *nail clippers* néïl *kli* peurz
couper *to cut* tou keut
coupon *coupon* *kou*·ponn
courageux/courageuse *brave* bréïv
courant *current* *keu*·rènnt
courir *to run* tou reunn
courrier *mail* méïl
courroie de ventilateur *fanbelt* fann·bèlt
course *race* réïs
court(e) *short* chort
court de tennis *tennis court* *tè*·nis kourt
coût *cost* kost
couteau *knife* naïf
— **pliant** *penknife* *pènn*·naïf
coutume *custom* *keus*·teum
couvent *convent* *konn*·vènnt
couvert, prix du (droits d'entrée) *cover charge* *ko*·veur tchardj
couverts *cutlery* *keu*·teul·ri
couverture *blanket* *blann*·keut
crayon *pencil* *pènn*·sil
crèche *creche* krèch
crédit *credit* *krè*·dit
crème *cream* kriim
— **de bronzage** *tanning lotion* *ta*·ninng *lo*·cheunn
— **hydratante** *moisturiser* *moïs*·tyeu·raï·zeur
crevaison *puncture* *peunk*·tcheur
crier *to shout* tou shaout
crique *creek* kriik
critique (article) *review* reu·*vyou*
croire *to believe* tou beu·*liiv*
croix *cross* kros
croyance *belief* beu·*liif*
cru(e) *raw* roo
cueillette de fruits *fruit picking* *frout* pi·kinng
cuillère *spoon* spououn
cuir *leather* *lè*·Zeur
cuire *to cook* tou kouk
cuisine *kitchen* *kit*·cheunn
cuisinier/cuisinière *cook* kouk
culture (agriculture) *crop* krop
culotte *knickers* **(GB)** *ni*·kers
• *panties* *pan*·tiz
cure-dent *toothpick* *touS*·pik
CV *CV* sii·vii • *resumé* *rè*·zeu·mè
cybercafé *Internet cafe* *inn*·teur·nèt *ka*·fè
cyclisme *cycling* *saï*·klinng
cycliste *cyclist* *saï*·klist

D

dangereux/dangereuse *dangerous* *dènn*·djeu·reus
dans *in* inn • **(mouvement)** *into* inn·tou
danse *dancing* *dann*·sinng
danser *to dance* tou danns
date *date* déït
— **de naissance** *date of birth* déït of bœrS
de *from* from
— **droite** *right-wing* raït·winng
— **gauche** *left-wing* lèft·winng
— **là** *there* from Zèr
— **l'autre côté de** *across* eu·*kros*
— **luxe** *luxury* *leuk*·cheu·ri
— **seconde classe** *second class* *sè*·kondd klas
— **valeur** *valuable* *va*·lou·éï·beul
débat *argument* *âr*·gyou·mènnt

déboisement *deforestation* di·fo·reu·*stéï*·cheunn
décalage horaire *time difference* taïm *di*·frènns
décembre *December* di·*sèm*·beur
décharge *rubbish dump* *reu*·bich deump
déchets nucléaires *nuclear waste* *nou*·kli·eur wéïst
déchets toxiques *toxic waste* *tok*·sik wéïst
décision *decision* dè·*si*·jeunn
découvrir *to discover* tou *dis*·ko·veur
déçu(e) *disappointed* di·seu·*poïn*·teud
dedans *inside* *inn*·saïd
défectueux/défectueuse *faulty* *fol*·ti
dégâts *damage* *da*·midj
dehors *outside* aout·*saïd*
déjà *already* ol·*rè*·di
déjeuner *lunch* leunnch
délicieux/délicieuse (plat) *tasty* *téïs*·ti
délit *crime* kraïm
demain *tomorrow* tou·*mo*·ro
— **après-midi** *tomorrow afternoon* tou·*mo*·ro af·teur·*noun*
— **matin** *tomorrow morning* tou·*mo*·ro *moor*·ninng
— **soir** *tomorrow evening* tou·*mo*·ro *iv*·ninng
demander (quelque chose) *to ask for (something)* tou ask for (*som*·Sinng)
démangeaison *itch* itch
demi-litre *half a litre* hâf eu *li*·teur
démocratie *democracy* di·*mo*·kra·si
dent (dents) *tooth (teeth)* touS (tiiS)
dentelle *lace* léïs
dentifrice *toothpaste* touS·péïst
dentiste *dentist* *dènn*·tist
déodorant *deodorant* di·o·deu·reunnt
dépanneuse *tow truck* too treuk
départ *departure* di·*pâr*·tcheur
dépendance *addiction* a·*dik*·cheunn
dépenser *to spend* *tou spènnd*
dépôt *deposit* dè·*po*·zit
depuis (+ date précise) *since* sinns
• **(+ laps de temps)** *for* for
déranger *to disturb* tou dis·*teurb*
dernier/dernière *last* last
derrière *behind* bi·*haïnnd*
des *some* som
désastre *disaster* di·*zas*·teur
descendant(e) *descendent* di·*sènn*·dènnt
descendre (d'un train, d'une voiture) *to get off* tou gèt *off*
• **(un escalier)** *to go down* tou go *daonn*
désert *desert* *dè*·zeurt
désinfectant *disinfectant* dis·in·*fèk*·teunnt
dessert *dessert* di·*zeurt*
dessin animé *cartoon* kar·*toun*
dessiner *to draw* tou droo
destin *fate* féït
destination *destination* dès·ti·*néï*·cheunn
détail *detail* *di*·téïl
détaillé(e) *itemised* *aï*·teum·aïzd
détester *to hate* tou héït
détruire *to destroy* tou *dis*·troï
deux *two* tou
— **fois** *twice* twaïs
devant *in front of* inn front of
développement *development* di·*vè*·leup·mènnt
devenir *to become* tou bi·*kom*
deviner *to guess* tou gès
devoir v *to owe* tou oo
• **(moral)** n *duty* *dyou*·ti
devoirs (scolaires) *homework* *hom*·woork
diabète *diabetes* daï·eu·*bi*·tiz
diaphragme *diaphragm* *daï*·*eu*·fram
diapositive *slide* slaïd
diarrhée *diarrhoea* daï·eu·*ri*·eu
dictionnaire *dictionary* *dik*·cheu·neu·ri
dieu *god* god
différent(e) *different* *di*·frènnt
difficile *difficult* *di*·fi·keult
dimanche *Sunday* *seunn*·déï
dîner *dinner* *di*·neur
diplôme *degree* deu·*grii* • *diploma* di·*plo*·meu
dire *to say* tou séï • **(raconter)** *to tell* tou tèl
direct(e) *direct* di·*rèkt*
directeur/directrice *manager* *ma*·neu·djeur
direction *direction* di·*rèk*·cheunn
diriger *to manage* tou *ma*·nèdj
discours *speech* spiitch

discrimination *discrimination* dis·kri·mi·*néï*·cheunn
discuter *to discuss* tou dis·*keus*
diseuse de bonne aventure *fortune teller* *for*·tcheunn *tè*·leur
disponible *free* frii
dispute *quarrel* *kwo*·reul
disquaire *music shop* *myou*·sik chop
disquette *disk* disk
distance *distance* *dis*·tènns
distributeur automatique de billets (banque) (DAB) *automatic teller machine (ATM)* o·teu·*ma*·tik *tè*·leur meu·*chinn* (éï·tii·èm)
distributeur de billets (transport) *ticket machine* *ti*·keut meu·*chinn*
divorcé(e) *divorced* di·*voorst*
dix *ten* tènn
doigt *finger* *finn*·geur
dollar *dollar* *do*·leur
donc *therefore* *Zèr*·for
donner *to give* tou giv
dormir *to sleep* tou sliip
dos *back* bak
douane *customs* *keus*·tomz
double *double* *deu*·beul
douche *shower* *cha*·weur
douleur *ache* èk • *pain* péïn
douloureux/douloureuse *painful* *péïn*·foul • *sore* sor
doux/douce *soft* soft
douzaine *dozen* *do*·zeunn
draguer *to chat up* tou tchat *eup*
drap *sheet* chiit • **draps** *bed linen* bèd *li*·neunn
drapeau *flag* flag
drogué *addicted (to drugs)* a·*dik*·teud (tou dreugz)
drogue *drug* dreug
droit (études) *law* loo
droit(e) *straight* stréït
droite *right* raït
droits civils *civil rights* *si*·vil raïts
droits de l'homme *human rights* *hyou*·meunn raïts
drôle *funny* *feu*·ni
du *some* som
dur(e) *hard* hârd

E

eau *water* *wo*·teur
— **minérale** *mineral water* *minn*·reul *wo*·teur
échange *exchange* èks·*tchènndj*
échanger *to change* tou tchènndj • *to exchange* tou èks·*tchènndj*
échapper *to escape* tou ès·*kéïp*
écharpe *scarf* skârf
échec *failure* *féï*·leur
échecs *chess* tchèss
échiquier *chess board* tchèss boord
école *school* skoul
— **professionnelle** *college (vocational)* *ko*·lidj (vo·*kéï*·cheu·neul)
économie *economy* i·*ko*·neu·mi
Écosse *Scotland* *skot*·land
écouter *to listen (to)* tou *li*·seunn tou
écran *screen* skriin
— **solaire** *sunscreen* *seunn*·skriin
— **total** *sunblock* *seunn*·blok
écrire *to write* tou raït
écrivain *writer* *raï*·teur
eczéma *eczema* *eg*·*zi*·meu
éducation *education* è·dju·*kéï*·cheunn
effet *effect* i·*fèkt*
effrayé(e) *scared* skéïrd
égale *equal* *i*·kwol
égalité *equality* *i*·kwo·li·ti
— **des chances** *equal opportunity* *i*·kwol o·por·*tyou*·ni·ti
église *church* tcheurtch
égoïste *selfish* *sèl*·fich
élection *election* i·*lèk*·cheunn
électricité *electricity* i·lèk·*tri*·si·ti
elle *she* chi
elles *they* Zéï
éloigné(e) *remote* ri·*mowt*
e-mail *email* *i*·méïl
embouteillage *traffic jam* *tra*·fik djam
embrasser *to kiss* tou kis
embrayage *clutch* kleutch
empêcher *to prevent* tou pri·*vènnt*
employé(e) *employee* èm·ploï·*ii*
— **de bureau** *office worker* *o*·fis *woor*·keur
employeur *employer* èm·*ploï*·eur
emprunter *to borrow* tou *bo*·roo

en (coton, laine) *made of* méïd of
— **avant** *ahead* eu·*hèd*
— **bas** *down* daonn
— **désordre** *messy* *mè*·si
— **face de** *opposite* *o*·peu·zit
— **grève** *on strike* onn straïk
— **haut** *up* eup • *upstairs* *eup*·*stèrz*
— **panne** *broken down* *bro*·keunn daonn
— **recommandé** *by registered mail/post* baï *rè*·djis·teurd méïl/post
— **retard** *late* léït
encaisser *to cash* tou kach
enceinte *pregnant* *prèg*·nant
encore *again* *eu*·géïn
endroit *spot* spot
énergie *energy* *è*·neur·dji
— **nucléaire** *nuclear energy* *nou*·kli·eur *è*·neur·dji
enfant *child* tchaïld • **enfants** *children* *tchil*·dreunn • **siège pour enfant** *child seat* tchaïld siit
ennuyeux/ennuyeuse *boring* *bo*·rinng
énorme *huge* hyoudj
enregistrement *check-in* tchèk·*inn*
enregistrer *to record* tou ri·*kord*
ensemble *together* tou·*gè*·Zeur
ensoleillé(e) *sunny* *seu*·ni
entendre *to hear* tou hiir
enterrement *funeral* *fyoun*·reul
enthousiaste *enthusiastic* ènn·Sou·zi·*as*·tik
entorse *sprain* spréïn
entracte *intermission* inn·teur·*mi*·cheunn
entraîneur *coach* kootch
entre *between* bit·*wiin*
entrée *entry* *ènn*·tri
entreprise *company* *com*·peu·ni
entrer *to enter* tou *ènn*·teur
entrevue *interview* *in*·teur·vyou
enveloppe *envelope* *ènn*·veu·lop
envers *toward* to·*weurd*
environ *about* eu·*baout*
environnement *environment* ènn·*vaï*·ronn·mènnt
envoyer *to send* tou sènnd
épais/épaisse *thick* Sik
épaule *shoulder* *choul*·deur
épicé(e) *spicy* *spaï*·si
épicerie *grocery* *gros*·rii
épilepsie *epilepsy* *è*·pi·*lèp*·si
épingle *pin* pinn
épouser *to marry* tou *ma*·ri
épuisé(e) *exhausted* èk·*zos*·teud
équipe *team* tiim
équipement *equipment* i·*kwip*·mènnt
— **de plongée** *diving equipment* *daï*·vinng i·*kwip*·mènnt
équitation *horse riding* hors *raï*·dinng
erreur *mistake* mis·*téïk*
escalier *stairway* *stèr*·wéï
— **roulant** *escalator* ès·keu·*léï*·teur
escargot *snail* snéïl
escrime *fencing* *fènn*·sinng
espace *space* spéïs
Espagne *Spain* spéïn
Espagnol(e) *Spanish* *spa*·nich
espèce menacée de disparition *endangered species* inn·*dan*·djeurd *spi*·chiz
espérer *to hope* tou hop
espoir *hope* hop
esprit *mind* maïnnd • *spirit* *spi*·rit
essai *test* tèst
essayer *to try* tou traï
essence *gas* gas • *petrol* **(GB)** *pè*·treul
est *east* iist
estomac *stomach* *sto*·mak
et *and* ènnd
établissement d'enseignement secondaire *high school* *haï* skoul
étage *floor* floor • *storey* **(USA)** *sto*·ri
étagère *shelf* chèlf
étang *pond* ponnd
été *summer* *seu*·meur
étiquette *tag* tag
étoiles *stars* stârz
étrange *strange* strènndj
étranger/étrangère *foreign* **adj** *fo*·réïn • *stranger* **n** *strènn*·djeur
être *to be* tou bi
— **d'accord** *to agree* tou eu·*grii*
— **enrhumé** *to have a cold* tou hav eu kold
étroit(e) *tight* taït
étudiant(e) *student* *stou*·dènnt
étudier *to study* tou *steu*·di
euro *euro* *you*·ro
Europe *Europe* *you*·rop

Européen(ne) *European* you·ro·*pi*·ann
euthanasie *euthanasia* you·Seu·*néï*·zi·eu
événement *event* i·*vènnt*
évident(e) *obvious* *ob*·vi·eus
exactement *exactly* èg·*zak*·tli
examen *exam* èg·*zam*
excédent *excess* ék·*seus*
excellent(e) *excellent* *èk*·seu·lènnt
exemple *example* ig·*zam*·peul
exercice *exercise* *èk*·seur·saïz
exiger *to demand* tou di·*mènnd*
expérience *experience* iks·*pi*·ri·ènns
expliquer *to explain* tou iks·*pléïnn*
exploitation *exploitation* èks·ploï·*téï*·cheunn
exporter *to export* tou *èks*·poort
exposé *talk* took
exposition *exhibition* èk·si·*bi*·cheunn
express *express* éks·*près*
expression *phrase* fréïz
extraordinaire *extraordinary* éks·*tror*·di·neu·ri

F

fâché(e) *angry* *ènn*·gri
facile *easy* *ii*·si
facilement ému *emotional* è·*mo*·cheu·neul
façon *manner* *ma*·neur
• *way* wéï
facteur *postman* *post*·mann
faible *weak* wiik
faim *hungry* tou bi *heun*·gri
• **avoir faim** *to be hungry* tou bi *heun*·gri
faire *to do* tou dou
• **(fabriquer)** *to make* tou méïk
— **attention** *to look out* tou louk *aout*
— **confiance à** *to trust* tou treust
— **de la planche à voile** *to go windsurfing* tou go winnd·*seur*·finng
— **des courses** *to shop* tou chop
— **du lèche-vitrines** *to go window-shopping* tou go *winn*·do·*cho*·pinng
— **du stop** *to hitchhike* tou *hitch*·haïk
— **du vélo** *to cycle* tou *saï*·keul
— **frire** *to fry* tou fraï
— **de la randonnée** *to hike* tou haïk
— **les courses** *to go shopping* tou go *cho*·pinng
— **semblant** *to pretend* tou *pri*·tènnd
— **ses dévotions** *to worship* tou *woor*·chip
— **une fausse couche** *to have a miscarriage* tou hav eu mis·*ka*·ridj
fait *fact* fakt
fait(e) à la main *handmade* *hannd*·méïd
falaise *cliff* klif
famille *family* *fa*·mi·li
fan *fan* fann
fasciste *fascist* *fa*·chist
fatigué(e) *tired* *taï*·yeud
faute *fault* folt • *foul* **(football)** faol
fauteuil *armchair* *ârm*·tchèr
— **roulant** *wheelchair* *wiil*·tchèr
faux/fausse *false* fols • *wrong* rong
fax *fax machine* feuks meu·*chinn*
félicitations *congratulations* konn·gra·tu·*léï*·cheunnz
femelle *female* *fi*·méïl
femme *woman* *wou*·mann
• **(épouse)** *wife* *waïf*
— **au foyer** *homemaker* *hom*·méï·keur
• *housewife* *haousse*·*waïf*
— **d'affaires** *business woman* *biz*·nès *wou*·mann
fenêtre *window* *winn*·do
fer à repasser *iron* *aï*·ronn
ferme *farm* fârm
fermé(e) *closed* klozd
— **à clé** *locked* lokt
fermer *to close* tou kloz
— **à clé** *to lock* tou lok
fermeture Éclair *zip* zip • *zipper* *zi*·peur
fesses **fam** *ass* as • *bottom* boteum
fête *celebration* sè·leu·*bréï*·cheunn
• *festival* *fès*·ti·veul
feu *fire* *faï*·eur
feuille (arbre) *leaf* liif
• **(papier)** *sheet* chiit
feux *traffic lights* *tra*·fik laïts
février *February* *fè*·bru·eu·ri
fiançailles *engagement* *ènn*·géïdj·mènnt
fiancé *fiance* *fi*·an·sé
fiancé(e) *engaged* *ènn*·géïdjd
fiancée *fiancee* *fi*·an·sé
ficelle *string* strinng

fiction *fiction* *fik*·cheunn
fièvre *fever* *fi*·veur
fil de fer *wire* *waï*·eur
fil dentaire *dental floss* *dènn*·teul flos
filet *net* nèt
fille *girl* gœrl • **(famille)** *daughter* *doo*·teur
film *film* film • *movie* **(USA)** *mou*·vi
fils *son* sonn
fines herbes *herbs* hœrbs
fini(e) *over* *o*·veur
finir *to end* tou ènnd • *to finish* tou *fi*·nich
fleur *flower* *fla*·weur
fleuriste *florist* *flo*·rist
flic *cop* kop
foi *faith* féïS
foie *liver* *li*·veur
foncé(e) *dark* dârk
fondamental *basic* *béï*·zik
foot(ball) *football* *fout*·bool • *soccer* **(USA)** *so*·keur
forêt *forest* *fo*·rèst
forme *shape* chéïp
fort(e) *strong* strong • **(son)** *loud* laod
fortune *fortune* *for*·tcheunn
fou/folle *crazy* *kréï*·zi
foule *crowd* kraod
four *oven* *o*·veunn
— **à micro-ondes** *microwave (oven)* *maï*·kro·wéïv (*o*·veunn)
fourchette *fork* foork
fourmi *ant* ènnt
fragile *fragile* *fra*·djil
frais/fraîche *cool* kououl • *fresh* frèch
freins *brakes* bréïks
fréquent(e) *frequent* *fri*·kwènnt
frère *brother* *bro*·Zeur
froid(e) *cold* kold
frontière *border* *bor*·deur
frottis *pap smear* pap smiir
fruit *fruit* frout
fumée *smoke* smook
fumer *to smoke* tou smook

G

gagnant(e) *winner* *wi*·neur
gagner *to earn* tou œrn • *to win* tou winn
galerie *art gallery* ârt *gal*·ri
gamin(e) *kid* kid
gant de toilette *face cloth* *féïs* cloS
gants *gloves* glovz
garage *garage* geu·*raj*
garanti(e) *guaranteed* *ga*·rèn·tid
garçon *boy* boï
garde-fou *rail* raïl
garderie *childminding* *chaïld*·maïnn·dinng
gardien de but *goalkeeper* *gool*·ki·peur
gare *train station* tréïn *stéï*·cheunn
— **routière** *bus station* beus *stéï*·cheunn
garer (une voiture) *to park (a car)* tou pârk (eu kâr)
gas-oil *diesel* *dii*·zeul
gastro-entérite *gastroenteritis* gas·tro·èn·teu·*raï*·tis
gaz *gas* gas
gazon *grass* gras
gel *frost* frost
gelé(e) *frozen* *fro*·zeunn
geler *to freeze* tou friiz
gênant(e) *embarrassing* im·*ba*·reu·sinng
gendarme *police officer* plis *o*·fi·seur
gêné(e) *embarrassed* im·*ba*·reust
gêner *to embarrass* tou im·*ba*·reus
général(e) *general* *djèn*·reul
généreux/généreuse *generous* *djèn*·reus
génial(e) *brilliant* *bri*·li·eunnt
genou *knee* nii
genre *kind* kaïnnd
gens *people* *pi*·peul
gentil/gentille *kind* kaïnnd • *nice* naïs
gérant(e) *manager* *ma*·neu·djeur
gilet de sauvetage *life jacket* laïf *dja*·keut
glace *ice* aïs • *ice cream* *aïs* kriim
gorge *throat* Sroot
gourmand(e) *greedy* *gri*·di
goût *flavour* *fléï*·veur
gouvernement *government* *go*·veurn·meunnt
grâce *blessing* *blè*·sinng
gramme *gram* gram
grand(e) *big* big • *large* lârdj • *tall* tool
— **lit** *double bed* *deu*·beul bèd
— **magasin** *department store* di·*pârt*·mènnt stoor
— **route** *main road* méïn *rood*

grand-mère *grandmother* *grannd*·mo·Zeur
grand-père *grandfather* *grannd*·fa·Zeur
grands-parents *grandparents* *grannd*·pa·rènnts
gras/grasse *fat* fat
gratuit(e) *free* frii
grenouille *frog* frog
grille-pain *toaster* *toos*·teur
grippe *flu* flou
gris(e) *gray/grey* gréï
grosseur (kyste) *lump* leump
grotte *cave* kéïv
groupe *group* group
— **de rock** *rock group* *rok* group
— **sanguin** *blood group* *bleud* group
guêpe *wasp* wasp
guerre *war* wor
guichet *ticket office* *ti*·keut *o*·fis
guide (personne) *guide* gaïd
• **(livre)** *guidebook* *gaïd*·bouk
— **des spectacles** *entertainment guide* eunt·teur·*téïn*·meunnt gaïd
guidon *handlebars* *hann*·deul·barz
guitare *guitar* geu·*târ*
gym *gym* djim
gymnase *gym* djim
gym(nastique) *gymnastics* djim·*nas*·tiks
gynécologue *gynaecologist* gaï·neu·*ko*·lo·djist

H

habiter *to live* tou liv
habitude *habit* *ha*·bit
habituellement *usually* *you*·jeu·li
halal *Halal* *ha*·lal
hall *foyer* foï·*eur*
hamac *hammock* *ha*·meuk
handicapé(e) *disabled* di·*zéï*·beuld
harcèlement *harassment* heu·*ras*·mènnt
hasard *chance* tchanns
haut(e) *high* haï
hauteur *height* haït
hémisphère Sud *southern hemisphere* *saou*·Zeurn *hè*·meus·fir
hémisphère Nord *northern hemisphere* *nor*·Zeurn *hè*·meus·fir
hépatite *hepatitis* hè·peu·*taï*·tis
herboriste *herbalist* *heur*·beu·list

heure *hour* aoueur • *time* taïm
heures d'ouverture *opening hours* *o*·peu·ning aoueurz
heureux/heureuse *happy* *ha*·pi
hier *yesterday* *yès*·teur·déï
hindou(e) *Hindu* *hinn*·dou
histoire *history* *his*·teu·ri • *story* *sto*·ri
historique *historical* his·*to*·ri·keul
hiver *winter* *winn*·teur
hockey *hockey* *ho*·kii
— **sur glace** *ice hockey* aïs *ho*·kii
homme *man* mann
— **d'affaires** *business man* *biz*·nès mann
homme/femme politique *politician* po·li·*ti*·cheunn
homosexuel(le) *gay* géï • *homosexual* ho·mo·*sèk*·chu·eul
honnête *honest* *o*·nèst
hôpital *hospital* *hos*·pi·teul
horaire *timetable* *taïm*·téï·beul
horoscope *horoscope* *ho*·reus·kop
hors jeu *offside* of·*saïd*
hors service *out of order* aout of *or*·deur
hospitalité *hospitality* hos·pi·*ta*·li·ti
hôtel *hotel* ho·*teul*
huile *oil* oïl
huit *eight* éït
humain *human* *hyou*·mann
humour *humour* *hyou*·meur

I

ici *here* hiir
idée *idea* aï·*dii*
idiot(e) *idiot* *i*·di·eut
ignorant(e) *ignorant* *ig*·neu·rènnt
il *he* hi
île *island* *aï*·land
illégal(e) *illegal* i·*lii*·geul
ils *they* Zéï
image *picture* *pik*·tcheur
imagination *imagination* i·meu·dji·*néï*·cheunn
immatriculation *car registration* kâr rè·djis·*tréï*·cheunn
immédiatement *immediately/right now* i·*mi*·dit·li/raït nao
immigration *immigration* i·mi·*gréï*·cheunn

imperméable *raincoat* **n** *réïn*·coot
• *waterproof* **adj** *wo*·teur·prouf
impoli(e) *rude* roud • *impolite* *im*·po·laït
important(e) *important* im·*por*·tant
importer *to import* tou *im*·poort
impossible *impossible* im·*po*·si·beul
impôt sur le revenu *income tax* *i nn*·kom taks
imprimante *printer* *prinn*·teur
incertain(e) *uncertain* eunn·*seur*·teunn
inconfortable *uncomfortable* eunn·*komf*·teu·beul
Inde *India* *inn*·di·eu
indépendant(e) *independent* inn·dè·*pènn*·dènnt
• *self-employed* sèlf·im·*ploïd*
indigestion *indigestion* inn·daï·*djè*·cheunn
indiquer *to point* tou poïnnt
individu *individual* inn·di·*vi*·dou·eul
industrie *industry* *inn*·deus·tri
industriel/industrielle *industrial* inn·*deus*·tri·eul
infection *infection* inn·*fèk*·cheunn
infirmier/infirmière *nurse* nœrs
inflammation *inflammation* inn·fleu·*méï*·cheunn
influence *influence* *inn*·flou·ènns
informatique *IT* aï·tii
ingénierie *engineering* inn·*djè*·ni·rinng
ingénieur *engineer* inn·djè·*niir*
ingrédient *ingredient* inn·*gri*·di·ènnt
injecter *to inject* tou inn·*djèkt*
injuste *unfair* eunn·*féïr*
innocent(e) *innocent* *i*·neu·sènnt
inondation *flood* fleud
inopportun(e) *inconvenient* inn·konn·*vi*·ni·eunnt
inquiet/inquiète *worried* *wo*·rid
insecte *bug* beug • *insect* *inn*·sèkt
institut universitaire *college* *ko*·lidj
intelligent(e) *intelligent* inn·*tè*·li·djènnt
intéressant(e) *interesting* *inn*·trè·stinng
international(e) *international* inn·teur·*na*·cheu·nal
Internet *Internet* *inn*·teur·net
interprète *interpreter* inn·*teur*·preu·teur
intime *intimate* *inn*·teu·meut
invité(e) *visitor* *vi*·zi·teur
inviter *to invite* tou inn·*vaït*
Irlande *Ireland* *aï*·land
itinéraire *itinerary* i·*ti*·neu·rè·ri
• *route* rouout
— **de randonnée** *hiking route* *haï*·kinng rouout
ivre *drunk* dreunnk

J

jaloux/jalouse *jealous* *djè*·leus
jamais *never* *nè*·veur
jambe *leg* lèg
jambon *ham* ham
janvier *January* *dja*·nu·eu·ri
Japon *Japan* djeu·*pann*
jardin *garden* *gâr*·deunn
— **botanique** *botanic garden* beu·*ta*·nik *gâr*·deunn
— **d'enfants** *kindergarten* *kinn*·deur·gâr·teunn
jardinage *gardening* *gâr*·deu·ninng
jaune *yellow* *yè*·loo
je *I* aï
jean *jeans* djiins
jeep *jeep* djiip
jeter *to throw* tou Sroo
jeu *game* géïm
— **électronique** *computer game* kom·*pyou*·teur géïm
jeudi *Thursday* *Sœrs*·déï
jeune *young* yong
Jeux Olympiques *Olympic Games* eu·*lim*·pik géïmz
jockey *jockey* *djo*·ki
jogging *jogging* *djo*·ginng
joie *joy* djoï
joindre *to join* tou djoïnn
joli(e) *pretty* *pri*·ti
jouer (théâtre) *to act* tou akt
• **(jeu)** *to play* tou pléï
jouet *toy* toï
jour *day* déï
— **de l'an** *New Year's Day* nyou yœrz déï
— **de Noël** *Christmas Day* *kris*·meus déï
journal *newspaper* *niouz*·péï·peur
journaliste *journalist* *djeur*·neu·list

juge *judge* djeudj
juif/juive *Jewish* *djou*·wich
juillet *July* djou·*laï*
juin *June* djoun
jumeaux/jumelles *twins* twinnz
jupe *skirt* skœrt
jusqu'à (+ date) *until* eunn·*til*
justice *justice* *djeus*·tis

K

kasher *kosher* *ko*·cheur
kilo *kilo* *ki*·lo
kilogramme *kilogram* *ki*·lo·gram
kilomètre *kilometre* *ki*·lo·mè·teur
kinésithérapeute *physiotherapist* fi·zi·o·*Sè*·ra·pist
kinésithérapie *physiotherapy* fi·zi·o·*Sè*·ra·pi
kiosque *kiosk* *ki*·osk

L

là *there* Zèèr
lac *lake* léïk
laid(e) *ugly* *eu*·gli
laine *wool* wououl
laisser *to leave* tou liiv
— **tomber** *to drop* tou drop
lait *milk* milk
lame de rasoir *razor blade* *réï*·zeur bléïd
lampe *lamp* lamp
— **de poche** *flashlight* *flach*·laït
• *torch* tortch
langue *language* *lènn*·gwidj
lapin *rabbit* *ra*·bit
large *wide* waïd
laver *to wash* tou woch
laverie *launderette* *lon*·deu·*rèt*
laxatif *laxative* *lak*·seu·tiv
le/la moins *the least* Zeu liist
le/la plus *the most* Zeu most
le plus petit/la plus petite *the smallest* Zeu *smo*·leust
le/la plus grand(e) *the biggest* Zeu *bi*·geust
le/la plus proche *the nearest* Zeu *ni*·reust
le/la meilleur(e) *the best* Zeu bèst
légal(e) *legal* *lii*·geul
léger/légère *light* laït
législation *legislation* lè·djis·*léï* cheunn
légume *vegetable* *vèdj*·teu·beul
lent(e) *slow* sloo
lentement *slowly* *sloo*·li
lentilles de contact *contact lenses* *konn*·takt *lèn*·zeuz
lequel/laquelle *which* witch
lesbienne *lesbian* *lèz*·bi·eun
lettre *letter* *lè*·teur
lettres classiques *humanities* hyou·*ma*·ni·tiz
leur/leurs *their* Zèr
lever *to lift* tou lift
— **du soleil** *sunrise* *seunn*·raïz
lèvre *lip* lip
lézard *lizard* *li*·zeurd
liaison (amoureuse) *affair* eu·*fèr*
liberté *freedom* *fri*·deum
librairie *bookshop* *bouk*·chop
libre *free* fri • **(chambre)** *vacant* *véï*·keunnt
libre-service *self service* sèlf *seur*·vis
lieu *place* pléïs
— **de naissance** *place of birth* pléïs of bœrS
— **saint** *shrine* chraïn
lièvre *hare* héïr
ligne *line* laïnn
— **aérienne** *airline* *èr*·laïnn
limitation de vitesse *speed limit* spiid *li*·mit
lin *linen* *li*·neunn
linge (vêtements à laver) *laundry* *lon*·dri
• *linen* *li*·neunn
lingerie *lingerie* lon·djeu·*rii*
lire *to read* tou riid
lit *bed* bèd
literie *bedding* *bè*·dinng
lits jumeaux *twin beds* twinn bèdz
livre *book* bouk
• **(monnaie)** *pound* paond
livrer *to deliver* tou *dè*·li·veur
local(e) *local* *lo*·keul
locataire *tenant* *tè*·neunnt
location de voitures *car hire* kâr haï·yeur
logement *accommodation* eu·ko·meu·*déï*·cheunn

logiciel *software* soft·wéïr
loi *law* loo
lointain(e) *far* far
long/longue *long* long
long-courrier *long-distance* *long*·dis·tènns
longueur *length* lènnS
louer *to hire* tou *haï*·yeur
• *to rent* tou rènnt
— **à bail** *to lease* tou liiz
lourd(e) *heavy* *hè*·vi
loyal(e) *loyal* *lo*·yeul
lubrifiant *lubricant* *lou*·bri·keunnt
lumière *light* laït
lundi *Monday* *monn*·déï
lune *moon* moun
— **de miel** *honeymoon* *ho*·ni·moun
lunettes *glasses* *gla*·seuz
— **(de ski, de protection)** *goggles* *go*·geulz
— **de soleil** *sunglasses* *seunn*·gla·seuz
luxe *luxury* *leuk*·cheu·ri

M

ma *my* maï
machine *machine* meu·*chinn*
— **à laver** *washing machine* *wo*·chinng meu·*chinn*
mâchoire *jaw* djoo
Madame *Mrs* mis·iz
Mademoiselle *Ms/Miss* mis
magasin *shop* chop
— **d'appareils électriques** *electrical store* i·*lèk*·tri·keul stoor
— **de chaussures** *shoe shop* chou chop
— **de matériel de camping** *camping store* *kam*·pinng stoor
— **de souvenirs** *souvenir shop* *sou*·veu·nir chop
— **de sports** *sports store/shop* *sports* stoor/chop
— **de vêtements** *clothing store* *clo*·Zinng stoor
— **de vins et spiritueux** *liquor store* *li*·keur stoor
magazine *magazine* *ma*·geu·zinn
magicien/magicienne *magician* ma·*dji*·cheunn
magnétoscope *video recorder* *vi*·dè·o ri·*kor*·deur
mai *May* maï
maigre *thin* Sinn
maillot de corps *singlet* *sinn*·glèt
• *vest* vèst
maillot de bain *bathing suit* *béï*·Zinng sout
main *hand* hannd
maintenant *now* nao
maire *mayor* *mè*·yeur
mairie *city hall* *ci*·ti hool
mais *but* beut
maison *house* haous
majorité *majority* meu·*djo*·ri·ti
mal à la tête *headache* *hè*·dèk
mal des transports *travel sickness* *tra*·veul *sik*·neus
malade *ill* il • *sick* sik
maladie *disease* di·*ziz* • *sickness* *sik*·nès
— **vénérienne** *venereal disease* veu·*ni*·ri·eul di·*ziz*
— **de cœur** *heart condition* *hârt* *konn*·di·cheunn
malhonnête *dishonest* di·*so*·nèst
maman *mum* meum
mammographie *mammogram* *ma*·meu·gram
manger *to eat* tou iit
manifestation *protest* *pro*·tèst
manifester *to protest* tou *pro*·tèst
manœuvre *labourer* *léï*·beu·reur
manque *shortage* *chor*·tidj
manquer *to miss* tou mis
• **manquer de** *to run out of* tou reun aout of
manteau *coat* koot
maquillage *make-up* *méïk*·eup
marchand *shopkeeper* *chop*·ki·peur
— **de journaux** *newsagent* *nyouz*·éï·djènnt
— **de légumes** *greengrocer* *griin*·gro·seur
marche *step* stèp
marché *market* *mar*·keut
— **aux puces** *fleamarket* *flii*·mar keut
marcher *to walk* tou wook
mardi *Tuesday* *tyous*·déï

marée *tide* taïd
mari *husband heus*·bannd
mariage *marriage mè*·ridj • *wedding wè*·dinng
marié(e) *married ma*·rid
mars *March* mârtch
marteau *hammer ha*·meur
massage *massage* meu·*sâj*
masser *to massage* tou meu·*sâj*
masseur/masseuse *masseur/masseuse* ma·*sœr*/ma·*sœz*
match *game* géïm
— **nul** *tie* taï
matelas *mattress ma*·treus
matériel *material* meu·*ti*·ri·eul
matin *morning mor*·ninng
mauvais(e) *bad* bad • **(viande)** *off* of • **(direction)** *wrong* rong
mécanicien/mécanicienne *mechanic* mi·*ka*·nik
médecin *doctor dok*·teur
médecine *medicine mè*·deu·seunn
médias *media mi*·di·eu
médicament *medicine mè*·deu·seunn
méditation *meditation* mè·di·*téï*·cheunn
meilleur(e) *better bè*·teur
mélanger *to mix* tou miks
membre *member mèm*·beur
même *same* séïm
mémoire *memory mèm*·ri
ménage *housework haous*·woork
mensonge *lie* laï
menstruation *menstruation* mèns·strou·*éï*·cheunn
menteur/menteuse *liar laï*·yeur
mentir *to lie* tou laï
menuisier *carpenter kâr*·peunn·teur
mer *sea* sii
mercredi *Wednesday wèns*·déï
mère *mother mo*·Zeur
merveilleux/merveilleuse *wonderful wonn*·deur·foul
mes *my* maï
message *message mè*·sidj
messe *mass* mas
métal *metal mè*·teul
météo *weather forecast wè*·Zeur *for*·kast
mètre *metre mi*·teur
métro *subway* **(USA)** *seub*·wéï • *underground* **(GB)** *eunn*·deur·graond

mettre *to put* tou pout
meublé(e) *furnished fœr*·nicht
meubles *furniture feur*·ni·tcheur
midi *midday mid*·déï • *noon* nououn
mignon/mignonne *cute* kyout
migraine *migraine mi*·grèèn
militaire *military mi*·li·tri
militant(e) *activist ak*·ti·vist
millénaire *millennium* meu·*lè*·ni·eum
millimètre *millimetre* mi·*leu*·mi·teur
million *million mi*·li·onn
minorité *minority* maï·*no*·ri·ti
minuit *midnight mid*·naït
minuscule *tiny taï*·ni
minute *minute mi*·nut
miroir *mirror mi*·reur
mode *fashion fa*·cheunn
modem *modem mo*·deum
moderne *modern mo*·deurn
moi *me* mi
moins de *less* lès
mois *month* monnS
moitié *half* hâf
mon *my* maï
monarchie *monarchy mo*·neur·ki
monastère *monastery mo*·neu·stè·ri
monde *world* woord
monnaie (pièces) *change* tchènndj
mononucléose infectieuse *glandular fever glan*·djeu·leur *fi*·veur
Monsieur *Mr mis*·teur
montagne *mountain maon*·téïn
monter *to climb* tou klaïmb
— **à bord de** *to board* tou boord
— **à cheval** *to ride* tou raïd
montre *watch* wotch
montrer *to show* tou choo
monument *monument mo*·nyou·mènnt
morceau *piece* piis
mordre *to bite* tou baït
morsure *bite* baït
mort *death* dèS
mort(e) *dead* dèd
mosquée *mosque* moosk
mot *word* word
motel *motel* mo·*tèl*
moteur *engine ènn*·djinn
moto *motorcycle mo*·to·saï·keul
mouche *fly* flaï
mouchoir *handkerchief hann*·keu·tchiif

mouchoirs en papier *tissues ti*·chyouz
mouillé(e) *wet* wèt
mourir *to die* tou daï
mousse à raser *shaving cream chéï*·vinng kriim
moustiquaire *mosquito net* meus·*ki*·to nèt
moustique *mosquito* meus·*ki*·to
mouton *sheep* chiip
muguet (maladie) *thrush* Sreuch
multimédia *multimedia* meul·ti·*mi*·di·eu
mur *wall* wool
muscle *muscle meu*·seul
musée *museum* myou·*zi*·om • *art gallery* ârt *ga*·leu·ri
musicien/musicienne *musician* myou·*zi*·cheunn
— **des rues** *busker beus*·keur
musique *music myou*·zik
musulman(e) *Muslim meuz*·lim

N

nager *to swim* tou swimm
— **avec un tuba** *to snorkel* tou *snor*·keul
nappe *tablecloth téï*·beul·cloS
nationalité *nationality* na·cheu·*na*·li·ti
nature *nature néï*·tcheur
naturopathe *naturopath néï*·tcheu·reu·paS
nausée *nausea no*·zi·eu
nausées matinales *morning sickness mor*·ninng *sik*·nès
navire *ship* chip
né(e) *born* boorn
nécessaire *necessary nè*·seu·sè·ri
neige *snow* snoo
neiger *to snow* tou snoo
nettoyage *cleaning kli*·ninng
nettoyer *to clean* tou kliin
neuf *nine* naïnn
nez *nose* noz
ni *neither néï*·Zeur
nier *to deny* tou di·*naï*
n'importe où *anywhere* è·ni·wèr
n'importe quel/quelle *any* è·ni
n'importe qui *anyone* è·ni·wann
n'importe quoi *anything* è·ni·Sinng
niveau *level lè*·veul
Noël *Christmas kris*·meus
noir(e) *black* blak
noir et blanc *B&W* bii·ènnd·vii
nom *name* néïm
— **de famille** *family name fa*·mi·li néïm • *surname seur*·néïm
non *no* neo
— **compris (service)** *excluded eks*·klou·deud
— **-direct** *non-direct* nonn·di·*rèkt*
— **-fumeur** *non-smoking* nons·*smo*·kinng
— **-meublé(e)** *unfurnished* eunn·*fœr*·nicht
nord *north* noorS
normal(e) *regular rè*·geu·leur
nostalgique (du pays) *homesick hom*·sik
notre *our* a·weur
nourrir *to feed* tou fiid
nourriture *food* foud
nous *us* eus • *we* wi
nouveau/nouvelle *new* nyou
Nouvelle-Zélande *New Zealand* nyou *zi*·land
nuage *cloud* klaoud
nuageux/nuageuse *cloudy klaou*·di
nuit *night* naït
numéro *number neum*·beur
— **de chambre** *room number* roum *neum*·beur
— **de passeport** *passport number pas*·port *neum*·beur

O

objectif (photo) *lens* lènnz
objet (but) *purpose peur*·peus
objets artisanaux *handicrafts han*·di·krafts
obscur(e) *dark* dark
obtenir *to obtain* tou ob·*téïn*
occasion *opportunity* eu·por·*tyou*·ni·ti
occupation *occupation* o·kyou·*péï*·cheunn
occupé(e) *busy bi*·zi
océan *ocean o*·cheunn
odeur *smell* smèl

œil *eye* aï
office du tourisme *tourist office* tou·rist o·fis
officier *officer* o·fi·seur
oiseau *bird* bœrd
ombre *shade* shéïd • *shadow* cha·doo
opéra *opera* op·reu
opérateur/opératrice *operator* o·peu·réï·teur
opération *operation* o·peu·réï·cheunn
or *gold* gold
orage *storm* stoorm
orange *orange* o·rènndj
ordinaire *ordinary* ord·nè·ri
ordinateur *computer* kom·pyou·teur
— **portable** *laptop* lap·top
ordonnance *prescription* près·krip·cheunn
ordonner *to order* tou or·deur
ordre *order* or·deur
ordures *garbage* gar·bidj • *rubbish* reu·bich
oreille *ear* iir
oreiller *pillow* pi·lo
organisation *organisation* or·geu·ni·zéï·cheun
organiser *to organise* tou or·geu·naïz
orgasme *orgasm* or·ga·zeum
original(e) *original* o·ri·dji·neul
orteil *toe* too
os *bone* beonn
ou *or* or
où *where* wèr
oublier *to forget* tou feur·gèt
ouest *west* wèst
oui *yes* yès
outre-mer *overseas* o·veur·siz
ouvert(e) *open* o·peunn
ouvre-boîte *can/tin opener* kann/tinn o·peu·neur
ouvre-bouteille *bottle opener* bo·teul o·peu·neur
ouvrier/ouvrière *manual worker* ma·nu·eul wor·keur
— **d'usine** *factory worker* fak·teu·ri wor·keur
ouvrir *to open* tou o·peunn
oxygène *oxygen* ok·si·djeunn

P

pacemaker *pacemaker* péïs·méï·keur
page *page* péïdj
paiement *payment* péï·meunnt
pain *bread* brèd
— **grillé** *toast* toost
paire *pair* pèr
paix *peace* pis
palais *palace* pa·leus
panier *basket* bas·keut
panne *break down* brèk daonn
pansement *bandage* bann·didj
pantalon *pants* pants • *trousers* trao·zeurs
papa *dad* dad
paperasserie *paperwork* péï·peur·work
papeterie *stationer's (shop)* stéï·cheu·neurz (chop)
papier *paper* péï·peur
— **hygiénique** *toilet paper* toï·lèt péï·peur
papillon *butterfly* beu·teur·flaï
Pâques *Easter* is·teur
paquet *package* pa·keudj • *packet* pa·keut
par *by* baï • *per (jour)* peur
— **avion** *airmail* èr·méïl
— **express** *by express mail* baï éks·près méïl
— **voie de terre** *by surface mail (land)* baï sur·feus méïl (land)
— **voie maritime** *by surface mail (sea)* baï sur·feus méïl (sii)
parade *parade* peu·râd
paraplégique *paraplegic* pa·reu·plè·djik
parapluie *umbrella* eum·brè·leu
parc *park* pârk
— **national** *national park* na·cheu·neul pârk
parce que *because* bi·koz
par-dessus *over* o·veur • *above* eu·bov
pardonner *to forgive* tou for·giv
pare-brise *windscreen* winnd·skriin • *windshield* winnd·child
parents *parents* péï·reunnts
paresseux/paresseuse *lazy* léï·zi
parfait(e) *perfect* peur·fèkt
parfum *perfume* peur·fyoum
pari *bet* bèt

parier *to bet* tou bèt
parking *carpark* *kâr*·pârk
parler *to speak* tou spiik • *to talk* tou took
parmi *among* eu·*mong*
partager *to share* tou shéïr
parti *party* *par*·ti
participer *to participate* tou par·*ti*·si·péït
particulier/particulière *particular* par·*ti*·kyeu·leur
partie *part* pârt
partir *to depart* tou di·*pârt* • **(quitter)** *to leave* tou liiv
pas encore *not yet* not yèt
pas frais/fraîche *stale* stéïl
pas mal *not bad* not bad
passe (foot) *pass* pas
passé *past* past
passeport *passport* *pas*·port
passer *to pass* tou pas • **(du temps)** *to spend* tou spènnd
passe-temps *hobby* *ho*·bi
pâtisserie *cake shop* kéïk chop
pauvre *poor* pour
pauvreté *poverty* *po*·veur·ti
payer *to pay* tou péï
pays *country* *konn*·tri
paysage *scenery* *si*·neu·ri
Pays-Bas *Netherlands* *nè*·Zeur·landz
peau *skin* skinn
pêche *fishing* *fi*·chinng
pédale *pedal* *pè*·deul
peigne *comb* komb
peine *trouble* *treu*·beul
peintre *painter* *péïnn*·teur
peinture *painting* *péïnn*·tinng
pellicule *film* film
pendant *during* *du*·rinng
— **la nuit** *overnight* o·veur·*naït*
penderie *wardrobe* *word*·rob
pendule *clock* klok
pénicilline *penicillin* pè·neu·*si*·leunn
pénis *penis* *pi*·neus
penser *to think* tou Sinnk
pension *boarding house* *boor*·dinng haous • *guesthouse* *gèst*·haous
perdant(e) *loser* *lou*·zeur
perdre *to lose* tou louz
perdu(e) *lost* lost
père *father* *fa*·Zeur
permanent(e) *permanent* *peur*·ma·neunnt
permettre *to allow* tou eu·*lao*
permis *permit* *peur*·mit
— **de conduire** *driving licence* *draï*·vinng *laï*·seunns
— **de travail** *work permit* woork *peur*·mit
permission *permission* peur·*mi*·cheunn
personnalité *personality* peur·so·*na*·li·ti
personne *person* *peur*·sonn
personnel(le) *personal* *peur*·so·neul
perte *loss* los
pertinent(e) *relevant* *rè*·leu·veunnt
peser *to weigh* tou wéï
petit(e) *little* *li*·teul • *small* smol
— **ami** *boyfriend* *boï*·frènnd
— **amie** *girlfriend* *gœrl*·frènnd
— **déjeuner** *breakfast* *brèk*·feust
— **tapis** *mat* mat
— **cuillère** *teaspoon* *tii*·spoun
— **monnaie** *loose change* louz tchènndj
petite-fille *granddaughter* *grand*·do·teur
petit-fils *grandson* *grand*·sonn
pétition *petition* peu·*ti*·sheunn
pétrole *oil* oïl
peu *little bit* *li*·teul bit
— **commun(e)** *unusual* eunn·*you*·jou·eul
— **profond(e)** *shallow* *cha*·lo
peur *fear* fiir
peut-être *maybe* *maï*·bi
phares *headlights* *hèd*·laïts
pharmacie *chemist* *kè*·mist • *pharmacy* *far*·meu·si
pharmacien(ne) *chemist* *kè*·mist
photo *photo* *fo*·to
photographe *photographer* fo·*to*·gra·feur
photographie *photography* fo·*to*·gra·fi
pièce (de théâtre) *play* pléï
pièce d'identité *identification* aï·dènn·ti·fi·*kéï*·cheunn
pièces *coins* koïnnz
pied *foot* fout • **pieds** *feet* fiit
pierre *stone* stonn

piéton *pedestrian* peu·*dès*·tri·eunn
pile *battery* *bat*·ri
pilule *pill* pil
pince à épiler *tweezers* *twi*·zeurz
pipe *pipe* païp
pique-nique *picnic* *pik*·nik
piquets de tente *tent pegs* tènnt pègz
piqûre (insecte) *bite* baït • **(injection)** *injection* inn·*djèk*·cheunn
pire *worse* woors
piscine *swimming pool* *swi*·minng poul
piste *track* trak • *trail* tréïl
— **cyclable** *bike path* baïk paS
pistolet *gun* geunn
placard *cupboard* *keu*·boord
place (assise) *seat* siit
• **(dans une ville)** *square* skwèr
— **centrale** *main square* méïn skwèr
plage *beach* biitch
plainte *complaint* kom·*plènnt*
plaisanterie *joke* djook
plan *map* map
planche à voile *windsurfer* *winnd*·seur·feur
plancher *floor* floor
planète *planet* *pla*·neut
plaque d'immatriculation *license plate number* *laï*·seunns pléït *neum*·beur
plastique *plastic* *plas*·tik
plat *dish* dich
plat(e) *flat* flat
plein(e) *full* foul
pleurer *to cry* tou kraï
pleuvoir *to rain* tou réïn
plongée sous-marine *diving* *daï*·vinng
plonger *to dive* tou daïv
— **avec un tuba** *to snorkel* tou *snor*·keul
pluie *rain* réïn
plus (que) *more* more (zann)
plus grand(e) *bigger* *bi*·geur
plus petit(e) *smaller* *smo*·leur
plus tard *later* *léï*·teur
plusieurs *several* *sèv*·reul
pneu *tyre* *taï*·yeur
poche *pocket* *po*·keut
poêle *frying pan* *fraï*·inng pann
poésie *poetry* *po*·eu·tri
poids *weight* wéït
poignet *wrist* rist
pointe *point* poïnnt
poisson *fish* fich
poissonnerie *fish shop* fich chop
poitrine *chest* tchèst
police *police* peu·*liis*
policier *police officer* peu·*liis* *o*·fi·seur
politique (ligne de conduite) *policy* *po*·li·si • **(carrière)** *politics* *po*·li·tiks
pollen *pollen* *po*·leunn
pollution *pollution* po·*lou*·sheunn
pompe *pump* pump
pont *bridge* bridj
populaire *popular* *po*·pyou·leur
port *harbour* *har*·beur • *port* poort
porte *door* dor
porte-monnaie *purse* pœrs
porter (objet) *to carry* tou *ka*·ri
• **(vêtement)** *to wear* tou wèr
posemètre *light meter* laït *mi*·teur
poser (une question) *to ask (a question)* tou ask (eu *kwès*·tcheunn)
positif/positive *positive* *po*·zi·tiv
possible *possible* *po*·si·beul
poste *mail* méïl
pot *jar* djar • *pot* pot • *carton* *kar*·teunn
— **d'échappement** *exhaust* ig·*zost*
pot-de-vin *bribe* braïb
poterie *pottery* *po*·teu·ri
poubelle *garbage/rubbish can* *gar*·bidj/*reu*·bich kann
poulet *chicken* *tchi*·keunn
poumon *lung* leunng
poupée *doll* dol
pour *for* for
— **cent** *percent* peur·*sènnt*
pourcentage *percentage* peur·*sènn*·tèdge
pourboire *tip* tip
pourquoi *why* waï
pousser (grandir) *to grow* tou groo
• *to push* tou pouch
poussette *push chair* *pouch* tchèr
• *stroller* *stro*·leur
poussière *dust* deust
pouvoir (auxiliaire de mode) *can* kann
pouvoir n *power* *pa*·weur
poux *lice* laïs
pratique *practical* *prak*·ti·keul
pratiquer *to practise* tou *prak*·tis
précédent(e) *previous* *pri*·vi·eus

précis(e) *definite* *dè*·fi·nit
préférer *to prefer* tou pri·*feur*
premier/première *first* fœrst
premier ministre *prime minister* praïm *mi*·nis·teur
première classe *first class* fœrst klas
prendre *to take* tou téïk
— **en photo** *to take a photo of* tou téïk eu *fo*·to of
prénom *Christian name* *kris*·tcheunn néïm
préparer *to prepare* tou pri·*pèr*
près de *near* niir
présent *present* *prè*·zeunnt
présenter *to introduce* tou inn·tro·*dyous*
préservatif *condom* *konn*·deum
président *president* *prè*·zeu·deunnt
presque *almost* *ol*·most
pressé(e) *in a hurry* inn eu *heu*·ri
pression *pressure* *prè*·cheur
prêt(e) *ready* *rè*·di
prêtre *priest* priist
prévenir *to warn* tou worn
prévision *forecast* *for*·kast
prévoir *to forecast* tou *for*·kast
prière *prayer* prèèr
principal(e) *main* méïn
printemps *spring* sprinng
prise *plug* pleug
prison *jail* djéïl • *prison* *pri*·zeunn
prisonnier/prisonnière *prisoner* *pri*·zeu·neur
privé(e) *private* *praï*·veut
prix *price* praïs
— **d'entrée** *admission price* eud·*mi*·cheunn praïs
probable *probable* *pro*·beu·beul
problème *problem* *pro*·blèm
prochain(e) *next* nèkst
proche *close* kloz
produire *to produce* tou *pro*·dyous
professeur *teacher* *tit*·cheur
— **(à l'université)** *lecturer* *lèk*·tcheu·reur
professionnel(le) *professional* pro·*fèch*·neul
profond(e) *deep* diip
programme *programme* *pro*·gram
— **des spectacles** *entertainment guide* eunt·teur·*téïn*·meunnt gaïd
projecteur *projector* pro·*djèk*·teur
prolongation *extension* iks·*tènn* cheunn
promenade *ride* raïd
promesse *promise* *pro*·meus
promettre *to promise* tou *pro*·meus
promouvoir *to promote* tou pro·*mot*
propre *clean* klin
propriétaire *owner* ow·neur
• **(femme)** *landlady* *land*·lé·di
• **(homme)** *landlord* *land*·lord
prostituée *prostitute* *pros*·ti·tyout
protection *protection* pro·*tèk*·cheunn
protégé(e) *protected* pro·*tèk*·teud
protéger *to protect* tou pro·*tèkt*
protège-slips *panty liners* *pan*·ti *laï*·neurs
provisions *food supplies* foud seu·*plaï* • *provisions* preu·*vi*·jeunnz
prudence *caution* *ko*·cheunn
psychothérapie *psychotherapy* saï·ko·Sè·reu·pi
public *public* *peu*·blik
publicité *advertisement* *ad*·veur·taïz·meunnt
puce *flea* flii
puis *then* Zèn
puissance nucléaire *nuclear power* *nou*·kli·eur pa·weur
pull *jumper* *djeum*·peur • *sweater* *swè*·teur
punir *to punish* tou *peu*·nich
pur(e) *pure* pyour

Q

quai *platform* *plat*·feurm
qualification *qualification* kwa·leu·feu·*kéï*·cheunn
qualité *quality* *kwa*·li·ti
quand *when* wèn
quantité *quantity* *kwan*·ti·ti
quarantaine *quarantine* *kwo*·reunn·tinn
quart *quarter* *kor*·teur
quatre *four* foor
quel(le) *what* wat • *which* witch
quelque chose *something* *som*·Sinng
quelquefois *sometimes* *som*·taïmz
quelques *some* som
quelqu'un *someone* *som*·wann

question *question* *kwès*·tcheunn
queue (file d'attente) *queue* kyou • **(extrémité)** *tail* *téïl*
qui *which* witch • *who* hou
quincaillerie *hardware store* *hard*·*wëïr* stoor
quitter *to quit* tou kwit
quotidien(ne) *daily* *déï*·li

R

race *race* réïs
racisme *racism* *réï*·si·zeum
raconter *to tell* tou tèl
radiateur *radiator* *réï*·di·éï·teur
radical(e) *radical* *ra*·di·keul
radio *radio* *réï*·di·o
raide *steep* stiip
raison *reason* *rii*·zeun
raisonnable *sensible* *sènn*·si·beul
ramasser *to pick up* tou pik *eup*
randonnée *hiking* *haï*·kinng • *trek* trèk
rapide *fast* fast • *quick* kwik
rapport *connection* keu·*nèk*·sheunn
rapports sexuels protégés *safe sex* séïf sèks
raquette *racquet* *ra*·keut
rare *rare* réïr
rasoir *razor* *réï*·zeur
rassis(e) *stale* stéïl
rat *rat* rat
rave *rave* réïv
réalisateur/réalisatrice *director* di·*rèk*·teur
réaliser *to direct* tou di·*rèkt*
réaliste *realistic* ri·eu·*lis*·tik
réalité *reality* ri·*a*·li·ti
rebord *ledge* lèdj
récemment *recently* *ri*·seunt·li
receveur *conductor* konn·*deuk*·teur
recevoir *to receive* tou ri·*siv*
réchaud *stove* stoov
recherches *research* ri·*sœrtch*
récolte *crop* krop
recommander *to recommend* tou re·keu·*mènnd*
reconnaissant(e) *grateful* *gréït*·foul
reconnaître *to recognise* tou *rè*·keug·naïz
reçu *receipt* ri·*siit*
recyclable *recyclable* ri·*saï*·keu·leu·beul
recyclage *recycling* ri·*saï*·klinng
recycler *to recycle* tou ri·*saï*·keul
rédacteur/rédactrice *editor* *è*·di·teur
réduire *to reduce* tou ri·*dyous*
référence *reference* *rè*·freunns
réfrigérateur *refrigerator* ri·fri·djeu·*réï*·teur
réfugié(e) *refugee* *rè*·fyou·djii
refuser *to refuse* tou ri·*fyouz*
regarder *to look* tou louk • *to look at* tou louk at • *to watch* tou wotch
régime *diet* *daï*·eut
région *region* *ri*·djeunn
règles *rules* roulz
— **douloureuses** *period pain* *pi*·ri·eud péïn
reine *queen* kwiin
relation *relationship* ri·*léï*·cheun·chip
religieuse (sœur) *nun* neunn
religieux/religieuse *religious* ri·*li*·djeus
religion *religion* ri·*li*·djeunn
remboursement *refund* ri·*fonnd*
remercier *to thank* tou Sank
remise *discount* *dis*·kaont
remplir *to fill* tou fill
rencontrer *to meet* tou miit
rendez-vous *appointment* eu·*poïnnt*·meunnt • **(amoureux)** *date* déït
renseignements *information* inn·feur·*méï*·cheunn
réparer *to repair* tou ri·*pèr*
repas *meal* miil
repasser *to iron* tou *aï*·eunn
répondre *to answer* tou *ann*·seur • *to reply* tou ri·*plaï*
réponse *answer* *ann*·seur • *response* ris·*ponns*
repos *rest* rèst
représenter *to represent* tou rè·pri·*zènnt*
république *republic* ri·*peu*·blik
réseau *network* *nèt*·work
réservation *reservation* rè·zeur·*véï*·cheunn
réserver *to book* tou bouk
respirer *to breathe* tou briiZ
ressort *spring* sprinng

restaurant *restaurant* *rèst*·reunnt
rester *to stay* tou stéï
retard *delay* di·*léï*
retrait *withdrawal* *wiZ*·drool
— **des bagages** *baggage claim* *ba*·gidj kléïm
retraité(e) *pensioner* *pènn*·cheu·neur
• *retired* ri·*taïrd*
réussite *achievement* eu·*tchiv*·meunnt
réveil *alarm clock* eu·*lorm* klok
réveiller *to wake (someone) up* tou wéïk (*som*·wann) *eup*
revenir *to return* tou ri·*tœrn*
revenus *income* *inn*·kom
rêver *to dream* tou driim
révolution *revolution* rè·veu·*lou*·cheunn
rhume *cold* kold
— **des foins** *hay fever* héï *fi*·veur
riche *rich* ritch • *wealthy* *wèl*·Si
rien *nothing* *no*·Sinng
rire *to laugh* tou lâf
risque *risk* risk
rivière *river* *ri*·veur
riz *rice* raïs
robe *dress* drès
robinet *faucet* *fo*·seut • *tap* tap
rocher *rock* rok
rock *rock* rok
roi *king* kinng
roller *rollerblading* *ro*·leur·bléïd·inn
roman *novel* *no*·veul
romantique *romantic* ro·*mann*·tik
rond(e) *round* raond
rond-point *roundabout* *raon*·deu·baout
rose *pink* pink
roue *wheel* wiil
rouge *red* rèd
— **à lèvres** *lipstick* *lip*·stik
rougeole *measles* *mi*·zeulz
rougeur *rash* rach
route *road* rood
royaume *kingdom* *kinnd*·deum
rue *street* striit
ruelle *lane* léïn
rugby *rugby* *reug*·bi
ruines *ruins* *rou*·ounz
ruisseau *stream* strim
ruse *trick* trik
rythme *rhythm* *ri*·Zeum

S

s'allonger *to lie* tou laï
s'amuser *to enjoy* tou *ènn*·djoï
• *to have fun* tou hav *feunn*
s'arrêter *to stop* tou stop
s'asseoir *to sit* tou sit
s'ennuyer *to be bored* tou bi bord
s'habiller *to dress* tou drès
s'inquiéter *to worry* tou *wo*·ri
s'occuper de *to look after* tou louk *af*·teur
sa *her* heur • *his* hiz
sabbat *Sabbath* *sa*·beut
sable *sand* sannd
sac *bag* bag
— **à dos** *backpack* *bag*·pak
— **à main** *handbag* *hannd*·bag
— **de couchage** *sleeping bag* *slii*·pinng bag
saint(e) *saint* sènnt
Saint-Sylvestre *New Year's Eve* nyou yeurz *iiv*
saison *season* *sii*·zeunn
salaire *salary* *sal*·rii • *wage* wéïdj
salaud *bastard* *bas*·teurd
sale *dirty* *deur*·ti
salle *room* roum
— **d'attente** *waiting room* *wéï*·tinng roum
— **de bain** *bathroom* *bâS*·roum
— **de transit** *transit lounge* *trann*·zit laondj
salon de beauté *beauty salon* *byou*·ti sa·*lonn*
salope fam *bitch* bitch
samedi *Saturday* *sa*·teur·déï
sandales *sandals* *sann*·deulz
sang *blood* bleud
sans *without* *wiZ*·aout
— **plomb** *unleaded* eun·*lè*·deud
sans-abri *homeless* *hom*·lès
santé *health* hèlS
satisfait(e) *satisfied* *sa*·tis·faïd
sauf *except* ék·*sèpt*
sauna *sauna* *so*·neu
sauter *to jump* tou djeump
sauvage *wild* waïld
sauver *to save* tou séïv
savoir *to know* tou noo

S

français/anglais

savon *soap* soop
scénario *script* skript
scénariste *scriptwriter* *skript*·raï·teur
scène *stage* stéïdj
science *science* *saï*·eunns
science-fiction *science fiction* *saï*·eunns *fik*·cheunn
scientifique *scientist* *saï*·eunn·tist
score *score* skoor
sculpture *sculpture* *skeulp*·tcheur
se coucher *to go to bed* tou go tou bèd
se décider *to decide* tou di·*saïd*
se disputer *to argue* tou *ar*·gyou
se laver *to wash* tou woch
se mettre à genoux *to kneel* tou niil
se mettre en grève *to go on strike* tou go onn straïk
se plaindre *to complain* tou keum·*pléïn*
se raser *to shave* tou chéïv
se rendre compte de *to realise* tou ri·*eu*·laïz
se reposer *to relax* tou ri·*laks* • *to rest* tou rèst
se réveiller *to wake up* tou wéïk *eup*
se souvenir *to remember* tou ri·*mèm*·beur
seau *bucket* *beu*·keut
sec/sèche *dry* draï
sécher *to dry* tou draï
second(e) *second* *sè*·konnd
seconde (temps) *second* *sè*·konnd
secret *secret* *si*·keut
secrétaire *secretary* *sè*·kreu·tè·ri
sécurité *safety* *séïf*·ti • *security* si·*kyou*·ri·ti
— **sociale** *social welfare* *so*·cheul *wèl*·fèr
sein *breast* brèst
sel *salt* solt
selle *saddle* *sa*·deul
semaine *week* wiik
semblable *similar* *si*·meu·leur
séminaire *seminar* *sè*·meu·nèr
sensation *feeling* *fii*·linng
sensibilité de la pellicule *film speed* film *spiid*
sensuel(le) *sensual* *sènn*·chou·eul
sentier *footpath* fout·paS
sentiment *feeling* *fii*·linng
sentir *to smell* tou smèl
séparé(e) *separate* *sèp*·réït
sept *seven* *sè*·veunn
septembre *September* sèp·*teum*·beur
série *series* *si*·riiz
sérieux/sérieuse *serious* *si*·ri·eus
seringue *syringe* seu·*rinndj*
séropositif/séropositive *HIV positive* ètch·aï·vi *po*·zi·tiv
serpent *snake* snéïk
serrer dans ses bras *to hug* tou heug
serrure *lock* lok
serveur/serveuse *waiter* *wéï*·teur
service *service* *seur*·vis • *service charge* *seur*·vis tchârdj
— **militaire** *military service* *mi*·leu·tè·ri *seur*·vis
serviette (porte-document) *briefcase* *brif*·kéïz
— **(de table)** *napkin* *nap*·kinn
— **(de toilette)** *towel* *ta*·weul
— **hygiénique** *sanitary napkin* *sa*·neu·tè·ri *nap*·kinn
ses *her* heur • *his* hiz
seule(e) *only* *onn*·li
sexe *sex* sèks
sexisme *sexism* *sèk*·si·zeum
sexiste *sexist* *sèk*·sist
sexy *sexy* *sèk*·si
shampooing *shampoo* cham·*pouou*
short *shorts* chorts
si *if* if
Sida *AIDS* éïdz
siège pour enfant *child seat* *tchaïld* siit
siffler *to whistle* tou *wi*·seul
signature *signature* *sig*·neu·tcheur
signe *sign* saïnn
simple *simple* *sim*·peul
Singapour *Singapore* *sinn*·geu·por
singe *monkey* *monn*·ki
sirop contre la toux *cough medicine* kof *mè*·deu·seunn
situation *situation* si·tyeu·*éï*·cheunn
— **familiale** *marital status* *ma*·reu·teul *stéï*·teus
six *six* siks
skateboard *skateboarding* *skéït*·bor·dinng
ski (l'activité) *skiing* ski·inng
— **nautique** *waterskiing* *wo*·teur·*ski*·inng
skier *to ski* tou ski

skis *skis* skiz
slip *panties* **(USA)** *pan*·tiz
• *underwear* **(GB)** *eunn*·deur·pants
socialisme *socialism* *so*·cheu·li·zeum
socialiste *socialist* *so*·cheu·list
societé *society* seu·*saï*·eu·ti
sœur *sister* *sis*·teur
• *(religieuse)* *nun* neunn
soie *silk* silk
soif *thirst* Seu·rst • **avoir soif** *to be thirsty* tou bi *Sœrs*·ti
soigner *to care (for)* tou *kéïr* (for)
soigneux/soigneuse *careful* *kéïr*·foul
soir *evening* *iv*·ninng
soirée (fête) *night out* naït aout
• *party* *pâr*·ti
soldat *soldier* *sol*·djeur
solde (reste à payer) *balance* *ba*·leunns
• **(de marchandises)** *sale* *sèï·le*
soleil *sun* seunn
solide *solid* *so*·lid
somme *amount* eu·*maont*
sommeil *sleep* sliip • **avoir sommeil** *to be sleepy* tou bi *sli*·pi
somnifère *sleeping pill* *slii*·pinng pil
son *her* heur • *his* hiz
sonner *to ring* tou rinng
sortie *exit* *èg*·zit
sortir *to go out* tou go *aout*
sortir avec (avoir un rendez-vous) *to date* tou déït
soudoyer *to bribe* tou braïb
souffrir *to suffer* tou *seu*·feur
souhaiter *to wish* tou wich
soulever *to lift* tou lift • *to raise* tou rèz
sourd(e) *deaf* dèf
sourire n *smile* smaïl
• **v** *to smile* tou smaïl
souris *mouse* maous
sous *below* bi·*loo* • *under* *eunn*·deur
sous-titres *subtitles* *seub*·taï·teulz
sous-vêtements *underwear* *eunn*·deur·wèr
soutien-gorge *bra* bra
souvenir *memory* *mèm*·ri • *souvenir* sou·veu·*nir*
souvent *often* *o*·feunn
sparadrap *Band-Aid* *bannd*·éïd
spécial(e) *special* *spè*·cheul
spécialiste *specialist* *spè*·cheu·list
spectacle *performance* peur·*for*·meunns
• *show* choo
sport *sport* sport
sportif/sportive *sportsperson* *sports*·peur·sonn
stade *stadium* *stè*·di·eum
stage en entreprise *work experience* woork iks·pi·*ri*·eunns
station de métro *metro station* *mè*·tro *stéï*·cheunn
station de taxi *taxi stand* *tak*·si stannd
station-service *petrol station* *pè*·treul *stéï*·cheunn
stérilet *IUD* aï·you·dii
stupéfiant *narcotic* nar·*ko*·tik
stupéfiant(e) *amazing* eu·*méï*·zinng
stupide *stupid* *styou*·pid
style *style* staïl
stylo *pen* pènn
sucré(e) *sweet* swiit
sud *south* saouS
Suisse (pays) *Switzerland* *swi*·tze·land
Suisse (nationalité) *swiss* swéss
suivre *to follow* tou *fo*·loo
supérette de quartier *convenience store* konn·*vi*·ni·eunns stoor
supermarché *supermarket* *syou*·peur·mar·keut
superstition *superstition* sou·peur·*sti*·cheunn
supplémentaire *additional* a·*di*·cheu·neul • *extra* *iks*·treu
supporter *to support* tou seu·*poort*
sur *on* onn
sûr(e) *sure* cheur
surf *surfboard* *seurf*·boord
— **des neiges** *snowboarding* *sno*·boor·dinng
surfer *to surf* tou sœrf
surnom *nickname* *nik*·néïm
surprise *surprise* seur·*praïz*
survivre *to survive* tou seur·*vaïv*
synagogue *synagogue* *si*·neu·gog
syndicat *trade union* tréïd *you*·nieunn
syndrome prémenstruel *premenstrual tension* pri·*mènn*·strou·eul *tènn*·cheunn
synthétique *synthetic* *sinn*·Sè·tik

T

ta *your* your
tabac *tobacco* teu·*ba*·ko
table *table* *téï*·beul
tableau *painting* *péïnn*·tinng
  — d'affichage *scoreboard* *skoor*·boord
taie d'oreiller *pillowcase* *pi*·lo·kéïz
taille *size* saïz
tailleur *tailor* *téï*·leur
talc *baby powder* *béï*·bi *pao*·deur
tambour *drum* dreum
tampon hygiénique *tampon* *tam*·ponn
tante *aunt* annt
tapis *rug* reug
tarif *fare* féïr
tarifs postaux *postage* *pos*·tidj
tasse *cup* keup
taux de change *currency exchange* *keu*·reunn·si éks·*tchènndj* • *exchange rate* éks·*tchènndj réït*
taxe *tax* taks
  — à la vente *sales tax* *séïlz* taks
  — d'aéroport *airport tax* *èr*·port taks
taxi *taxi* *tak*·si
technique *technique* tèk·*nik*
télé *TV* tii·vii
télécarte *phone card* *fonn* kârd
télécommande *remote control* ri·*mot* keunn·*trol*
télégramme *telegram* *tè*·leu·gram
téléphérique *cable car* *kéï*·beul kâr
téléphone *telephone* *tè*·leu·fonn
  — portable *mobile phone* *mo*·baïl fonn
  — public *public telephone* *peu*·blik *tè*·leu·fonn
téléphoner *to telephone* tou *tè*·leu·fonn
télescope *telescope* *tè*·leus·kop
télésiège *chairlift* *tchèr*·lift
télévision *television* *tè*·leu·vi·jeunn
témoin *witness* *wit*·neus
température *temperature* *tèmp*·reu·tcheur
temple *temple* *tèm*·peul
temps (qui passe) *time* taïm • **(météo)** *weather* *wè*·Zeur
tennis *tennis* *tè*·neus
  — de table *table tennis* *téï*·beul *tè*·neus
tension artérielle *blood pressure* bleud *prè*·cheur
tente *tent* tènnt
terrain *ground* graond
  — de camping *campsite* *kamp*·saït
  — de golf *golf course* golf kours
  — de jeux *playground* *pléï*·graond
  — de sport *sports ground* *sports* graond
Terre *Earth* œrS
terre *earth* œrS • *land* land
terrorisme *terrorism* *tè*·ro·ri·zeum
tes *your* your
test de grossesse *pregnancy test kit* *prèg*·neunn·si tèst kit
tête *head* hèd
tétine *pacifier* *pa*·seu·faï·eur • *dummy* *deu*·mi
théâtre *drama* *dra*·meu • *theatre* *Si*·eu·teur
timbre *stamp* stamp
timide *shy* chaï
tire-bouchon *corkscrew* *kork*·skrou
tirer *to pull* tou poul • **(avec une arme à feu)** *to shoot* tou chout
tissu *fabric* *fa*·brik
toilettes *public toilet* *peu*·blik *toï*·leut
toit *roof* rouf
tombe *grave* gréïv
tomber *to fall* tou fool
ton *your* your
tonalité *dial tone* *daï*·eul tonn
tôt *early* *œr*·li
toucher (sens figuré) *to feel* tou fiil • **(sens propre)** *to touch* tou teutch
toujours *always* *ol*·wéïz
tour *tower* *ta*·weur
touriste *tourist* *tou*·rist
tourner *to turn* tou tœrn
tournoi *tournament* *tour*·neu·meunnt
tous *every* èvri
  — les deux *both* boS
  — les jours *every day* *èvri* déï
tout *all* ool • *everything* *èvri*·Sinng
  — droit *straight ahead* stréït eu *hèd*
  — le monde *everyone* *èvri*·wann
  — près *nearby* *niir*·baï
  —(e) seul(e) *alone* eu·*lonn*
toux *cough* koof

traduire *to translate* tou *tranns*·léït
train *train* tréïnn
traite bancaire *bank draft* *bènnk* draft
traitement *treatment* *trit*·meunnt
tranchant(e) *sharp* chârp
tranche *slice* slaïs
tranquille *quiet* *kwaï*·eut
transfert *transfer* *tranns*·feur
transport *transport* *tranns*·port
travail *job* djob • *work* woork
— **dans un bar** *bar work* bâr woork
— **intermittent** *casual work* *ka*·jou·eul woork
travailler *to work* tou woork
traverser *to cross* tou kros
tremblement de terre *earthquake* *œrS*·kwéïk
très *very* *vè*·ri
tribunal *court* kourt
tricheur/tricheuse *cheat* tchiit
tricot *knitting* *ni*·tinng
triste *sad* sad
trois *three* Srii
troisième *third* Sœrd
tromper *to trick* tou trik
trop *too* touou
— **de** *too much* + sg touou *meutch*
• *too many* + pl touou *mè*·ni
trou *hole* hol
trousse à pharmacie *first-aid kit* *fœrst*·*èd* kit
trouver *to find* tou faïnnd
T-shirt *T-shirt* *tii*·shœrt
tu *you* you
tuer *to kill* tou kil
• **(d'un coup de pistolet)** *to shoot* tou chout
type *type* taïp
typique *typical* *ti*·pi·keul

U

ultrason *ultrasound* *eul*·treu·saond
un peu *a little* eu *li*·teul
un(e) *a/an* eu/eunn • *one* wann
une fois *once* wanns
uniforme *uniform* *you*·ni·form
union *union* *you*·nieunn
université *university* you·ni·*veur*·si·ti
univers *universe* *you*·ni·vœrs
urgent(e) *urgent* *œr*·djeunnt
• **cas urgent** *emergency* *è*·*meur*·djèn·si
usine *factory* *fak*·teu·ri
utile *useful* *youz*·foul
utiliser *to use* tou youz

V

vacances *holidays* *ho*·li·déïz
• *vacation* **(USA)** *vè*·kè·sheunn
vaccination *vaccination* vak·si·*néï*·cheunn
vache *cow* kao
vagin *vagina* veu·*dji*·neu
vague *wave* wéïv
valeur *value* *va*·lyou
valider *to validate* tou *va*·li·déït
valise *suitcase* *sout*·kéïz
vallée *valley* *va*·li
varappe *rock climbing* *rok klaïm*·binng
végétarien/végétarienne *vegetarian* vè·djeu·*tè*·ri·eunn
véhicule *vehicle* *vi*·eu·keul
veine *vein* véïnn
vélo *bicycle* *baï*·si·keul
vélo tout-terrain (VTT) *mountain bike* *maon*·téïn baïk
vendre *to sell* tou sèl
vendredi *Friday* *fraï*·déï
venimeux/venimeuse *poisonous* *poï*·zeu·neus
venir *to come* tou kom
vent *wind* winnd
vente *sale* séïl
— **aux enchères** *auction* *ok*·cheunn
ventilateur *fan* fann
ver de terre *worm* woorm
vérifier *to check* tou tchèk
vérité *truth* trouS
verre (boisson) *drink* drink • *glass* glas
vers (direction) *toward* to·*weurd*
vert(e) *green* griin
veste *jacket* *dja*·keut
vestiaire *cloakroom* *klok*·roum
vêtements *clothing* *klo*·Zinng
veuf *widower* *wi*·do·weur
veuve *widow* *wi*·doo

via *via* vaï·eu
viande *meat* miit
vide *empty* *èmp*·ti
vie *life* laïf
vieux/vieille *old* old
vigne *vine* vaïnn
vignoble *vineyard* vi·*nyeurd*
VIH *HIV (human immunodeficiency virus)* ètch·aï·vii (hyou·mann i·myou·no·*di*·fi·cheunn·si *vaï*·reus)
village *village* *vi*·lidj
ville *city* *si*·ti • **(plus petite)** *town* taonn
vin *wine* waïnn
violer *to rape* tou réïp
violet(te) *purple* *peur*·peul
virus *virus* *vaï*·reus
visa *visa* *vii*·zeu
visage *face* féïs
visite guidée *guided tour* *gaï*·deud touour
visiter *to visit* tou *vi*·zit
visiteur/visiteuse *visitor* *vi*·zi·teur
vitamine *vitamin* *vi*·teu·meunn
vitesse *speed* spiid
vivant(e) *alive* eu·*laïv*
vivre *to live* tou liv
voile *sail* sèïl • *sailing* *sèï*·linng
voir *to see* tou sii
voiture *car* kâr
— **de location** *rental car* *rènn*·teul kâr
— **de police** *police car* peu·*liis* kâr
— **de sport** *sports car* *sports* kâr
vol (avion) *flight* flaït
• **(escroquerie)** *robbery* *ro*·beu·ri
volé(e) (escroqué) *stolen* *sto*·leunn
voler (oiseau, avion) *to fly* tou flaï
• **(escroquer)** *to rob* tou rob
• *to steal* tou stiil
voleur/voleuse *thief* Siif
volume *volume* *vo*·lyoum
vomir *to vomit* tou *vo*·mit
vos *your* your
voter *to vote* tou vot
votre *your* your
vouloir *to want* tou wonnt
vous *you* you
voyage *journey* *djœr*·ni
tour touour • *trip* trip
— **d'affaires** *business trip* *biz*·nès trip
voyager *to travel* tou *tra*·veul
voyageur/voyageuse *passenger* *pa*·seunn·djeur
vrai(e) (réél) *real* *ri*·eul
• **(vérité)** *true* trou
vraiment *really* *rii*·li
vue *view* vyou

W

wagon *carriage* ka ri èdge
• *car* kar **(USA)**
wagon-lit *sleeping car* *slii*·pinng kâr
wagon-restaurant *dining car* *daï*·ninng kâr
week-end *weekend* *wik*·ènnd

Y

yeux *eyes* aïz
yoga *yoga* *yo*·geu

Z

zéro *zero* *zi*·ro
zoo *zoo* zouou
zéro *zero* *zi*·ro
zoo *zoo* zouou

Les mots et les expressions de ce dictionnaire sont classés par ordre alphabétique. Pour rechercher une expression, rendez-vous au premier mot (par exemple : **blood group** bleud group *groupe sanguin* est classée à "groupe").

Certains termes, employés plus spécifiquement en Grande-Bretagne ou aux États-Unis, portent la mention **(GB)** ou **(USA)**.

Le genre des mots sera indiqué par **m** ou **f**. Le pluriel des noms sera désigné par **pl**. Pour éviter les confusions, nous avons précisé la nature des mots : adjectif **adj**, nom **n** ou verbe **v**. Enfin, certains termes, très familiers, sont à utiliser avec autant de mesure que leur équivalent français. Ils portent la mention **fam**.

A

a/an eu/eunn *un(e)*
a little eu *li*·teul *un peu*
a lot (of) eu *lot* of *beaucoup (de)*
aboard eu·*boord à bord*
abortion eu·*bor*·cheunn *avortement*
about eu·*baout environ*
above eu·*bov au-dessus*
abroad eu·*brod à l'étranger*
accept ak·*sèpt accepter*
accident *ak*·si·dennt *accident*
accommodation eu·ko·mo·*déï*·cheunn *logement*
account eu·*kaont compte*
ache éïk *douleur*
achievement eu·*chiiv*·mènnt *réussite*
across eu·*kros de l'autre côté de*
act akt *jouer*
activist *ak*·ti·vist *militant/militante*
actor *ak*·tor *acteur/actrice*
acupuncture a·kyou·*ponk*·tcher *acupuncture*
adaptor a·*dap*·teur *adaptateur*
addicted eu·*dik*·teud *drogué*
addiction eu·*dik*·cheunn *dépendance*
additional a·*di*·cho·neul *supplémentaire*
address a·*drès adresse*
administration ad·mi·nis·*tréï*·cheunn *administration*
admire eud·*maï*·eur *admirer*
admission (price) eud·*mi*·cheunn (praïs) *prix d'entrée*
admit ad·*mit admettre*
adult a·*deult adulte*
advertisement ad·vèr·*taïz*·mènt *publicité*
advice eud·*vaïs conseil*
aerobics *è*·ro·biks *aérobic*
aerogram *è*·ro·gram *aérogramme*
aeroplane (GB) *è*·ro·pléïn *avion*
affair eu·*fèr liaison (amoureuse)*
Africa *a*·fri·ka *Afrique*
after *af*·teur *après*
afternoon af·teur·*noun après-midi*
aftershave *af*·teur·chéïv *après-rasage*
again eu·*géïnn encore*
against eu·*gènst contre*
age éïdj *âge*
aggressive eu·*grè*·siv *agressif/agressive*
agree eu·*grii être d'accord*
agriculture a·gri·*keul*·tcheur *agriculture*
ahead eu·*hèd en avant*
AIDS éïdz *sida*
air èr *air*
air-conditioned *èr*·kon·di·cheunn *climatisé*
airline *èr*·laïnn *ligne aérienne*
airmail *èr*·méïl *par avion*
airplane (USA) *èr*·pléïn *avion*
airport *èr*·port *aéroport*
— **tax** *èr*·port taks *taxe d'aéroport*
aisle aïl *couloir (dans un avion)*
alarm clock a·*lârm* klok *réveil*
alcohol al·ko·*hol alcool*
alive eu·*laïv vivant(e)*
all ool *tout*
allergy *a*·leur·dji *allergie*

allow eu·*loo* *permettre*
almost *eul*·most *presque*
alone eu·*leonn* *tout(e) seul(e)*
already ol·*rè*·di *déjà*
also *ol*·so *aussi*
altar *ol*·teur *autel*
alternative ol·*teur*·neu·tiv *alternative*
altitude *al*·ti·tyud *altitude*
always *ol*·wèz *toujours*
amateur *a*·ma·teur *amateur*
amazing eu·*méï*·zinng *stupéfiant(e)*
ambassador èm·*ba*·sa·deur *ambassadeur/ambassadrice*
ambulance *èm*·byu·lènns *ambulance*
America eu·*mé*·ri·ka *Amérique*
american eu·*mé*·ri·kann *américain*
among eu·*monng* *parmi*
amount eu·*maont* *somme*
ancient *ènnt*·chènnt *antique*
and èmd *et*
angry *ènn*·gri *fâché(e)*
animal *a*·ni·meul *animal*
ankle *enn*·keul *cheville*
annual *a*·nyu·eul *annuel(le)*
another eu·*no*·Zeur *un(e) autre*
answer **n** *an*·sœur *réponse*
• **v** *répondre*
ant annt *fourmi*
antibiotics èn·ti·*baï*·o·tiks *antibiotiques*
antinuclear èn·ti·*nu*·klè·eur *antinucléaire*
antique an·*tik* *antiquité*
antiseptic èn·ti·*sèp*·tik *antiseptique*
any *è*·ni *n'importe quel(le)*
anyone *è*·ni·wann *quiconque*
anything *è*·ni·Sinng *quoi que ce soit*
anywhere *è*·ni·wèr *où que ce soit*
apartment eu·*par*·tmènnt *appartement*
appendix eu·*pènn*·diks *appendice*
appointment eu·*poïnt*·mènnt *rendez-vous*
approximately eu·*prok*·si·méït·li *à peu près*
April *éï*·preul *avril*
archaeology ar·ki·o·lo·dji *archéologie*
architect *âr*·ki·tèkt *architecte*
architecture âr·ki·*tèkt*·cheur *architecture*
argue *âr*·gyu *se disputer*
argument *âr*·gyu·mènnt *débat*
arm ârm *bras*
armchair *ârm*·tchèr *fauteuil*
around eu·*raond* *autour*
arrest eu·*rèst* *arrêter*
arrivals eu·*raï*·veulz *arrivées*
arrive eu·*raïv* *arriver*
art ârt *art*
— gallery ârt *ga*·leu·ri *musée, galerie*
artist *âr*·tist *artiste*
as az *comme*
ashtray *ach*·trëï *cendrier*
Asia *éï*·jia *Asie*
ask ask *poser (une question)*
— for ask for *demander quelque chose*
aspirin *as*·peu·rinn *aspirine*
ass as **fam** *cul*
asthma *aZ*·meu *asthme*
at at *à*
athletics at·*lè*·tiks *athlétisme*
atmosphere *at*·mo·sfiir *atmosphère*
attached eu·*tatcht* *attaché(e)*
auction *ok*·cheunn *vente aux enchères*
August *o*·goust *août*
aunt annt *tante*
Australia o·*stréï*·lia *Australie*
automatic o·teu·*ma*·tik *automatique*
— teller machine (ATM) o·teu·*ma*·tik *tè*·leur meu·*chinn* (éï·ti·èm) *distributeur automatique de billets (DAB)*
autumn *o*·teum *automne*
avenue *a*·veu·nou *avenue*
awful *o*·foul *affreux/affreuse*

B

B&W bi·ènnd·vi *noir et blanc (film, pellicule)*
baby *béï*·bi *bébé*
— food *béï*·bi foud *bouillie*
— powder *béï*·bi *pao*·deur *talc*
babysitter *béï*·bi·*si*·teur *baby-sitter*
back bak *dos*
backpack *bak*·pak *sac à dos*
bad bâd *mauvais(e)*
bag bag *sac*
baggage *bâ*·gidj *bagages*
— allowance *bâ*·gidj eu·*lao*·ènns *poids limite des bagages (avion)*
— claim *bâ*·gidj kléïm *retrait des bagages*

bakery *béï*·keu·ri *boulangerie*
balance *ba*·lanns *solde (d'un compte)*
balcony *bal*·ko·ni *balcon*
ball bool *balle/ballon*
ballet *ba*·lè *ballet*
band bènnd *bande (son)*
bandage *bènn*·didj *pansement*
Band-Aid bennd·èd *sparadrap*
bank bènnk *banque*
— account bènnk eu·*kaont* *compte bancaire*
— draft bènnk draft *traite bancaire*
banknote bènnk·not *billet de banque*
baptism *bap*·ti·zeum *baptême (de l'air, par exemple)*
bar bâr *bar*
— work *bâr* woork *travail dans un bar*
baseball *béïz*·bool *base-ball*
basic *béï*·*zik* *fondamental*
basket *bas*·keut *panier*
basketball *bas*·keut·bool *basket(-ball)*
bastard *bas*·teurd fam *salaud*
bath bâS *baignoire* • have a bath hav eu bâS *prendre un bain*
bathing suit *béï*·Zinng syout *maillot de bain*
bathroom (USA) *bâS*·roum *salle de bains/toilettes*
battery *ba*·trii *pile* • *ba*·trii *batterie*
be bi *être*
— bored bi boord *s'ennuyer*
— hungry bi *heunn*·gri *avoir faim*
— lucky bi *leu*·ki *avoir de la chance*
— right bi raït *avoir raison*
— seasick bi *sii*·sik *avoir le mal de mer*
— sleepy bi *slii*·pi *avoir sommeil*
— thirsty bi *Sœr*·sti *avoir soif*
— wrong bi rong *avoir tort*
beach bitch *plage*
beautiful *byou*·ti·foul *beau/belle*
beauty salon *byou*·ti seu·*lonn* *salon de beauté*
because bi·*koz* *parce que*
become bi·*kom* *devenir*
bed bèd *lit*
— linen *bèd* li·neuun *draps*
bedding *bè*·dinng *literie*
bedroom *bèd*·roum *chambre à coucher*
bee bii *abeille*
beer biieur *bière*
before bi·*for* *avant*

begin bi·*ginn* *commencer*
behind bi·*haïnnd* *derrière*
Belgian *bèl*·djiann *Belge*
Belgium *bèl*·djeum *Belgique*
belief bè·*liif* *croyance*
believe bè·*liiv* *croire*
below bi·*loo* *sous*
beside bi·*saïd* *à côté de*
best bèst *le/la meilleur(e)*
bet n bèt *pari*
• v bèt *parier*
better *bè*·teur *meilleur(e)*
between bit·*wiin* *entre*
bib bib *bavoir*
bible *baï*·beul *bible*
bicycle *baï*·si·keul *vélo*
big *big* *grand(e)*
bigger *bi*·*geur* *plus grand(e)*
biggest *bi*·*geust* *le/la plus grand(e)*
bike baïk *vélo*
— chain *baïk* tchèn *chaîne de vélo*
— path *baïk* paS *piste cyclable*
bill bil *addition (au restaurant)*
bird bœrd *oiseau*
birth certificate *bœrS* sèr·*ti*·fi·kéït *acte de naissance*
birthday *bœrS*·déï *anniversaire*
bitch bitch fam *salope*
bite baït v *mordre*
• baït n *morsure, piqûre*
bitter *bi*·teur *amer/amère*
black blak *noir(e)*
blanket *blan*·kèt *couverture*
blessing *blè*·sinng *grâce*
blind blaïnnd *aveugle*
blister *blis*·teur *ampoule (peau)*
blocked blokt *bloqué(e)*
blood bleud *sang*
— group *bleud* group *groupe sanguin*
— pressure bleud *prè*·cheur *tension artérielle*
— test *bleud* tèst *analyse de sang*
blue blou *bleu(e)*
board boord *monter à bord (bateau, avion)*
boarding house *boor*·dinng haous *pension*
boarding pass *boor*·dinng pâs *carte d'embarquement*
boat boot *bateau*

body *bo*·di *corps*
bone bonn *os*
book bouk n *livre* • v *réserver*
booked up boukt *eup* *complet/complète*
bookshop *bouk*·chop *librairie*
boot bouout *botte*
border *bor*·deur *frontière*
bored (be) boord (bi) *s'ennuyer*
boring *bo*·rinng *ennuyeux/ennuyeuse*
born born *né(e)*
borrow *bo*·reo *emprunter*
botanic garden bo·*ta*·nik *gâr*·deunn *jardin botanique*
both booS *tous les deux*
bottle *bo*·teul *bouteille*
— **opener** *bo*·teul o·peu·neur *ouvre-bouteille*
botom *bo*·tom *fesses, derrière*
boulevard *bou*·leu·vâr *boulevard*
bowl bool *bol*
box boks *boîte*
boxer shorts *bok*·seur choorts *short*
boxing *bok*·sinng *boxe*
boy boï *garçon*
boyfriend *boï*·frènnd *petit ami*
bra bra *soutien-gorge*
Braille bréïl *braille*
brakes bréïks *freins*
brave bréïv *courageux/courageuse*
bread brèd *pain*
break brèk *casser*
— **down** *brèk* daonn *tomber en panne*
breakfast *brèk*·feust *petit-déjeuner*
breast brèst *sein*
breathe briiZ *respirer*
bribe n braïb *pot-de-vin*
• v *soudoyer*
bridge bridj *pont*
briefcase *brif*·kès *serviette*
brilliant *bril*·yannt *génial(e)*
bring *brinng* *amener, apporter*
brochure *bro*·chour *brochure*
broken *bro*·keun *cassé(e)*
— **down** *bro*·keun daonn *(tombé) en panne*
bronchitis bron·*kaï*·tis *bronchite*
brother *bro*·Zeur *frère*
brown braonn *brun(e)*
bruise brououz *bleu (hématome)*
brush breuch *brosse*
bucket *beu*·kèt *seau*
Buddhist *bou*·dist *bouddhiste*
budget *beu*·djèt *budget*
buffet *beu*·fèt *buffet*
bug beug *insecte*
build biild *construire*
building *biil*·dinng *bâtiment*
burn n bœrn *brûlure*
• v *brûler*
bus beus *bus, car*
— **station** *beus stéï*·cheunn *gare routière*
— **stop** *beus* stop *arrêt de bus*
business *biz*·nès *affaires*
— **class** *biz*·nès klas *classe affaires*
— **man/woman** *biz*·nès mann/*wou*·mann *homme/femme d'affaires*
— **trip** *biz*·nès trip *voyage d'affaires*
busker *beus*·keur *musicien/musicienne des rues*
busy *bi*·zi *occupé(e)*
but beut *mais*
butcher's shop *beut*·cheurs chop *boucherie*
butterfly *beu*·teur·flaï *papillon*
button *beu*·tonn *bouton*
buy baï *acheter*
by baï *par*

C

cable *kéï*·beul *câble*
— **car** *kéï*·beul kâr *téléphérique*
cafe *ka*·fè *café*
cake shop *kéïk* chop *pâtisserie*
calculator *kal*·ku·*léï*·teur *calculatrice*
calendar *ka*·len·deur *calendrier*
call *kool* *appeler*
camera *kam*·ra *appareil photo*
camp kéïmp *camp*
camping ground *kéïm*·pinng graond *camping*
camping store *kéïm*·pinng stor *magasin de matériel de camping*
campsite *kéïmp*·saït *terrain de camping*
can v *pouvoir, être capable de*
• n *boîte de conserve*
can opener kann o·peu·neur *ouvre-boîte*

Canada *ka*·na·da *Canada*
Canadian ka·*nèï*·dyan *Canadien/ Canadienne*
cancel *kan*·*seul* *annuler*
cancer *kan*·seur *cancer*
candle *kan*·deul *bougie*
capitalism *ka*·pi·teu·li·zeum *capitalisme*
car kâr *voiture*
— **hire** kâr ha·yeur *location de voitures*
— **owner's title** kâr o·neurz *taï*·teul *carte grise*
— **registration** kâr rè·djis·*tréï*·cheunn *immatriculation*
caravan *ka*·reu·vann *caravane*
care for *kéïr* for *s'occuper de quelqu'un*
career keu·*riir* *carrière*
careful *kéïr*·foul *soigneux/soigneuse*
Careful! *kéïr*·foul *Attention !*
caring *kéï*·rinng *aimant(e)*
carpark *kar*·pârk *parking*
carpenter *kar*·pènn·teur *menuisier*
carry *ka*·ri *porter*
carton *kâr*·teunn *pot (de yaourt, de glace)*
cartoon kâr·*touounn* *dessin animé*
cash kach n *argent*
• v *encaisser*
— **register** kach *rè*·djis·teur *caisse enregistreuse*
cashier ka·*chiir* *caissier/caissière*
cassette keu·*sèt* *cassette*
castle *ka*·seul *château*
casual work *ka*·jou·eul woork *travail temporaire*
cat kat *chat*
catch katch *attraper*
cathedral ka·*Si*·dreul *cathédrale*
Catholic *kâS*·lik *catholique*
cause koz *cause*
caution *ko*·cheunn *prudence*
cave kéïv *grotte*
CD *sii*·dii *CD*
celebration sè·lè·*bréï*·cheunn *fête*
cemetery *sè*·meu·tè·ri *cimetière*
cent sènnt *cent*
centimetre *sènn*·ti·mi·teur *centimètre*
centre *sènn*·teur *centre*
ceramic seu·*ra*·mik *céramique*
certain *sœr*·teunn *certain(e)*
certificate seur·*ti*·fi·kèt *certificat*
chain tchéïn *chaîne*
chair tchèèr *chaise*
chairlift *tchèèr*·lift *télésiège*
champagne cham·*péïnn* *champagne*
championship *tcham*·pyonn·chip *championnat*
chance tchanns *hasard*
change tchènndj v *changer*
• tchènndj v *échanger*
• tchènndj n *monnaie*
changing room *tchènn*·djinng roum *cabine d'essayage*
channel *tcha*·neul *chaîne (TV)*
charming *tchâr*·minng *charmant(e)*
chat tchat *bavarder*
— **up** tchat *eup* *draguer*
cheap tchiip *bon marché*
cheat tchiit *tricheur, tricher*
check tchèk v *vérifier*
• **(USA)** n *chèque*
• **(USA)** n *addition (au restaurant)*
check-in (desk) tchèk·*inn* (dèsk) *enregistrement*
checkpoint *tchèk*·poïnnt *contrôle*
cheese tchiiz *fromage*
chef chèf *chef (cuisinier)*
chemist *kè*·mist *pharmacie, pharmacien/pharmacienne*
cheque tchèk *chèque*
chess tchès *échecs*
— **board** *tchès* boord *échiquier*
chest tchèst *poitrine*
chewing gum *tchou*·inng geum *chewing-gum*
chicken *tchi*·keunn *poulet*
child tchaïld *enfant*
— **seat** *tchaïld* sit *siège pour enfant*
childminding *tchaïld*·maïnn·dinng *garderie*
children *tchil*·dreunn *enfants*
chocolate *tcho*·klèt *chocolat*
choice tchoïs *choix*
choose tchouz *choisir*
Christian *kris*·tcheun *chrétien(ne)*
— **name** *kris*·tcheun néïm *prénom*
Christmas *kris*·meus *Noël*
— **Day** *kris*·meus déï *jour de Noël*
— **Eve** *kris*·meus iiv *veille de Noël (réveillon)*
church tchœrtch *église*
cigar si·*gâr* *cigare*

cigarette si·geu·*rèt* *cigarette*
— **lighter** si·geu·*rèt* *laï*·teur *briquet*
cinema *si*·neu·ma *cinéma*
circle *sœr*·keul *cercle*
circus *sœr*·keus *cirque*
citizen *si*·ti·zeunn *citoyen/citoyenne*
citizenship *si*·ti·zeunn·chip *citoyenneté*
city *ci*·ti *ville*
— **centre** *ci*·ti *sènn*·teur *centre-ville*
— **hall** *ci*·ti hool *mairie*
civil rights *ci*·vil raïts *droits civils*
class klas *classe*
classical *kla*·si·keul *classique*
clean kliin **a** *propre*
• **v** *nettoyer*
cleaning *klii*·ninng *nettoyage*
clear kliir *clair(e)*
client *klaï*·ènnt *client(e)*
cliff klif *falaise*
climb klaïmb *monter*
cloak klook *cape*
cloakroom *klook*·roum *vestiaire*
clock klok *pendule*
close kloz **a** *proche*
• **v** *fermer*
closed klozd *fermé(e)*
clothes line *kloZ* laïnn *corde à linge*
clothing *klo*·Zinng *vêtements*
— **store** *klo*·Zinng stor *magasin de vêtements*
cloud klaoud *nuage*
cloudy *kla*·oudi *nuageux/nuageuse*
clutch kleutch *embrayage*
coach kootch *entraîneur*
coast koost *côte*
coat koot *manteau*
cockroach *kok*·rootch *cafard*
cocktail *kok*·téïl *cocktail*
coffee *ko*·fi *café*
coins koïnnz *pièces (de monnaie)*
cold kold *froid(e)*
colleague *ko*·lig *collègue*
collect ko·*lèkt* *collectionner*
— **call** ko·*lèkt* kool *appel en PCV*
collection ko·*lèk*·cheunn *accumulation*
college *ko*·lidj *université*
— **(vocational)** *ko*·lidj (vo·*kéï*·cheu·neul) *école professionnelle*
colour *keu*·leur *couleur*
comb komb *peigne*
combination kom·bi·*néï*·cheunn *combinaison*
come kom *venir*
comedy *ko*·mè·di *comédie*
comfortable *komf*·teubl *confortable*
comic *ko*·mic *bande dessinée*
commission keu·*mi*·cheunn *commission*
common *ko*·meunn *commun(e)*
communism *ko*·myou·ni·zeum *communisme*
communist *ko*·myou·nist *communiste*
community keu·*myou*·ni·ti *communauté*
companion kom·*pa*·nyonn *compagnon/compagne*
company *kom*·peu·ni *entreprise*
compass *kom*·pas *boussole*
competition kom·pè·*ti*·cheunn *compétition*
complain kom·*pléïn* *se plaindre*
complaint kom·*pléïnt* *plainte*
complimentary kom·pli·*mènn*·teu·ri *gratuit(e), à titre gracieux*
computer com·*pyou*·ter *ordinateur*
— **game** kom·*pyou*·teur géïm *jeu électronique*
concert *konn*·seurt *concert*
concussion kon·*keu*·cheunn *commotion cérébrale*
conditioner kon·*di*·cheu·neur *après-shampooing*
condom *konn*·dom *préservatif*
conductor kon·*deuk*·teur *receveur (bus)*
conference *konnf*·rènns *congrès, colloque*
confession kon·*fè*·cheunn *confession*
confirm konn·*fœrm* *confirmer*
congratulations konn·gra·tyu·*léï*·cheunnz *félicitations*
connection ko·*nèk*·cheunn *rapport, lieu*
conservative konn·*seur*·va·tiv *conservateur/conservatrice*
constipation konn·sti·*péï*·cheunn *constipation*
consulate *konn*·su·léït *consulat*
contact lenses *konn*·takt lèn·zeus *lentilles de contact*
contraceptive konn·tra·*sèp*·tiv *contraceptif*
contract *konn*·trakt *contrat*

convenience store konn·*vi*·nyèns stor *supérette de quartier*
convent *konn*·vènnt *couvent*
conversation konn·veur·*séï*·cheunn *conversation*
cook kouk **n** *cuisinier/cuisinière* • **v** *cuire, cuisiner*
cool koul *frais/fraîche*
cooperate ko·*o*·pè·réït *coopérer*
cop kop *flic*
corkscrew *kork*·skrou *tire-bouchon*
corner *kor*·neur *coin*
correct ko·*rèkt* *correct(e)*
corrupt ko·*reupt* *corrompu(e)*
cost kost *coût*
cotton *ko*·tonn *coton (vêtements)*
— **balls** *ko*·tonn boolz *boules de coton*
cough kof *toux*
— **medicine** kof *mè*·di·cinn *sirop contre la toux*
count kaonnt *compter*
counter *kaonn*·teur *comptoir (bar)*
country *konn*·tri *pays*
countryside *konn*·tri·saïd *campagne*
coupon *kou*·ponn *coupon*
court kourt *tribunal* • *court (tennis)*
cover charge *ko*·veur tchardj *prix d'entrée/du couvert*
cow kaoo *vache*
crafts krafts *artisanat*
crash krach *accident*
crazy *kréï*·zi *fou/folle*
cream kriim *crème*
creche krèch *crèche*
credit *krè*·dit *crédit*
— **card** *krè*·dit kârd *carte de crédit*
creek kriik *crique*
crime kraïm *délit*
crop krop *récolte, culture*
cross kross **v** *traverser* • **a** *fâché(e)* • **n** *croix*
crowd kraod *foule*
crowded *krao*·deud *bondé(e)*
cry kraï *pleurer*
cup keup *tasse*
cupboard *keu*·beurd *placard*
currency exchange *keu*·rènn·si eks·tchènndj *taux de change*
current *keu*·rènnt **a** *actuel(le)* • **n** *courant (électrique)*
— **affairs** *keu*·rènnt eu·*féïrz* *actualité*
custom *keus*·teum *coutume*
customer *keus*·teu·meur *client(e)*
customs *keus*·teumz *douane*
cut keut *couper*
cute kyouout *mignon/mignonne*
cutlery *keu*·teul·ri *couverts*
CV sii·vii *CV*
cycle *saï*·keul *faire du vélo*
cycling *saï*·klinng *cyclisme*
cyclist *saï*·klist *cycliste*

D

dad dad *papa*
daily *déï*·li *quotidien/quotidienne*
damage *da*·midj *dégâts*
dance *danns* *danser*
dancing *dann*·sinng *danse*
dangerous *dènn*·jeu·reus *dangereux/dangereuse*
dark dârk **a** *obscur(e)* • **a** *foncé(e)*
date déït **v** *sortir avec* • *donner rendez-vous* • **n** *rendez-vous (amoureux)* • **n** **date** déït *date*
— **of birth** déït of *bœrS* *date de naissance*
daughter *doo*·teur *fille*
dawn doon *aube*
day déï *jour*
— **after tomorrow** déï *af*·teur tou·*mo*·ro *après-demain*
— **before yesterday** déï bi·*for* *yès*·teu·déï *avant-hier*
dead dèd *mort(e)*
deaf dèf *sourd(e)*
deal diil *distribuer (cartes)* • *négocier*
death dèS *mort*
December di·*sèm*·beur *décembre*
decide di·*saïd* *se décider*
decision di·*si*·jeunn *décision*
deep *diip* *profond(e)*
definite *dè*·fi·nit *déterminé, certain*
deforestation di·fo·reus·*téï*·cheunn *déboisement*
degree di·*grii* *diplôme*

delay di·*léï* *retard*
delicatessen dè·li·keu·*tè*·seunn *charcuterie • traiteur*
deliver deu·*li*·veur *livrer*
demand di·*mannd* *exiger*
democracy dè·*mo*·kra·si *démocratie*
demonstration dè·mon·*stréï*·cheunn *manifestation*

D

dental floss *dènn*·teul flos *fil dentaire*
dentist *dènn*·tist *dentiste*
deny *di*·naï *nier*
deodorant di·o·do·rant *déodorant*
depart di·*pârt* *partir*
department store di·*pârt*·mènnt stor *grand magasin*
departure di·*pâr*·tcheur *départ*
deposit di·*po*·sit *dépôt*
descendent dè·*sènn*·dènnt *descendant(e)*
desert *dè*·zeurt *désert*
design di·*zaïnn* *concevoir*
dessert di·*zeurt* *dessert*
destination dès·ti·*néï*·cheunn *destination*
destroy dès·*troï* *détruire*
detail *di*·téïl *détail*
development di·*vè*·lop·mènnt *développement*
diabetes daï·a·*bi*·tiz *diabète*
dial tone *daï*·eul tonn *tonalité*
diaper *daï*·peur *couche*
diaphragm *daï*·fram *diaphragme*
diarrhoea daï·*rii*·a *diarrhée*
diary *daï*·eu·ri *agenda*
dice *daïs* *dé*
dictionary *dik*·cheu·nè·ri *dictionnaire*
die daï *mourir*
diesel *dii*·zeul *gasoil*
diet *daï*·eut *régime*
different *dif*·rènt *différent(e)*
difficult *di*·fi·keult *difficile*
dining car *daï*·ninng kâr *wagon-restaurant*
dinner *di*·neur *dîner*
diploma di·*plo*·ma *diplôme*
direct di·*rèkt* *direct(e)*
direct di·*rèkt* *réaliser (un film)*
direct-dial di·*rèkt*·*daï*·eul *numérotation directe*
direction di·*rèk*·cheunn *direction*
director di·*rèk*·teur *réalisateur/réalisatrice*
dirty *dœr*·ti *sale*
disabled di·*zéï*·beuld *handicapé(e)*
disappointed di·zeu·*poïnn*·teud *déçu(e)*
disaster di·*zas*·teur *désastre*
discount *dis*·kaont *remise*
discover dis·*keu*·veur *découvrir*
discrimination dis·kri·mi·*néï*·cheunn *discrimination*
discuss dis·*keus* *discuter*
disease di·*ziiz* *maladie*
dish dich *plat*
dishonest diz·o·nèst *malhonnête*
disinfectant dis·in·*fèk*·tènnt *désinfectant*
disk disk *disque • disquette*
distance *dis*·tènns *distance*
distributor dis·tri·*byu*·teur *concessionnaire*
disturb dis·*tœrb* *déranger*
dive daïv *plonger*
diving *daï*·vinng *plongée sous-marine*
— **equipment** *daï*·vinng i·*kwip*·mènnt *équipement de plongée sous-marine*
divorced di·*voorst* *divorcé(e)*
dizzy (be) *di*·zi (bi) *avoir la tête qui tourne*
do dou *faire*
doctor *dok*·teur *médecin*
dog dog *chien*
dole dool *allocation de chômage*
doll dol *poupée*
dollar *do*·leur *dollar*
door door *porte*
dope doop *drogue*
dose dooz *dose*
double *deu*·beul *double*
— **bed** *deu*·beul bèd *grand lit*
— **room** *deu*·beul roum *chambre avec un lit à deux places • chambre double*
down da·onn *en bas*
dozen *do*·zeunn *douzaine*
drama *dra*·ma *théâtre*
draw droo *dessiner*
draw droo *match nul*
dream driim *rêver*
dress drès *s'habiller*
dress drès *robe*

drink drink n *boisson* • v *boire* • n *verre (d'une boisson alcoolisée)*
drive draïv *conduire*
driving licence *draï*·vinng *laï*·sènns *permis de conduire*
drop drop *laisser tomber*
drug dreug *drogue*
drugs dreugz *drogue* • *médicament*
drum dreum *tambour*
drums dreumz *batterie*
drunk dreunk *ivre*
dry draï *sec/sèche*
dry draï *sécher*
duck deuk *canard*
dummy *deu*·mi *tétine*
during *dyou*·rinng *pendant*
dust deust *poussière*
dustbin (GB) deust·bin *poubelle*
duty *dyou*·ti *devoir*

E

each itch *chaque*
ear ir *oreille*
early *œr*·li *tôt*
earn œrn *gagner*
earrings *i*·rinngz *boucles d'oreilles*
Earth œrS *Terre*
earth œrS *terre*
earthquake *œrS*·kwéïk *tremblement de terre*
east iist *est*
Easter *is*·teur *Pâques*
easy *ii*·zi *facile*
eat iit *manger*
economy i·*keu*·no·mi *économie*
— **class** i·*keu*·no·mi klas *classe touriste*
eczema èg·*zii*·ma *eczéma*
edge èdj *bord*
editor *è*·di·teur *rédacteur/rédactrice (presse)* • *éditeur/éditrice*
education è·dyou·*kéï*·cheunn *éducation*
effect i·*fèkt* *effet*
eight éït *huit*
elderly *èl*·deur·li *âgé(e)*
election i·*lèk*·cheunn *élection*
electrical store i·*lèk*·tri·keul stor *magasin d'appareils électriques*
electricity i·lèk·*tri*·si·ti *électricité*
elevator *è*·lè·véï·teur *ascenseur*
email *i*·méïl *e-mail*
embarrass im·*bè*·reus *gêner*
embarrassed im·*bè*·reust *gêné(e)*
embarrassing im·*bè*·reu·sinng *gênant(e)*
embassy *èm*·beu·si *ambassade*
embroidery im·*broï*·deu·ri *broderie*
emergency i·*mœr*·djèn·si *urgence*
emotional i·*mo*·cheu·neul *émotif/émotive*
employee èm·ploï·*ii* *employé(e)*
employer èm·*ploï*·eur *employeur*
empty *èmp*·ti *vide*
end èndd n *fin* • n *bout* • v *finir*
endangered species in·*dèn*·djeurd *spi*·chiz *espèces en voie de disparition*
energy *è*·neur·djii *énergie*
engaged ènn·*géïdjd* *fiancé(e)*
engagement ènn·*géïdj*·mènnt *fiançailles*
engine *ènn*·djinn *moteur*
engineer ènn·dji·*niir* *ingénieur*
engineering ènn·dji·*nii*·*rinng* *ingénierie*
England *inn*·gland *Angleterre*
English *inn*·glich *Anglais(e)* • *anglais(e)*
enjoy ènn·*djoï* *s'amuser*
enough i·*naf* *assez*
enter *ènn*·teur *entrer*
entertainment guide ènn·tèr·*téïn*·mènnt gaïd *programme des spectacles*
enthusiastic inn·Sou·zi·*as*·tik *enthousiaste*
entry *ènn*·tri *entrée*
envelope *ènn*·veu·lop *enveloppe*
environment ènn·*vaï*·ron·mènnt *environnement*
epilepsy *è*·pi·*lèp*·sii *épilepsie*
equal *i*·kwol *égale*
— **opportunity** *i*·kwol o·por·*tyu*·ni·ti *égalité des chances*
equality i·*kwo*·li·ti *égalité*
equipment i·*kwip*·mènnt *équipement*
escalator *ès*·keu·*léï*·teur *escalier roulant*
escape ès·*kéïp* *échapper*

estate agency ès·*téït éï*·djèn·si *agence immobilière*
euro *you*·ro *euro*
Europe *you*·rop *Europe*
European you·ro·*pi*·ann *Européen/Européenne* • *européen/européenne*
euthanasia you·Sa·*néï*·jeu *euthanasie*
evening *iv*·ninng *soir*
event i·*vènt* *événement*
every *èv*·ri *chaque*
— **day** *èv*·ri déï *tous les jours*
everyone *èv*·ri·wann *tout le monde*
everything *èv*·ri·Sinng *tout*
exactly ig·*zak*·tli *exactement*
exam ig·*zam* *examen*
example ig·*zam*·peul *exemple*
excellent *èk*·sè·lènnt *excellent(e)*
except ik·*sèpt* *sauf*
excess ik·*sès* *excédent*
exchange èks·*tchènndj* **n** *échange* • **v** *échanger*
— **rate** èks·*tchènndj* réït *taux de change*
excluded èks·*klou*·deud *non compris*
exercise *èk*·zèr·saïz *exercice*
exhaust ig·*zost* *pot d'échappement*
exhausted ig·*zo*·steud *épuisé(e)*
exhibition ég·zi·*bi*·cheunn *exposition*
exit *èk*·zit *sortie*
expensive iks·*pènn*·siv *cher/chère*
experience iks·*pi*·ri·ènns *expérience*
explain iks·*pléïn* *expliquer*
exploitation èks·ploï·*téï*·sheunn *exploitation*
export *èks*·port *exporter*
express iks·*près* *express*
— **mail (by)** iks·*près* méïl (baï) *envoi par express*
extension èks·*tènn*·cheunn *prolongation (visa)*
extra *iks*·tra *supplémentaire*
extraordinary iks·*tror*·di·neu·ri *extraordinaire*
eye aï *œil*
eyes aïz *yeux*

F

fabric *fa*·brik *tissu*
face féïs *visage*
— **cloth** féïs kloS *gant de toilette*
fact fakt *fait*
factory *fak*·to·ri *usine*
— **worker** *fak*·to·ri *woor*·keur *ouvrier/ouvrière d'usine*
failure *féï*·leur *échec*
faith féïS *foi*
fall fool **v** *tomber* • **n** *automne*
false fols *faux/fausse*
family *fa*·mi·li *famille*
— **name** *fa*·mi·li néïm *nom de famille*
famous *féï*·meus *célèbre* ·rer
fan fann **n** *ventilateur* • **n** *fan*
fanbelt *fann*·bèlt *courroie de ventilateur*
far fâr *lointain(e)*
fare féïr *tarif*
farm fârm *ferme*
farmer *fâr*·meur *agriculteur/agricultrice*
fascist *fa*·chist *fasciste*
fashion *fa*·cheunn *mode*
fast fast *rapide*
fat fat *gras/grasse*
fate féït *destin*
father *fa*·Zeur *père*
father-in-law *fa*·Zeur·inn·*loo* *beau-père*
faucet (USA) *fo*·ceu *robinet*
fault foolt *faute*
faulty *fool*·ti *défectueux/défectueuse*
fax machine *faks* meu·*chinn* *fax*
fear fiir *peur*
February *fè*·bru·eu·ri *février*
feed fiid *nourrir*
feel fiil *toucher* • *sentir*
feeling *fii*·linng **n** *sensation* • **n** *sentiment*
female *fi*·méïl *femelle*
fence fènns *barrière*
fencing *fènn*·sinng *escrime*
ferry *fè*·ri *bac*
festival *fès*·ti·veul *fête*
fever *fi*·veur *fièvre*
few fiou *peu*
fiance *fi*·an·sè *fiancé(e)*
fiction *fik*·cheunn *fiction*
field fild *champ*
fight faït *bagarre*
fill fil *remplir*
film film *film* • **n** *pellicule*
— **speed** *film* spiid *sensibilité de la pellicule*
find faïnnd *trouver*
fine faïnn *amende*

finger fin·geur *doigt*
finish fi·nich *finir*
fire faï·eur *feu*
firewood faï·eur·woud *bois de chauffage*
first fœrst *premier/première*
— **class** fœrst klas *première classe*
first-aid kit fœrst·èd kit *trousse à pharmacie*
fish fich *poisson*
— **shop** fich chop *poissonnerie*
fishing fi·chinng *pêche*
five faïv *cinq*
flag flag *drapeau*
flannel fla·neul *gant de toilette*
flashlight flach·laït *lampe de poche*
flat flat *plat(e)*
flavour fléï·veur *goût*
flea flii *puce*
fleamarket flii·mâr·keut *marché aux puces*
flight flaït *vol*
flood fleud *inondation*
flooding fleu·ding *inondation (en cours)*
floor floor n *plancher* • n *étage*
florist floo·rist *fleuriste*
flower fla·weur *fleur*
flu flouou *grippe*
fly flaï n *mouche* • v *voler*
foggy fo·gi *brumeux/brumeuse*
follow fo·lo *suivre*
food foud *nourriture*
food supplies foud seu·plaïz *provisions*
foot fout *pied*
football fout·bool *football*
footpath fout·paS *sentier*
for for *pour*
forecast for·kast *prévision*
forecast for·kast *prévoir*
foreign fo·rèïnn *étranger/étrangère*
forest fo·rèst *forêt*
forever for·è·veur *pour toujours*
forget for·gèt *oublier*
forgive for·giv *pardonner*
fork foork *fourchette*
fortnight fort·naït *quinze jours*
fortune for·tcheunn *fortune*
fortune teller for·tcheunn tè·leur *diseuse de bonne aventure*
foul faol *faute (football)*
four foor *quatre*
foyer foï·eur *hall*
fragile fra·djil *fragile*
free frii a *disponible* • a *gratuit(e)* • a *libre*
freedom frii·deum *liberté*
freeze friiz *geler*
frequent fri·kwènnt *fréquent(e)*
fresh frèch *frais/fraîche*
Friday fraï·déï *vendredi*
fridge fridj *réfrigérateur*
friend frènnd *ami(e)*
friendly frènnd·li *amical(e)*
friendship frènnd·chip *amitié*
frog frog *grenouille*
from from *de* • *depuis*
frost frost *gel*
frozen fro·zeunn *gelé(e)*
fruit frouout *fruit*
— **picking** frouout pi·kinng *cueillette de fruits*
fry fraï *faire frire*
frying pan fraï·inng pann *poêle*
fuck feuk fam *baiser*
full foul *plein(e)*
full-time foul·taïm *à plein temps*
fun feunn *plaisir*
funeral fyou·ne·reul *enterrement*
funny feu·ni *drôle*
furnished fœr·nicht *meublé(e)*
furniture fœr·ni·tcheur *meubles*
future fyou·tcheur *avenir*

G

game géïm n *jeu* • n *match*
garage geu·râj *garage*
garbage gar·bidj *ordures*
— **can (USA)** gar·bidj kann *poubelle*
garden gâr·deunn *jardin*
gardening gâr·deu·ninng *jardinage*
gas gas n *gaz* • n *essence*
— **cartridge** gas kâr·tridj *cartouche de gaz*
gastroenteritis gas·tro·èn·tè·raï·tis *gastro-entérite*
gate géït *barrière*
gay géï *homosexuel(le)*
general djènn·reul *général(e)*
generous djè·nè·reus *généreux/généreuse*

Germany djèr·ma·ni *Allemagne*
get off gèt off *descendre (d'un train, d'une voiture)*
gift gift *cadeau*
gig djig *concert*
gipsy dji·psi *bohémien/bohémienne*
girl gœrl *fille*
girlfriend gœrl·frènnd *petite amie*
give giv *donner*
glandular fever glann·dju·leur fi·veur *mononucléose infectieuse*
glass glas *verre*
glasses gla·seuz *lunettes*
gloves glovz *gants*
glue glouou *colle*
go go *aller*
— to bed go tou bèd *se coucher*
— down go da·onn *descendre (les escaliers)*
— out go a·out *sortir*
— out with go a·out wiZ *sortir avec*
— shopping go cho·pinng *faire les courses*
— window-shopping go winn·do·cho·pinng *faire du lèche-vitrines*
goal gool *but*
goalkeeper gool·kii·peur *gardien de but*
goat goot *chèvre*
god god *dieu*
goggles go·geulz *lunettes (de ski, de protection)*
gold gold *or*
golf course golf kours *terrain de golf*
good goud *bon/bonne*
goodbye goud·baï *au revoir*
government go·vèrn·mènnt *gouvernement*
gram gram *gramme*
grandchild grand·chaïld *petit-fils/petite-fille*
grandfather grand·fa·Zeur *grand-père*
grandmother grand·mo·Zeur *grand-mère*
grandparents grand·pa·rènnts *grands-parents*
grass gras *gazon*
grateful gréït·foul *reconnaissant(e)*
grave gréïv *tombe*
gray gréï *gris(e)*
great gréït *génial(e)*
greedy grii·di a *gourmand(e)*
• a *avide*
green griin *vert(e)*
greengrocer griin·gro·seur *primeur*
grey gréï *gris(e)*
grocery gro·seu·ri *épicerie*
grow groo *pousser*
g-string dji·strinng *cache-sexe*
guaranteed ga·ran·tiid *garanti(e)*
guess gès *deviner*
guesthouse gest·haous *pension (de famille)*
guide gaïd *guide*
— dog gaïd dog *chien d'aveugle*
guidebook gaïd·bouk *guide (livre)*
guided tour gaï·deud ta·our *visite guidée*
guilty gil·ti *coupable*
guitar gi·târ *guitare*
gun geunn *pistolet*
gym djim *gymnase*
gymnastics dji·mna·stiks *gymnastique*
gynaecologist gaï·nè·ko·lo·djist *gynécologue*

H

habit ha·bit *habitude*
hair hèr *cheveux*
hairbrush hèr·breuch *brosse à cheveux*
haircut hèr·keut *coupe*
hairdresser hèr·drè·seur *coiffeur/coiffeuse*
Halal ha·lal *halal*
half hâf *moitié*
— a litre hâf eu li·teur *demi-litre*
hallucinate ha·lou·si·néït *avoir des hallucinations*
ham ham *jambon*
hammer ha·meur *marteau*
hammock ha·meuk *hamac*
hand hand *main*
handbag hand·bag *sac à main*
handicrafts han·di·krafts *objets artisanaux*
handkerchief han·kœr·tchiif *mouchoir*
handlebars han·deul·barz *guidon*
handmade hand·méïd *fait(e) à la main*
handsome hand·som *beau/belle*
happy ha·pi *heureux/heureuse*

harassment heu·râs·mènnt *harcèlement*
harbour *har*·beur *port*
hard hard a *difficile* • a *dur(e)*
hardware store *hard*·wèr stor *quincaillerie*
hare hèr *lièvre*
hat hat *chapeau*
hate héït *détester*
have hav *avoir*
— **a cold** hav eu *kold* *être enrhumé*
— **fun** hav *feunn* *s'amuser*
— **a stomachache** hav eu *sto*·meuk·èk *avoir mal au ventre*
hay fever *héï* fi·veur *rhume des foins*
he hi *il*
head hèd *tête*
headache *hè*·dèk *mal à la tête*
headlights *hèd*·laïts *phares*
health hèlS *santé*
hear hiir *entendre*
hearing aid *hii*·rinng èd *appareil auditif*
heart hârt *cœur*
— **condition** hârt kon·*di*·cheun *maladie cardiaque*
heat hiit *chaleur*
heated *hii*·teud *chauffé(e)*
heater *hii*·teur *appareil de chauffage*
heavy *hè*·vi *lourd(e)*
height héït *hauteur*
helmet *hèl*·mèt *casque*
help hèlp v *aider*
• n *aide*
hepatitis hè·pa·*taï*·tis *hépatite*
her heur *son/sa/ses (pour une femme)*
herbalist *heur*·beu·lis *herboriste*
herbs *heur*·bz *fines herbes*
here hiir *ici*
high haï *haut(e)*
— **school** *haï* skoul *établissement d'enseignement secondaire*
highway *haï*·wéï *autoroute*
hike haïk *faire de la randonnée*
hiking *haï*·kinng *randonnée*
— **boots** *haï*·kinng bouts *chaussures de marche*
— **route** *haï*·kinng rout *itinéraire de randonnée*
hill hil *colline*
Hindu *hinn*·dou *hindou(e)*
hire *haï*·yeur *louer*
his hiz *son/sa/ses (pour un homme)*
historical his·*to*·ri·keul *historique*
history *his*·to·ri *histoire*
hitchhike *hitch*·haïk *faire du stop*
HIV (human immunodeficiency virus) éïtch·aï·vii (*hyou*·mann i·myou·no·dè·*fi*·chèn·si *vaï*·reus) *VIH (virus de l'immunodéficience humaine)*
HIV positive éïtch·aï·vii *po*·zi·tiv *séropositif/séropositive*
hobby *ho*·bi *passe-temps*
hockey *ho*·kéï *hockey*
hole hol *trou*
holidays *ho*·li·déïz *vacances*
home hom *à la maison*
homeless *hom*·lès *sans-abri*
homesick *hom*·sik *nostalgique de son pays*
homework *hom*·woork *devoirs*
homosexual ho·mo·*sèk*·cheul *homosexuel(le)*
honest *o*·nèst *honnête*
honeymoon *ho*·nè·moun *lune de miel*
hope hop *espoir*
hope hop *espérer*
horoscope *ho*·reus·skop *horoscope*
horse hoors *cheval*
horse riding *hoors* raï·dinng *équitation*
hospital *hos*·pi·teul *hôpital*
hospitality hos·pi·*ta*·li·ti *hospitalité*
hot hot *chaud(e)*
hotel ho·*tèl* *hôtel*
hour aoueur *heure*
house *ha*·ouz *maison*
housewife *ha*·ouz waïf *femme au foyer*
housework *ha*·ouz·worrk *ménage*
how ha·o *comment*
hug heug *serrer dans ses bras*
huge hyoudj *énorme*
human *hyou*·mann *humain*
— **rights** *hyou*·mann raïts *droits de l'homme*
humanities hyou·*ma*·ni·tiz *lettres classiques*
humour *hyou*·meur *humour*
hundred *heunn*·drèd *cent*
hungry (be) *heunn*·gri (bi) *avoir faim*
hunting *heunn*·tinng *chasse*
hurt heurt *blessé(e)*
husband *heus*·bannd *mari*

I

I aï *je*
ice aïs *glace • glaçon*
— **cream** aïs kriim *glace • crème glacée*
— **hockey** aïs ho·kéï *hockey sur glace*
idea aï·dii *idée*
identification aï·den·ti·fi·kéï·cheunn *pièce d'identité*
— **card (ID)** aï·den·ti·fi·kéï·cheunn kârd (aï·dii) *carte d'identité*
idiot i·di·o·t *idiot(e)*
if if *si*
ignorant ig·neu·rènnt *ignorant(e)*
ill il *malade*
illegal i·lii·geul *illégal(e)*
imagination i·ma·dji·néï·cheunn *imagination*
immediately i·mii·dit·li *immédiatement*
immigration i·mi·gréï·cheunn *immigration*
impolite im·po·laït *impoli(e)*
import im·poort *importer*
important im·por·tènnt *important(e)*
impossible im·po·si·beul *impossible*
improve im·prouv *améliorer*
in inn *dans*
in a hurry inn eu heu·ri *pressé(e)*
in front of inn front of *devant*
included in·klou·deud *compris(e)*
income in·kom *revenus*
— **tax** in·kom tax *impôt*
inconvenient inn·keun·vii·niènnt *inopportun(e)*
independent in·dè·pèn·dènnt *indépendant(e)*
India inn·dia *Inde*
indicator in·di·kéï·teur *clignotant*
indigestion in·daï·djès·cheun *indigestion*
individual in·di·vi·du·eul *individu*
industrial in·deus·tri·eul *industriel(le)*
industry in·deus·tri *industrie*
infection in·fèk·cheunn *infection*
inflammation in·fleu·méï·cheunn *inflammation*
influence in·flou·ènns *influence*
influenza in·flou·ènn·za *grippe*
information in·for·méï·cheunn *renseignements*
ingredient in·gri·di·ènnt *ingrédient*
inject in·djèkt *injecter*
injection in·djèk·tcheunn *piqûre*
injured in·djeurd *blessé(e)*
injury in·djeu·ri *blessure*
innocent i·no·sènnt *innocent(e)*
insect in·sèkt *insecte*
inside in·saïd *dedans*
insurance in·cheu·ranns *assurance*
insure in·chœr *assurer*
intelligent in·tè·li·djènnt *intelligent(e)*
interesting int·rès·tinng *intéressant(e)*
intermission in·teur·mi·cheunn *entracte*
international in·teur·na·cho·neul *international(e)*
Internet in·teur·nèt *Internet*
Internet cafe in·teur·nèt ka·fè *cybercafé*
interpreter in·teur·preu·teur *interprète*
intersection in·teur·sèk·cheunn *carrefour*
interview in·teur·viou *entrevue*
intimate in·ti·mèït *intime*
into in·tou *dans*
introduce in·tro·dyous *présenter*
invite in·vaït *inviter*
Ireland aïr·land *Irlande*
iron aï·yonn *repasser*
iron aï·yonn *fer à repasser*
island aï·land *île*
IT aï·tii *informatique*
itch itch *démangeaison*
itemised aï·teu·maïzd *détaillé(e)*
itinerary aï·ti·nè·reu·ri *itinéraire*
IUD aï·you·dii *stérilet*

J

jacket dja·keut *veste*
jail djéïl *prison*
January dja·nu·eu·ri *janvier*
Japan djeu·pann *Japon*
jar djâr *pot*
jaw djoo *mâchoire*
jealous djè·leus *jaloux/jalouse*
jeans djiins *jean*
jeep djiip *jeep*
jet lag djèt lag *fatigue due au décalage horaire*
jewellery djou·wèl·ri *bijoux*
Jewish djou·wich *juif/juive*
job djob *travail*

jockey *djo*·ki *jockey*
jogging *djo*·ginng *jogging*
join djoïnn *joindre*
joke djook *plaisanterie*
journalist *djour*·na·list *journaliste*
journey *djour*·néï *voyage*
joy djoï *joie*
judge djeudj *juge*
July djou·*laï* *juillet*
jump djeump *sauter*
jumper *djeum*·peur *pull*
— **leads** *djeum*·peur liidz *câbles de démarrage (voiture)*
June djououn *juin*
justice *djeus*·tis *justice*

K

kerb kœrb *bord du trottoir*
key kii *clé*
keyboard *kii*·boord *clavier*
kick kik *donner un coup de pied*
kid kid *gamin(e)*
kill kil *tuer*
kilo *ki*·lo *kilo*
kilogram *ki*·lo·gram *kilogramme*
kilometre ki·lo·*mi*·teur *kilomètre*
kind kaïnnd **a** *gentil/gentille* • **n** *genre*
kindergarten *kin*·deur·gâr·teunn *jardin d'enfants*
king king *roi*
kingdom *king*·deum *royaume*
kiosk *ki*·osk *kiosque*
kiss kis **n** *baiser* • **v** *embrasser*
kitchen *kit*·cheunn *cuisine*
kitten *ki*·teunn *chaton*
knee nii *genou*
kneel niil *se mettre à genoux*
knife naïf *couteau*
knitting *ni*·tinng *tricot*
know noo **v** *savoir* • **v** *connaître*
kosher *ko*·cheur *casher/kasher*

L

labourer *léï*·beu·reur *manœuvre*
lace léïs *dentelle*
lake léïk *lac*
lamp lamp *lampe*
land land *terre*
landlady *land*·léï·di *propriétaire (femme)*
landlord *land*·lord *propriétaire (homme)*
lane léïnn **n** *ruelle* • **n** *chemin*
language *lan*·gwidj *langue*
laptop *lap*·top *ordinateur portable*
large lârdj *grand(e)*
last last *dernier/dernière*
late léït *en retard*
later *léï*·teur *plus tard*
laugh lâf *rire*
launderette *lonn*·drèt *laverie*
laundry *lonn*·dri **n** *blanchisserie* • **n** *linge*
law loo **n** *loi* • **n** *droit*
lawyer *loo*·yeur *avocat(e)*
laxative *lak*·seu·tiv *laxatif*
lazy *léï*·zi *paresseux/paresseuse*
leader *lii*·deur *chef*
leaf liif *feuille*
learn lœrn *apprendre*
lease liiz **n** *bail* • **v** *louer avec un bail*
least liist *moins*
leather *lè*·Zeur *cuir*
leave liiv **v** *partir* • **v** *laisser*
lecturer *lèk*·tcheu·reur *professeur (à l'université)*
ledge lèdgj *rebord*
left lèft *(à) gauche*
— **luggage** *lèft* leu·gidj *consigne à bagages*
left-wing lèft *winng* *de gauche*
leg lèg *jambe*
legal *lii*·geul *légal(e)*
legislation lè·djis·*léï*·cheunn *législation*
length lènnS *longueur*
lens lènns *objectif* • *lentille*
lesbian *lèz*·bi·eunn *lesbienne*
less lès *moins* • *moins de*
letter *lè*·teur *lettre*
level *lè*·veul *niveau*
liar *laï*·eur *menteur/menteuse*
library *laï*·breu·ri *bibliothèque*
lice laïs *poux*
license plate number *laï*·sènns pléït neum·beur *plaque d'immatriculation*

lie laï **n** *mensonge*
• **v** *mentir* • **v** *s'allonger*
life laïf *vie*
— **jacket** *laïf dja*-keut *gilet de sauvetage*
lift lift **v** *soulever* • **v** *lever (le bras, etc.)*
• **(GB) n lift** lift *ascenseur*
light laït **n** *lumière* • **n** *phare*
• **n** *léger/légère* • **n** *clair(e)*
— **bulb** laït *beulb ampoule*
— **meter** laït *mi*-teur *posemètre*
lighter *laï*-teur *briquet*
lights laïts *phares*
like laïk *comme*
• **v** *aimer*
line laïnn *ligne*
linen *li*-neunn **n** *lin*
• **n** *linge (de maison)*
lingerie *lon*-djeu-*rèè lingerie*
lip lip *lèvre*
— **balm** *lip* boolm *pommade pour les lèvres*
lipstick *lip*-stik *rouge*
liquor store li-*keur* stor *magasin de vins et spiritueux*
listen (to) *li*-seunn (tou) *écouter*
little *li*-teul *petit(e)*
— **bit** *li*-teul bit *peu*
live liv **v** *vivre*
• **v** *habiter*
liver *li*-veur *foie*
lizard *li*-zeurd *lézard*
local *leu*-keul *local(e)*
lock lok **v** *fermer à clé* • **n** *serrure*
locked lokt *fermé(e) à clé*
long long *long/longue*
long-distance *long*-dis-*tènns long-courrier*
look louk *regarder*
— **after** louk *af*-teur *s'occuper de*
— **at** louk at *regarder*
— **for** louk for *chercher*
look out louk a-out *faire attention*
loose lous *ample*
— **change** lous tchènndj *petite monnaie*
lorry *lo*-ri *camion*
lose louz *perdre*
loser *lou*-zeur *perdant(e)*
loss los *perte*
lost lost *perdu(e)*
— **property office** lost *pro*-peur-ti *o*-fis *bureau des objets trouvés*
loud la-oud *fort(e) (son)*
love lov **n** *amour* • **v** *aimer*
lover *lo*-veur *amant(e)*
low loo *bas/basse*
loyal *lo*-yeul *loyal(e)*
lubricant *lou*-bri-kant *lubrifiant*
luck leuk *chance*
lucky (be) *leu*-ki (bi) *avoir de la chance*
luggage *leu*-gidj *bagages*
— **lockers** *leu*-gidj *lo*-keurs *consigne automatique*
— **tag** *leu*-gidj tag *étiquette*
lump leump *grosseur*
lunch leunnch *déjeuner*
lung leung *poumon*
luxury *leuk*-cheu-ri *luxe* • *de luxe*

M

machine meu-*chinn machine*
mad mâd **a** *fâché(e)* • **a** *fou/folle*
made of méïd of *en (coton, laine, etc.)*
magazine ma-geu-*zinn magazine*
magician meu-*dji*-cheun *magicien/magicienne*
mail méïl **n** *courrier* • **n** *poste*
mailbox *méïl*-box *boîte aux lettres*
main méïn *principal(e)*
— **road** méïn *rood grande route*
— **square** méïn *skwèr place centrale*
majority meu-*djo*-ri-ti *majorité*
make méïk *faire*
make-up *méïk*-eup *maquillage*
mammogram *ma*-mo-gram *mammographie*
man mann *homme*
manage *ma*-nèdj *diriger, gérer*
manager *ma*-nè-djeur **n** *directeur/directrice* • **n** *gérant(e)*
manner *ma*-neur *façon*
manual *ma*-nou-eul *manue(le)*
— **worker** *ma*-nou-eul *woor*-keur *ouvrier/ouvrière*
many *mè*-ni *beaucoup (de)*
map map **n** *carte* • **n** *plan*
March mârtch *mars*

marital status *meu*·ri·teul *stéï*·teus *situation familiale*
market *mar*·keut *marché*
marriage *ma*·ridj *mariage*
married *ma*·rid *marié(e)*
marry *ma*·ri *épouser*
martial arts *mar*·cheul ârts *arts martiaux*
mass mas *messe*
massage meu·*sâj* n *massage* • v *masser*
masseur ma·*sœr* *masseur*
mat mat *petit tapis*
match match *match*
matches *ma*·tcheuz *allumettes*
material meu·*ti*·ri·eul *matériel*
mattress *ma*·très *matelas*
May méï *mai*
maybe *méï*·bi *peut-être*
mayor *mè*·yeur *maire*
me mi *moi*
meal miil *repas*
measles *mi*·zeuls *rougeole*
meat miit *viande*
mechanic mè·*ka*·nik *mécanicien/mécanicienne*
media *mi*·di·a *médias*
medicine *mè*·di·sinn n *médecine* • n *médicament*
meditation mè·di·*teï*·cheunn *méditation*
meet miit *rencontrer*
member *mèm*·beur *membre*
memory *mè*·mo·ri n *mémoire* • n *souvenir*
menstruation mènn·strou·*eï*·cheunn *menstruation*
menu *meu*·nyou *carte*
message *mè*·sidj *message*
messy *mè*·si *en désordre*
metal *mè*·teul *métal*
metre *mi*·teur *mètre*
metro station *mè*·tro *stéï*·cheunn *station de métro*
microwave (oven) *maï*·kro·wèv (o·veunn) *four à micro-ondes*
midday mid·*déï* *midi*
midnight mid·*naït* *minuit*
migraine *maï*·grèn *migraine*
military *mi*·li·tè·ri *militaire*
— **service** *mi*·li·tè·ri *sœr*·vis *service militaire*
milk milk *lait*
millennium mi·*lè*·ni·eum *millénaire*
millimetre *mi*·li·mè·teur *millimètre*
million *mi*·li·onn *million*
mind maïnnd *esprit*
mineral water *mi*·nè·reul *wo*·teur *eau minérale*
minority maï·*no*·ri·ti *minorité*
minute *mi*·nut *minute*
mirror *mi*·ror *miroir*
miscarriage mis·*ka*·ridj *fausse couche*
• **have a miscarriage** hav mis·*ka*·ridj *faire une fausse couche*
miss miss *manquer*
mistake mis·*téïk* *erreur*
mix mix *mélanger*
— **up** mix *eup* *confondre*
mobile phone *mo*·baïl fonn *téléphone portable*
modem *mo*·deum *modem*
modern *mo*·deurn *moderne*
moisturiser *moïs*·teu·*ri*·zeur *crème hydratante*
mum mom *maman*
monarchy *mo*·nar·ki *monarchie*
monastery *mo*·na·steu·ri *monastère*
Monday *monn*·déï *lundi*
money *mo*·nè *argent*
monkey *mon*·ki *singe*
month monS *mois*
monument *mo*·nyou·mènnt *monument*
more moor *plus* • *plus de*
morning *mor*·ninng *matin*
— **sickness** *mor*·ninng sik·nès *nausées matinales*
mosque moosk *mosquée*
mosquito mos·*ki*·to *moustique*
— **coil** mos·*ki*·to coïl *allume-feu antimoustiques*
— **net** *mos*·ki·to nèt *moustiquaire*
most most *plus*
motel *mo*·tèl *motel*
mother *mo*·Zeur *mère*
mother-in-law *mo*·Zeur·inn·loo *belle-mère*
motorboat *mo*·tor·boot *canot à moteur*
motorcycle *mo*·to·saï·keul *moto*
motorway *mo*·to·wéï *autoroute*
mountain *maon*·téïnn *montagne*
— **bike** *maon*·téïnn baïk *vélo tout-terrain (VTT)*
— **path** *maon*·téïnn paS *chemin de montagne*
— **range** *maon*·téïnn rénndj *chaîne de montagnes*
mountaineering *maon*·téï·ni·rinng *alpinisme*

M

mouse maous *souris*
mouth maouS *bouche*
move mouv *bouger*
movie *mou*·vi *film* • *cinéma*
Mr *mis*·teur *Monsieur*
Mrs *mi*·siz *Madame*
Ms, Miss mis *Mademoiselle*
mud meud *boue*
multimedia meul·ti·*mi*·di·a *multimédia*
mum meum *maman*
muscle *meu*·seul *muscle*
museum myou·*zi*·eum *musée*
music *myou*·zik *musique*
— **shop** *myou*·zik chop *disquaire*
musician myou·*zi*·cheunn *musicien/musicienne*
Muslim *meus*·lim *musulman(e)*
my maï *mon/ma/mes*

N

nail clippers *néïl* kli·*peurz* *coupe-ongles*
name néïm *nom*
napkin *nap*·kinn *serviette*
nappy *na*·pi *couche*
narcotic nar·*ko*·tik *stupéfiant*
national park *na*·cheu·neul pârk *parc national*
nationality na·cheu·*na*·li·ti *nationalité*
nature *néï*·tcheur *nature*
naturopath *néï*·tcheu·ro·paS *naturopathe*
nausea *no*·zi·a *nausée*
near niir *près de*
nearby *niir*·baï *tout près*
nearest *nii*·rèst *le/la plus proche*
necessary *nè*·sè·seu·ri *nécessaire*
necklace *nèk*·léïs *collier*
need niid *avoir besoin de*
needle *nii*·deul *aiguille*
neither *naï*·Zeur *ni*
net nèt *filet*
Netherlands *nè*·Zèr·landz *Pays-Bas*
network *nèt*·woork *réseau*
never *nè*·veur *jamais*
new nyou *nouveau/nouvelle*
New Year's Day nyou yœrz *déï* *Jour de l'an*
New Year's Eve nyou yœrz *iiv* *Saint-Sylvestre*
New Zealand nyou·*zè*·land *Nouvelle-Zélande*
news nyouz **n** *les nouvelles* • **n** *les actualités*
newsagent *nyouz*·*éï*·djènnt *marchand de journaux*
newspaper *nyouz*·péï·peur *journal*
next nèkst *prochain(e)*
— **to ...** nèkst tou *à côté de ...*
nice naïs **a** *agréable* • **a** *gentil/gentille*
nickname *nik*·néïm *surnom*
night naït *nuit*
— **out** *naït* a·out *soirée (fête)*
nightclub *naït*·kleub *boîte*
nine naïnn *neuf*
no neo *non*
— **vacancy** no *vè*·keunn·si *complet*
noisy *noï*·si *bruyant(e)*
non-direct nonn·*di*·rèkt *non-direct*
none nonn *aucun(e)*
non-smoking nonn·*smo*·kinng *non-fumeur*
noon noun *midi*
north noorS *nord*
northern hemisphere nor·Zeurn *hè*·*mis*· fir *hémisphère*
nose noz *nez*
not bad not bad *pas mal*
notebook *noot*·bouk *carnet*
nothing *no*·Sinng *rien*
not yet not yèt *pas encore*
novel *no*·veul *roman*
now na·o *maintenant*
nuclear energy *nyou*·kli·eur *è*·nèr·dji *énergie nucléaire*
nuclear power *nyou*·kli·eur *pa*·weur *puissance nucléaire*
nuclear test *nyou*·kli·eur tèst *essai nucléaire*
nuclear waste *nyou*·kli·eur wéïst *déchets nucléaires*
number *num*·beur *numéro*
nun neunn *religieuse*
nurse nœrs *infirmier/infirmière*

O

obtain ob·*téïn* *obtenir*
obvious *ob*·vi·eus *évident(e)*
occupation o·kyou·*péï*·cheunn *occupation*
ocean *o*·cheunn *océan*

offence o·fènns *délit*
office o·fis *bureau*
— **worker** o·fis woor·keur *employé(e) de bureau*
officer o·fi·seur **n** *officier* • **n** *agent de police*
offside of·saïd *hors jeu*
often o·feunn *souvent*
oil oïl **n** *huile* • **n** *pétrole*
old old *vieux/vieille*
Olympic Games o·lim·pik géïmz *les Jeux Olympiques*
on onn *sur*
— **strike** onn straïk *en grève*
— **the corner** onn Zeu koor·neur *au coin*
— **time** onn taïm *à l'heure*
once wanns *une fois*
one wann *un(e)*
one-way (ticket) wann·wéï (ti·keut) *(billet) simple*
only oonn·li *seul(e)*
open oo·peunn **a** *ouvert(e)* • **v** *ouvrir*
opening hours oo·peu·ninng ha·ourz *heures d'ouverture*
opera o·peu·ra *opéra*
operation o·pè·réï·cheunn *opération*
operator o·pè·réï·teur *opérateur/opératrice*
opinion eu·pi·ni·eunn *avis*
opponent eu·po·nènnt *adversaire*
opportunity eu·por·tyou·ni·ti *occasion*
opposite eu·po·zit *en face de*
or or *ou*
orange o·rinndj *orange*
order or·deur **n** *ordre* • **v** *ordonner*
ordinary or·di·neu·ri *ordinaire*
organisation or·geu·ni·zéï·cheunn *organisation*
organise or·geu·naïz *organiser*
orgasm or·ga·zeum *orgasme*
original o·ri·dji·neul *original(e)*
other o·Zeur *autre*
our a·weur *notre*
out of order a·out of or·deur *hors service*
outside a·out·saïd *dehors*
oven o·veunn *four*
over o·veur *par dessus* • **a** *fini(e)*
overnight o·veur·naït *pendant la nuit*
overseas o·veur·siz *outre-mer*
owe oo *devoir*
owner o·neur *propriétaire*
ox oks *bœuf*
oxygen ok·si·djeunn *oxygène*
ozone layer o·zonn lè·yeur *couche d'ozone*

P

pacemaker pès·mè·keur *pacemaker*
pacifier (USA) pa·si·faï·eur *tétine*
package pa·kidj *paquet*
padlock pad·lok *cadenas*
page péïdj *page*
pain péïnn *douleur*
painful péïnn·foul *douloureux/douloureuse*
painkiller péïnn·ki·leur *analgésique*
painter péïnn·teur *peintre*
painting péïnn·tinng **n** *tableau*
• **n painting** péïnn·tinng *peinture*
pair pèr *paire*
palace pa·las *palais*
pan pann *casserole*
panties pann·tiz *slip*
pants (USA) pants *pantalon*
pants (GB) pants *slip*
pantyhose (USA) pann·ti·hoz *collant*
panty liners pann·ti laï·neurz *protège-slips*
paper pè·peur *papier*
pap smear pap smiir *frottis*
paperwork pè·peur·woork *paperasserie*
parade peu·râd *parade*
paraplegic pa·reu·pli·djik *paraplégique*
parcel par·seul *colis*
parents pa·rènnts *parents*
park pârk **n** *parc*
• **v** *garer (une voiture)*
part pârt *partie*
participate par·ti·si·péït *participer*
particular par·ti·ku·leur *particulier/particulière*
part-time pâr·taïm *à temps partiel*
party pâr·ti **n** *soirée (fête)*
• **n** *parti*
pass pas **v** *passer* • **n** *passe (sport)*
passenger pa·sènn·djeur *voyageur/voyageuse*

passport pas·poort *passeport*
  — number pas·poort neum·beur *numéro de passeport*
past past *passé*
path paS *chemin*
pay péï *payer*
payment péï·mènnt *paiement*
peace piis *paix*
peak piik *cime*
pedal pè·deul *pédale*
pedestrian pè·dès·tri·eunn *piéton*
pen pènn *stylo*
pencil pènn·sil *crayon*
penicillin pè·neu·si·linn *pénicilline*
penis pii·neus *pénis*
penknife pènn·naïf *canif*
pensioner pènn·chon·neur *retraité(e)*
people pi·peul *gens*
per pèr *par (jour)*
percent peur·sènnt *pour cent*
perfect peur·fèkt *parfait(e)*
performance pèr·for·mènns *spectacle*
perfume peur·fyum *parfum*
period pain pi·ri·od péïn *règles douloureuses*
permanent peur·ma·nènnt *permanent(e)*
permission peur·mi·cheunn *permission*
permit peur·mit **n** *permis* • **v** *permettre*
person peur·son *personne*
personal peur·so·neul *personnel/personnelle*
personality peur·so·na·li·ti *personnalité*
pet pèt *animal familier*
petition pè·ti·cheunn *pétition*
petrol pè·trol *essence*
  — station pè·trol stéï·cheunn *station-service*
pharmacy far·meu·si *pharmacie*
phone book foon bouk *annuaire*
phone box foon boks *cabine téléphonique*
phone card foon kârd *télécarte*
photo foo·to *photo*
photographer fo·to·gra·feur *photographe*
photography fo·to·gra·fi *photographie*
phrase fréïz *expression*
phrasebook fréïz·bouk *guide de conversation*
physiotherapist fi·zi·o·Sè·ra·pist *kinésithérapeute*
physiotherapy fi·zi·o·Sè·ra·pi *kinésithérapie*
pick pik *choisir*
  — up pik eup *ramasser*
picnic pik·nik *pique-nique*
picture pik·tcheur *image*
piece pis *morceau*
pig pig *cochon*
pill pil *pilule*
pillow pi·leo *oreiller*
pillowcase pi·leo·kéïz *taie d'oreiller*
pin pinn *épingle*
pink pink *rose*
pipe païp *pipe*
place pléïs *lieu*
  — of birth pléïs of bœrS *lieu de naissance*
plane pléïnn *avion*
planet pla·neut *planète*
plastic plas·tik *plastique*
plate pléït *assiette*
platform plat·form *quai*
play pléï *jouer* • *jouer d'un instrument* • *jouer à un jeu* • *jouer dans une pièce de théâtre*
playground pléï·graound *terrain de jeux*
plenty plènn·ti **n** *abondance* • *beaucoup de*
plug pleug **n** *bonde* • **n** *prise électrique*
pocket po·keut *poche*
poetry po·è·tri *poésie*
point poïnnt **n** *pointe* • **v** *indiquer*
poisonous poï·so·neus *venimeux/venimeuse*
police peu·liis *police*
  — car peu·liis kâr *voiture de police*
  — officer peu·liis o·fi·seur *policier*
  — station peu·liis stéï·cheunn *commissariat*
policy po·li·si *politique*
politician po·li·ti·cheunn *homme/femme politique*
politics po·li·tiks *politique*
pollen po·leunn *pollen*
pollution po·lou·cheunn *pollution*
pond pond *étang*
pool poul *billard américain*
pool (swimming) poul (swi·minng) *piscine*

P

DICTIONNAIRE

poor pour *pauvre*
popular *po*·pyou·leur *populaire*
port poort *port*
positive *po*·zi·tiv *positif/positive*
possible *po*·si·beul *possible*
postage *pos*·tidj *tarifs postaux*
postcard *post*·kârd *carte postale*
post code *poost* kod *code postal*
post office *post* o·fis *bureau de poste*
postman *post*·mann *facteur*
pot pot *pot*
pottery *po*·teu·ri *poterie*
pound paound *livre (sterling)* • *unité de mesure*
poverty *po*·veur·ti *pauvreté*
power *pa*·weur *pouvoir*
practical *prak*·ti·keul *pratique*
practise *prak*·tis *pratiquer*
prayer prèèr *prière*
prefer pri·*feur* *préférer*
pregnancy test *prèg*·nan·si tèst *test de grossesse*
pregnant *prèg*·nant *enceinte*
premenstrual tension *pri*·mèns·strou·eul *tènn*·cheunn *syndrome prémenstruel*
prepare pri·péïr *préparer*
prescription près·*krip*·cheunn *ordonnance*
present *prè*·zènnt **n** *cadeau* • **n** *présent*
president *prè*·zi·dènnt *président*
pressure *prè*·cheur *pression*
pretend pri·*tènnd* *faire semblant*
pretty *pri*·ti *joli(e)*
prevent pri·*vènnt* *empêcher*
previous *pri*·vi·eus *précédent(e)*
price praïs *prix*
priest prist *prêtre*
prime minister praïm *mi*·nis·teur *premier ministre*
printer *prin*·teur *imprimante*
prison *pri*·zonn *prison*
prisoner *pri*·zeu·neur *prisonnier/prisonnière*
private *praï*·veut *privé(e)*
private hospital *praï*·veut *hos*·pi·teul *clinique privée*
probable *pro*·ba·beul *probable*
problem *pro*·blèm *problème*
produce pro·*dyous* *produire*
professional pro·*fè*·cho·neul *professionnel/professionnelle*
profit *pro*·fit *bénéfice*
programme *pro*·gram *programme*
projector pro·*djèk*·teur *projecteur*
promise *pro*·mis **n** *promesse* • **v** *promettre*
promote pro·*mot* *promouvoir*
prostitute *pro*·sti·tyout *prostituée*
protect pro·*tèkt* *protéger*
protected (species) pro·*tèkt*·teud (*spè*·chiz) *espèces protégées*
protection pro·*tèk*·cheunn *protection*
protest *pro*·tèst **n** *manifestation* • **v** *manifester*
provisions pro·*vi*·jeunnz *provisions*
psychotherapy saï·ko·*Sè*·ra·pi *psychothérapie*
pub peub *bar*
public *peu*·blik *public*
— **telephone** *peu*·blik *tè*·lè·fonn *téléphone public*
— **toilet** *peu*·blik *toï*·lèt *toilettes*
pull poul *tirer*
pump peump *pompe*
puncture *punk*·tcheur *crevaison*
punish *peu*·nich *punir*
puppy *peu*·pi *chiot*
pure pyour *pur(e)*
purple *peur*·peul *violet/violette*
purpose *peur*·poz *objet*
purse pœrs *porte-monnaie*
push pouch *pousser*
— **chair** *pouch* tchèr *poussette*
put pout *mettre*

Q

qualification kwa·li·fi·*kéï*·cheunn *qualification*
quality *kwa*·li·ti *qualité*
quantity *kwan*·ti·ti *quantité*
quarantine *kwo*·ran·tinn *quarantaine*
quarrel *kwo*·reul *dispute*
quarter *koor*·teur *quart*
queen kwiin *reine*
question *kwès*·tcheun *question*
queue kyouou *queue*
quick kwik *rapide*
quiet *kwa*·yeut *tranquille*
quit kwit *quitter*

R

rabbit *ra*·bit *lapin*
race réïs **n** *race* • **n** *course*
racetrack *réïs*·trak *champ de courses*
racism *réï*·si·zeum *racisme*
racquet *ra*·keut *raquette*
radiator *ra*·di·a·teur *radiateur*
radical *ra*·di·keul *radical(e)*
radio *rè*·di·o *radio*
rail réïl *garde-fou*
railway *réïl*·wéï *chemin de fer*
— **station** *réïl*·wéï *stéï*·cheunn *gare ferroviaire*
rain réïn **n** *pluie* • **v** *pleuvoir*
raincoat *réïn*·koot *imperméable*
raise réïz *soulever*
rape réïp *violer*
rare réïr **a** *rare* • **a** *saignant(e)*
rash rach *rougeur*
rat rat *rat*
rave réïv *rave*
raw roo *cru(e)*
razor *réï*·zeur *rasoir*
razor blade *réï*·zeur bléïd *lame de rasoir*
reach riitch *atteindre*
read riid *lire*
ready *rè*·di *prêt(e)*
real riil *vrai(e)*
— **estate** *riil* ès·téït *agent immobilier*
realise *ri*·eu·laïz *se rendre compte de*
realistic ri·eu·*lis*·tik *réaliste*
reality ri·*a*·li·ti *réalité*
really *ri*·li *vraiment*
rear rir *arrière*
reason *ri*·zeunn *raison*
receipt ri·*siit* *reçu*
receive ri·*siiv* *recevoir*
recently *ri*·sènn·tli *récemment*
recognise *rè*·kog·naïz *reconnaître*
recommend rè·keu·*mènnd* *recommander*
record *rè*·kord *enregistrer*
record *rè*·kord *disque*
recording rè·*kor*·dinng *enregistrement*
recyclable *ri*·saï·keul·beul *recyclable*
recycle ri·*saï*·keul *recycler*
recycling ri·*saï*·klinng *recyclage*
red rèd *rouge*
reduce ri·*dyous* *réduire*
referee rè·feu·*rii* *arbitre*
reference *rè*·frènns *référence*
refrigerator ri·*fri*·djè·rè·teur *réfrigérateur*
refugee rè·fjou·*djii* *réfugié(e)*
refund re·*faond* *remboursement*
refuse ri·*fyouz* *refuser*
region *rii*·djeunn *région*
registered mail/post (by) *rè*·djis·teurd méïl/post (baï) *en recommandé*
regular *rè*·gu·leur *normal(e)*
relationship ri·*léï*·cheunn·chip *relation*
relax *ri*·laks *se reposer*
relevant *rè*·leu·veunnt *pertinent(e)*
religion ri·*li*·djeunn *religion*
religious ri·*li*·djeus *religieux/religieuse*
remember *ri*·mèm·beur *se souvenir*
remote ri·*mot* *éloigné(e)*
remote control ri·*mot* konn·*trol* *télécommande*
rent rènnt *louer*
repair ri·*pèr* *réparer*
reply ri·*plaï* *répondre*
represent rè·pri·*zènnt* *représenter*
republic ri·*peu*·blik *république*
research ri·*sœrtch* *recherches*
reservation rè·zeu·*véï*·cheunn *réservation*
response ris·*pons* *réponse*
rest rèst *repos*
restaurant *rès*·trènnt *restaurant*
resumé *rè*·seu·mè *CV*
retired ri·*taïrd* *retraité(e)*
return ri·*tœrn* *revenir*
return (ticket) ri·*tœrn* *(ti*·keut) *aller-retour*
review ri·*vyou* *critique (article)*
revolution rè·vo·*lou*·cheunn *révolution*
rhythm *ri*·Zeum *rythme*
rice raïs *riz*
rich ritch *riche*
ride raïd **n** *promenade* • **v** *monter à cheval*
right raït *à droite* • **v be right** bi raït *avoir raison*
right-wing *raït*·wing *de droite*
ring ring **n** *anneau* • **n ring** ring *bague* • **v ring** ring *sonner*
— **road** ring rood *boulevard périphérique*
rip-off rip·of *arnaque*
risk risk *risque*
river *ri*·veur *rivière*

R

DICTIONNAIRE

road rood *route*
— **map** rood map *carte routière*
rob rob *voler (quelqu'un)*
robbery *ro*·beu·ri *vol*
rock rok **n** *rocher* • **n** *rock*
— **climbing** *rok klaïm*·binng *varappe*
— **group** *rok* group *groupe de rock*
rollerblading *ro*·leur·*blé*·dinng *roller*
romantic ro·*man*·tik *romantique*
roof rouf *toit*
room roum *chambre*
— **number** *roum* neum·beur *numéro de chambre*
rooster *rous*·teur *coq*
rope roop *corde*
round raond *rond(e)*
roundabout *raond*·eu·baout *rond-point*
route rouout *itinéraire*
rowing *roo*·inng *aviron*
rubbish *reu*·bich *ordures*
— **bin** *reu*·bich binn *poubelle*
— **dump** *reu*·bich deump *décharge*
rude rououd *impoli(e)*
rug reug *tapis*
rugby *reug*·bi *rugby*
ruins rouounz *ruines*
rules rououlz *règles*
run reun *courir*
— **out of** reun aout of *manquer de*

S

Sabbath *sa*·beuS *sabbat*
sad sad *triste*
saddle *sa*·deul *selle*
safe séïf **a** *sans danger*
• **n** *coffre-fort*
— **sex** séïf sèks *rapports sexuels protégés*
safety *séïf*·ti *sécurité*
sail séïl *voile*
sailing *séï*·linng *voile*
saint sènnt *saint(e)*
salary *sa*·leu·ri *salaire*
sale séïl *vente*
sales tax *séïls* taks *taxe à la vente*
salt solt *sel*
same séïm *même*
sand sand *sable*
sandals *san*·deulz *sandales*
sanitary napkin *sa*·ni·teu·ri *nap*·kinn *serviette hygiénique*

satisfied *sa*·tis·faïd *satisfait(e)*
Saturday *sa*·teur·déï *samedi*
sauna *so*·na *sauna*
save séïv *sauver*
say séï *dire*
scared skéïrd *effrayé(e)*
scarf skârf *écharpe*
scenery *si*·neu·ri *paysage*
school skoul *école*
science *saï*·ènns *science*
science-fiction *saï*·ènns *fik*·cheunn *science-fiction*
scientist *saï*·èn·tist *scientifique*
scissors *si*·zeurz *ciseaux*
score skoor *score*
scoreboard *skoor*·boord *tableau d'affichage*
Scotland *skot*·land *Écosse*
screen skriin *écran*
script skript *scénario*
scriptwriter *skript*·raï·teur *scénariste*
sculpture *skeulp*·tcheur *sculpture*
sea sii *mer*
seashell *sii*·chèl *coquillage*
seasick (be) *sii*·sik (bi) *avoir le mal de mer*
seaside *sii*·saïd *bord de la mer*
season *si*·zeunn *saison*
seat siit *place (assise)*
seatbelt *siit*·bèlt *ceinture de sécurité*
second *sè*·kond **n** *seconde*
• **a** *second(e)*
— **class** *sè*·kond klas *de seconde classe*
secondhand *sè*·kond·hand *d'occasion*
secret *si*·krèt *secret*
secretary sè·kreu·*tè*·ri *secrétaire*
security si·*kyou*·ri·ti *sécurité*
see sii *voir*
self-employed sèlf·im·*ploïd* *indépendant(e)*
selfish *sèl*·fich *égoïste*
self service sèlf *sœr*·vis *libre-service*
sell sèl *vendre*
seminar *sè*·mi·*nâr* *séminaire*
send sènnd *envoyer*
sensible *sèn*·si·beul *raisonnable*
sensual *sènn*·chou·eul *sensuel/sensuelle*
separate *sè*·peu·rèt *séparé(e)*
September sèp·*tèm*·beur *septembre*
series *si*·riiz *série*

serious *si*·ri·eus *sérieux/sérieuse*
service *sœr*·vis *service*
— **station** *sœr*·vis *stéï*·cheunn *station-service*
— **charge** *sœr*·vis tchârdj *service*
seven *sè*·veunn *sept*
several *sè*·veu·reul *plusieurs*
sow soo *coudre*
sex sèks *sexe*
sexism *sèk*·si·zeum *sexisme*
sexist *sèk*·sist *sexiste*
sexy *sèk*·si *sexy*
shade chéïd *ombre (une)*
shadow *cha*·doo *ombre (l')*
shake chéïk *agiter (quelque chose)*
shallow *cha*·loo *peu profond*
shampoo cham·*pou* *shampooing*
shape chéïp *forme*
shape chéïp *façonner*
share chèèr *partager (une chambre, une sdb, etc.)*
• **share with** chèèr wiZ *partager avec*
sharp chârp *tranchant(e)*
shave chéïv *se raser*
shaving cream *chéï*·vinng kriim *mousse à raser*
she chi *elle*
sheep chiip *mouton*
sheet chiit *drap* • **sheet (of paper)** chiit (of *péï*·peur) *feuille (de papier)*
shelf chèlf *étagère*
shelter *chèl*·teur *abri*
ship chip *navire*
shirt chœrt *chemise*
shoe chouou *chaussure*
— **shop** *chouou* chop *magasin de chaussures*
shoot chout *tirer* • *tirer (avec une arme à feu)*
shop n chop *magasin*
• v *faire des courses*
shopping centre *cho*·pinng *sènn*·teur *centre commercial*
short chort *court(e)*
shortage *chor*·tidj *manque*
shorts chorts *short*
shoulder *choul*·deur *épaule*
shout chaout *crier*
show choo v *montrer* • n *spectacle*
shower *cha*·weur *douche*
shrine chraïn *lieu saint*
shut cheut *fermé(e)*
shy chaï *timide*
sick sik *malade*
sickness *sik*·nès *maladie*
side saïd *côté*
sign saïn *signe*
signature *sig*·neu·tcheur *signature*
silk silk *soie*
silver *sil*·veur *argent*
similar *si*·mi·leur *semblable*
simple *sim*·peul *simple*
since sinns *depuis (une date précise)*
sing sinng *chanter*
Singapore sinn·geu·*por* *Singapour*
singer *sinn*·geur *chanteur/chanteuse*
single *sinn*·geul *célibataire*
— **room** *sinn*·geul roum *chambre pour une personne* • *chambre simple*
singlet *sinn*·gleut *maillot de corps*
sister *sis*·teur *sœur*
sit sit *s'asseoir*
situation si·tou·*éï*·cheunn *situation*
six siks *six*
size saïz *taille*
skateboarding *skéït*·boor·dinng *skateboard*
ski skii *skier*
skiing *skii*·inng *ski*
skis skiiz *skis*
skill skil *compétence*
skin skin *peau*
skirt skœrt *jupe*
sky skaï *ciel*
sleep sliip n *sommeil*
• v *dormir*
sleeping bag *slii*·pinng bag *sac de couchage*
sleeping car *slii*·pinng kâr *wagon-lit*
sleeping pill *slii*·pinng pil *somnifère*
sleepy (be) *slii*·pi (bi) *avoir sommeil*
slice slaïs *tranche*
slide slaïd *diapositive*
slow sloo *lent(e)*
slowly *sloo*·li *lentement*
small smool *petit(e)*
smaller *smoo*·leur *plus petit(e)*
smallest *smoo*·lèst *le plus petit/la plus petite*
smell smèl n *odeur*
• v *sentir*
smile smaïl n *sourire* • v *sourire*

S

DICTIONNAIRE

smoke smook **n** *fumée* • **v** *fumer*
snack snak *casse-croûte*
snail snéïl *escargot*
snake snéïk *serpent*
snorkeling (to go) *snor*·keul·ing *nager avec un tuba*
snow snoo **n** *neige* • **v** *neiger*
snowboarding *snoo*·boor·dinng *surf des neiges*
soap soop *savon*
soccer *so*·keur *football*
socialism *so*·cheu·li·zeum *socialisme*
socialist *so*·cheu·list *socialiste*
social welfare *so*·cheul *wèl*·fèr *sécurité sociale*
society so·*saï*·eu·ti *société*
socks soks *chaussettes*
soft soft *doux/douce*
software *soft*·wèr *logiciel*
soldier *sol*·djeur *soldat*
solid *so*·lid *solide*
some som *quelques* • *du/de la/des*
someone *som*·wann *quelqu'un*
something *som*·Sinng *quelque chose*
sometimes *som*·taïmz *quelquefois*
son sonn *fils*
song song *chanson*
soon sououn *bientôt*
sore soor *douloureux/douloureuse*
south saouS *sud*
southern hemisphere *saou*·Zeurn hè·mis·*fir* *hémisphère Sud*
souvenir sou·veu·*nir* *souvenir*
— **shop** sou·veu·*nir* chop *magasin de souvenirs*
space spéïs *espace*
Spain spéïn *Espagne*
speak spiik *parler*
special *spè*·cheul *spécial(e)*
specialist *spè*·cheu·list *spécialiste*
speech spiitch *discours*
speed spiid *vitesse*
— **limit** *spiid* li·mit *limitation de vitesse*
speedometer spi·*do*·mi·teur *compteur (de vitesse)*
spend spènnd **v** *dépenser* • **v** *passer (du temps)*
spicy *spaï*·si *épicé(e)*
spider *spaï*·deur *araignée*
spine spaïnn *colonne vertébrale*
spirit *spi*·rit *esprit*
spoon spououn *cuillère*
sport spoort *sport*
sports ground *spoorts* graond *terrain de sport*
sportsperson spoorts·*peur*·sonn *sportif/sportive*
sports store/shop *spoorts* stor/chop *magasin de sports*
spot spot *endroit*
sprain spréïn *entorse*
spring sprinng **n** *ressort* • **n** *printemps*
square skwèr *place*
stadium *stèï*·di·eum *stade*
stage stè·ïdj *scène*
stairway *stèr*·wéï *escalier*
stale stéïl **a** *pas frais/fraîche* • **a** *rassis(e)*
stamp stamp *timbre*
stand-by ticket *stand*·baï *ti*·keut *billet stand-by*
star stârz *étoile*
start stârt *commencement* • **v** *commencer*
station *stéï*·cheunn *gare* • *station*
stationer's (shop) *stéï*·cheu·neurz (chop) *papeterie*
stay stéï *rester*
steal stiil *voler*
steep stiip *raide*
step stèp *marche (d'escalier)*
stereo (system) *stè*·ri·o (*sis*·teum) *chaîne hi-fi*
stockings *sto*·kinngz *bas*
stolen *sto*·leunn *volé(e)*
stomach *sto*·meuk *estomac*
stomachache (have a) *sto*·meuk·èk (hav) *avoir mal au ventre*
stone stonn *pierre*
stop stop **n** *arrêt* • **v** *(s')arrêter*
Stop! stop *Arrêtez !*
storm stoorm *orage*
story *sto*·ri *histoire*
stove stov *réchaud*
straight stréït *droit(e)*
— **ahead** stréït eu·*hèd* *tout droit*
strange strènndj *étrange*
stranger *strènn*·djeur *étranger/étrangère*
stream striim *ruisseau*

street striit *rue*
— **market** striit *mar*·keut *braderie*
strike (go on) straïk (go onn) *se mettre en grève*
string strinng *ficelle*
stroller *stro*·leur *poussette*
strong strong *fort(e)*
student *styou*·dènnt *étudiant(e)*
studio *stou*·di·o *atelier*
study *steu*·di *étudier*
stupid *styou*·pid *stupide*
style staïl *style*
subtitles *seub*·taï·teulz *sous-titres*
suburb *seub*·eurb *banlieue*
subway *seub*·wéï *métro*
suffer *seu*·feur *souffrir*
suitcase *sout*·kèz *valise*
summer *seu*·meur *été*
sun seunn *soleil*
sunblock *seunn*·blok *écran solaire total*
sunburn *seunn*·bœrn *coup de soleil*
Sunday *seunn*·déï *dimanche*
sunglasses *seunn*·gla·seuz *lunettes de soleil*
sunny *seu*·ni *ensoleillé(e)*
sunrise *seunn*·raïz *lever du soleil*
sunscreen *seunn*·skrinn *écran solaire*
sunset *seunn*·sèt *coucher du soleil*
supermarket *sou*·peur·mar·keut *supermarché*
superstition sou·peur·*sti*·cheunn *superstition*
support seu·*poort* *supporter*
sure chour *sûr(e)*
surf sœrf *surfer*
surface mail (land) *seur*·féïs méïl (land) *voie terrestre (envoi du courrier)*
surface mail (sea) *seur*·féïs méïl (sii) *voie maritime (envoi du courrier)*
surfboard *sœrf*·boord *planche de surf*
surname *sœr*·néïm *nom de famille*
surprise seur·*praïz* *surprise*
survive seur·*vaïv* *survivre*
sweater *swè*·teur *pull*
sweet swiit *sucré(e)*
swim swim *nager*
swimming pool *swim*·minng poul *piscine*
swimsuit *swim*·sout *maillot de bain*
Swiss swiss *Suisse (nationalité)*
Switzerland *swi*·dzeur·land *Suisse (pays)*
synagogue *si*·neu·gog *synagogue*
synthetic sin·*Sè*·tik *synthétique*
syringe seu·*rindj* *seringue*

T

table *téï*·beul *table*
table tennis *téï*·beul *tè*·nis *tennis de table*
tablecloth *téï*·beul·kloS *nappe*
tail téïl *queue (d'un animal)*
tailor *téï*·leur *tailleur*
take téïk *prendre*
— **a photo** téïk eu *fo*·to *prendre en photo*
talk took **n** *conversation* • **n** *exposé* • **v** *parler*
tall tool *grand(e)*
tampon *tam*·ponn *tampon hygiénique*
tanning lotion *ta*·ninng *lo*·cheunn *crème de bronzage*
tap (GB) tap *robinet*
tasty *téïs*·ti *délicieux/délicieuse*
tax taks *taxe*
taxi *tak*·si *taxi*
taxi stand *tak*·si stand *station de taxi*
teacher *ti*·tcheur *professeur*
team tiim *équipe*
teaspoon *tii*·spoun *petite cuillère*
technique tèk·*niik* *technique*
teeth tiiS *dents*
telegram *tè*·leu·gram *télégramme*
telephone *tè*·lè·fonn *téléphone* • **v** *téléphoner*
— **box** *tè*·lè·fonn boks *cabine téléphonique*
telescope *tè*·leus·skop *télescope*
television *tè*·li·vi·jeunn *télévision*
tell tèl **v** *dire* • **v** *raconter*
teller *tè*·leur *caissier/caissière*
temperature *tèm*·preu·tcheur *température*
temple *tèm*·peul *temple*
ten tènn *dix*
tenant *tè*·nant *locataire*
tennis *tè*·nis *tennis*
tennis court *tè*·nis kourt *court de tennis*
tent tènnt *tente*
tent peg *tènnt* pègz *piquet de tente*
terrible *tè*·ri·beul *affreux/affreuse*

terrorism tè·ro·ri·zeum *terrorisme*
test tèst *essai*
thank Sank *remercier*
that Zat *ce/cette • cela*
theatre Si·eu·teur *théâtre*
their Zèr *leur/leurs*
then Zèn *puis • alors*
there Zèèr *là*
therefore Zèr·for *donc*
they Zéï *ils/elles*
thick Sik *épais/épaisse*
thief Siif *voleur/voleuse*
thin Siin *maigre*
thing Sing *chose*
think Sink *penser*
third Sœrd *troisième*
thirsty (be) Sœr·sti (bi) *avoir soif*
this Zis *ce/cette • ceci*
three Srii *trois*
throat Sroot *gorge*
throw Sroo *jeter*
thrush Sreuch *muguet (maladie)*
Thursday Sœrs·déï *jeudi*
ticket ti·keut *billet*
— **collector** ti·keut ko·lèk·teur *contrôleur*
— **machine** ti·keut meu·chinn *distributeur de tickets*
— **office** ti·keut o·fis *guichet • billetterie*
tide taïd *marée*
tie taï *cravate*
tight taït *étroit(e)*
tights (GB) taïts *collants*
time taïm *heure • temps*
— **difference** taïm di·frènns *décalage horaire*
timetable taïm·téï·beul *horaire*
tin tinn *boîte (de conserve)*
tin opener tinn o·peu·neur *ouvre-boîte*
tiny taï·ni *minuscule*
tip tip *pourboire*
tire taï·eur *pneu*
tired taï·eud *fatigué(e)*
tissues ti·chyouz *mouchoirs en papier*
to tou *à*
toast toost *pain grillé*
toaster too·steur *grille-pain*
tobacco teu·ba·ko *tabac*
tobacconist teu·ba·ko·nist *bureau de tabac*
today tou·déï *aujourd'hui*
toe too *orteil*
together tou·gè·Zeur *ensemble*
toilet toï·lèt *toilettes*
— **paper** toï·lèt péï·peur *papier hygiénique*
tomorrow tou·mo·ro *demain*
— **afternoon** tou·mo·ro af·teur·noun *demain après-midi*
— **evening** tou·mo·ro iiv·ninng *demain soir*
— **morning** tou·mo·ro moor·ninng *demain matin*
tonight tou·naït *ce soir*
too tou *trop*
— **much (rain)** tou meutch (réïn) *trop (de pluie)* + **sg**
— **many (people)** tou mè·ni (pi·peul) *trop (de gens)* + **pl**
tooth touS *dent*
toothache touS·èk *mal de dents*
toothbrush touS·breuch *brosse à dents*
toothpaste touS·péïst *dentifrice*
toothpick touS·pik *cure-dent*
torch toortch *lampe de poche*
touch teutch **n** *toucher (le)* • **v** *toucher*
tour touour *voyage*
tourist tou·rist *touriste*
— **office** tou·rist o·fis *office du tourisme*
tournament tour·neu·meunnt *tournoi*
toward to·weurd *vers (lieu) • envers (quelqu'un)*
towel tao·weul *serviette*
tower tao·weur *tour*
town ta·onn *ville*
tow truck too treuk *dépanneuse*
toxic waste tok·sik wéïst *déchets toxiques*
toy toï *jouet*
track trak *chemin (de randonnée) • piste*
trade tréïd *commerce*
traffic tra·fik *circulation*
— **jam** tra·fik djam *bouchon*
— **lights** tra·fik laïts *feux de signalisation*
trail tréïl *piste*
train tréïn *train*
— **station** tréïn stéï·cheunn *gare ferroviaire*

T

anglais/français

transfer *trans*·feur *transfert*
transit lounge *tran*·zit laondj *salle de transit*
translate trans·*léït* *traduire*
transport *trans*·poort *transport*
travel *tra*·veul *voyager*
— **agency** *tra*·veul è·djèn·si *agence de voyages*
— **sickness** *tra*·veul *sik*·nès *mal des transports*
travellers cheque *trav*·leurz tchèk *chèque de voyage*
treatment *trit*·mènnt *traitement*
tree trii *arbre*
trek trèk *randonnée*
trick trik **n** *ruse* • **v** *tromper*
trip trip *voyage*
trolley *tro*·li *chariot*
trouble *treu*·beul *peine*
trousers (GB) *traou*·zeurs *pantalon*
truck treuk *camion*
true trouou *vrai(e)*
trust treust **n** *confiance* • **v** *faire confiance à*
truth trouS *vérité*
try traï *essayer*
T-shirt *tii*·shœrt *T-shirt*
tube tyoub *chambre à air*
Tuesday *tyous*·déï *mardi*
tune tyoun *air*
turn tœrn *tourner*
TV tii·vii *télévision* • *TV*
— **series** tii·vii *si*·riiz *série télévisée*
tweezers *twii*·zeurz *pince à épiler*
twice twaïs *deux fois*
twin beds twinn bèdz *lits jumeaux*
twins twinnz *jumeaux/jumelles*
two tou *deux*
type taïp *type*
typical *ti*·pi·keul *typique*
tyre *taï*·eur *pneu*

U

ugly *eu*·gli *laid(e)*
ultrasound *eul*·treu·saound *ultrason*
umbrella eum·*brè*·la *parapluie*
uncertain eunn·*sœr*·teunn *incertain(e)*
uncomfortable eunn·*komf*·teu·beul *inconfortable*
under *eunn*·deur *sous*
understand eunn·deur·*stand* *comprendre*
underwear *eunn*·deur·wèr *sous-vêtements*
unemployed eunn·im·*ploïd* *chômeur/chômeuse*
unemployment eunn·im·*ploï*·mènnt *chômage*
unfair eunn·*fèèr* *injuste*
unfurnished eunn·*fœr*·nicht *non meublé(e)*
uniform *you*·ni·foorm *uniforme*
union *you*·ni·eunn *union*
union (trade) *you*·ni·eunn (tréïd) *syndicat*
universe *you*·ni·vœrs *univers*
university you·ni·*veur*·si·ti *université*
unleaded eunn·*lè*·deud *sans plomb*
unsafe eunn·*séïf* *dangereux/dangereuse*
until eunn·*til* *jusqu'à (une date)*
unusual eunn·*you*·jeul *peu commun(e)*
up eup *en haut, vers le haut*
upstairs eup·*stèrz* *en haut, à l'étage*
uphill (to go) eup·*hil* (tou go) *monter*
urgent *eur*·djènnt *urgent(e)*
us eus *nous*
USA you·ès·è *les États-Unis*
use youz *utiliser*
useful *youz*·foul *utile*
usually *you*·jeu·li *habituellement*

V

vacancy *véï*·keunn·si *chambre libre*
vacant *véï*·keunnt *libre*
vacation (USA) vè·*kè*·cheunn *vacances*
vaccination vak·si·*néï*·cheunn *vaccination*
vagina veu·*dji*·neu *vagin*
validate *va*·li·déït *valider*
valley *va*·lii *vallée*
valuable *va*·lyou·è·beul *de valeur*
value *va*·lyou *valeur*
van vann *camionnette*
vegetable *vèdj*·téï·beul *légume*
vegetarian vè·djeu·*tè*·ri·eunn *végétarien/végétarienne*
vehicle *vi*·hi·keul *véhicule*
vein véïn *veine*
venereal disease veu·*nir*·i·eul di·*ziz* *maladie vénérienne*

very vè·ri *très*
vest vèst *maillot de corps*
via vi·a *via*
video recorder vi·dè·o ri·kor·deur *magnétoscope*
video tape vi·dè·o téïp *bande-vidéo*
view vyou *vue*
village vi·lidj *village*
vine vaïnn *vigne*
vineyard vi·nyeurd *vignoble*
virus vaï·reus *virus*
visa vii·zeu *visa*
visit vi·zit **v** *visiter* • **v** *aller voir*
visitor vi·zi·teur **n** *visiteur/visiteuse* • **n** *invité(e)*
vitamin vi·teu·minn *vitamine*
volume vo·lyoum *volume*
voluntary vo·lon·teu·ri *bénévole*
volunteer vo·lon·tiir *bénévole*
vomit vo·mit *vomir*
vote voot *voter*

W

wage wéïdj *salaire*
wait (for) wéït for *attendre*
waiter wéï·teur *serveur/serveuse*
waiting room wéï·tinng roum *salle d'attente*
wake up wéïk eup *se réveiller* • **wake (someone) up** wéïk (som·wann) eup *réveiller (quelqu'un)*
walk wook *marcher*
wall wool *mur*
want wont *vouloir*
war wor *guerre*
wardrobe word·rob *penderie*
warm woorm *chaud(e)*
warn worn *prévenir*
warning wor·ninng *avertissement*
wash woch *se laver* • **wash (something)** woch (som·Sinng) *laver (quelque chose)*
washing machine wo·chinng meu·chinn *machine à laver*
wasp wosp *guêpe*
watch wotch **n** *montre* • **v** *regarder*
water wo·teur *eau*
— **bottle** wo·teur bo·teul *bouillotte*
waterfall wo·teur fool *cascade*
waterproof wo·teur·prouf *imperméable*
waterskiing wo·teur·ski·inng *ski nautique*
wave wéïv *vague*
way wéï *direction* • *façon* • *manière* • *chemin*
we wi *nous*
weak wiik *faible*
wealthy wèl·Si *riche*
wear wèr *porter (un vêtement)*
weather wè·Zeur *temps*
— **forecast** wè·Zeur for·kast *météo*
wedding wè·dinng *mariage*
Wednesday wènns·déï *mercredi*
week wiik *semaine*
weekend wiik·ènd *week-end*
weigh wéï *peser*
weight wéït *poids*
welcome wèl·kom *accueillir*
welfare (aid) wèl·fèr (èd) *assistance publique*
well wèl *bien*
west wèst *ouest*
wet wèt *mouillé(e)*
what wat *quel(le)*
wheel wiil *roue*
wheelchair wiil·tchèr *fauteuil roulant*
when wènn *quand*
where wèr *où*
which witch *quel/quelle* • *lequel/laquelle* • *qui*
whistle wi·seul *siffler*
white waït *blanc/blanche*
who hou *qui*
whole hol *tout entier/toute entière*
why waï *pourquoi*
wide waïd *large*
widow wi·doo *veuve*
widower wi·doo·weur *veuf*
wife waïf *femme*
wild waïld *sauvage*
win winn *gagner*
wind winnd *vent*
window winn·doo *fenêtre*
windscreen winnd·skriin *pare-brise*
windshield winnd·child *pare-brise*
windsurfer winnd·sœr·feur *planche à voile*
windsurfing (go) winnd·sœr·finng (go) *faire de la planche à voile*
wine waïnn *vin*

wings winngz *ailes*
winner *wi*·neur *gagnant(e)*
winter *winn*·teur *hiver*
wire wiir *fil de fer*
wish wich *souhaiter*
with wiZ *avec*
withdrawal *wiZ*·drol *retrait*
within (an hour) wi·*Zin* (eun a·oueur) *avant, d'ici (une heure)*
without wi·*Zaout* *sans*
witness *wi*·tnès *témoin*
woman *wou*·mann *femme*
wonderful *won*·deur·ful *merveilleux/merveilleuse*
wood woud *bois*
wool woul *laine*
word word *mot*
work woork *travail* • **v** *travailler*
— **experience** *woork* iks·*pi*·ri·ènns *stage en entreprise*
— **permit** woork *peur*·mit *permis de travail*
world wœrld *monde*
World Cup *wœrld* keup *Coupe du monde*
worms woormz *vers*
worried *weu*·rid *inquiet/inquiète*
worry *weu*·ri *s'inquiéter*
worse woors *pire*
worship *wor*·chip *faire ses dévotions* • **worship (someone)** *wor*·chip (som·wann) *adorer*
wrist rist *poignet*
write raït *écrire*
writer *raï*·teur *écrivain*
wrong rong *faux/fausse* • *mauvais(e) (direction)*
wrong (be) rong (bi) *avoir tort*

Y

year yeur *année*
yellow *yè*·loo *jaune*
yes yès *oui*
yesterday *yès*·teur·déi *hier*
yet yèt *encore*
yoga *yo*·geu *yoga*
you you *vous* **pl et pol** • *tu*
young yeunng *jeune*
your your *votre/vos* **pl et pol** • *ton/ta/tes*
youth hostel *youS* hos·*teul* *auberge de jeunesse*

Z

zero *zi*·ro *zéro*
zip/zipper zip/*zi*·peur *fermeture Éclair*
zoo zouou *zoo*

A

B

C

D

E

F

G

H

I

J

K

L

M

R

S

T

U

V

Pour voyag
en V.O.
Et la collection
"Petite conversation en"
Allemand
Anglais
Espagnol
Italien
GREC
CROATE
TURC
POLONAIS
HINDI, OURDOU ET BENGALI
ARABE
NÉERLANDAIS
Guide de conversation
MANDARIN
Dictionnaire bilingue inclus
Guide de conversation
ARABE
ÉGYPTIEN
Guide de conversation
THAÏ
Dictionnaire bilingue inclus
Guide de conversation
ANGLAIS
Guide de conversation
JAPONAIS
RUSSE

Guide de conversation
PORTUGAIS
ET PORTUGAIS BRESILIEN
Guide de conversation
HÉBREU
Guide de conversation
ESPAGNOL
Guide de conversation
ESPAGNOL
LATINO-AMÉRICAIN
Guide de conversation
VIETNAMIEN
Guide de conversation
ITALIEN
Guide de conversation
ALLEMAND